高等学校经济与管理类教材·旅游管理类系列

U0651799

休闲学概论

楼嘉军◎编　著

华东师范大学出版社
·上海·

图书在版编目（CIP）数据

休闲学概论/楼嘉军编著.—上海：华东师范大学
出版社，2016
ISBN 978-7-5675-5572-3

Ⅰ.①休… Ⅱ.①楼… Ⅲ.①闲暇社会学—概论
Ⅳ.①C913.3

中国版本图书馆CIP数据核字（2016）第191987号

休闲学概论

编　　著	楼嘉军
项目编辑	孙小帆
特约审读	郑　月
责任校对	张　雪
版式设计	卢晓红
封面设计	俞　越

出版发行　华东师范大学出版社
社　　址　上海市中山北路3663号　邮编 200062
网　　址　www.ecnupress.com.cn
电　　话　021-60821666　行政传真 021-62572105
客服电话　021-62865537　门市（邮购）电话 021-62869887
地　　址　上海市中山北路3663号华东师范大学校内先锋路口
网　　店　http://hdsdcbs.tmall.com

印 刷 者　常熟高专印刷有限公司
开　　本　787×1092　16开
印　　张　11.75
字　　数　253千字
版　　次　2016年10月第1版
印　　次　2021年7月第4次
书　　号　ISBN 978-7-5675-5572-3/F·369
定　　价　25.80元

出版人　王　焰

目录

第一章　绪论　　　　　　　　　　　　　　　　　　　1

　　第一节　休闲学研究对象与研究方法　　　　　　4

　　第二节　休闲学科的发展与演变　　　　　　　　9

　　第三节　休闲与相关概念梳理　　　　　　　　　13

　　第四节　休闲本质与特征　　　　　　　　　　　18

第二章　休闲理论发展简述　　　　　　　　　　　　23

　　第一节　马克思主义与休闲理论发展　　　　　　26

　　第二节　西方休闲理论发展阶段概述　　　　　　29

　　第三节　我国休闲理论发展回顾　　　　　　　　35

第三章　休闲现象　　　　　　　　　　　　　　　　39

　　第一节　休闲观念与态度　　　　　　　　　　　42

　　第二节　休闲行为　　　　　　　　　　　　　　51

　　第三节　休闲方式　　　　　　　　　　　　　　55

　　第四节　休闲活动　　　　　　　　　　　　　　62

第四章　休闲条件　　　　　　　　　　　　　　　　73

　　第一节　休闲时间　　　　　　　　　　　　　　76

　　第二节　家庭收入　　　　　　　　　　　　　　81

　　第三节　休闲需要　　　　　　　　　　　　　　91

　　第四节　休闲动机　　　　　　　　　　　　　　95

　　第五节　休闲区域/设施　　　　　　　　　　　99

　　第六节　休闲约束　　　　　　　　　　　　　111

第五章　休闲功能　　　　　　　　　　　　　　　119

　　第一节　放松与发展功能　　　　　　　　　　122

　　第二节　休闲的文化功能　　　　　　　　　　126

　　第三节　社会化与象征性功能　　　　　　　　134

　　第四节　康复与健身功能　　　　　　　　　　141

第五节　驱动与协调功能　　148

第六章　休闲时代与休闲发展趋势　　157
第一节　休闲时代　　161
第二节　城市休闲化　　165
第三节　休闲发展的五大趋势　　175

参考文献　　181

内容提要

本章探讨了休闲与休闲学的一些基本问题，叙述了休闲学研究对象与研究方法，梳理了休闲学学科框架，并对休闲与游憩等相关概念的关系进行了分析。本章共分为四节，第一节介绍了休闲学研究的背景，阐明了休闲学的概念、研究对象及研究方法；第二节简要分析了休闲学学科的基本框架以及与其他学科的关系；第三节对休闲概念进行了界定，并对游憩、旅游等相关概念进行了阐析；第四节探讨了休闲的本质与特征。

专业词汇

休闲（leisure）

休闲学（leisure science）

休闲研究（leisure studies）

休闲本质（leisure nature）

构建中国休闲学①

中国的休闲学，至少包含以下一些方面：

第一，传统。中国自古以来有勤劳的传统，也有休闲的传统。在中国的古籍中，有非常丰富的休闲文化的记载，从老子到孔子再到司马迁，从陶渊明到李白再到几乎所有古代的诗人、作家，都研究或描写过休闲。人们都熟悉陶渊明"采菊东篱下，悠然见南山"这一反映他休闲生活的名句。另外如果说曹雪芹笔下大观园中的休闲生活，只是属于士大夫阶级的话，那么沈复在他的《浮生六记》中所津津乐道的，则可以说是平民百姓的休闲生活。中国的休闲文化，在全球范围内产生过广泛而深远的影响，并且这种影响仍在持续着。中国人的许多休闲方式，仍在世界各地播种着爱情、愉悦和笑声。对于我们自己的这一份文化遗产，无疑应当认真研究。

第二，观念。休闲代表着一种新的价值观。这说明，一是休闲和工作一样重要。现在大家都可以这样说，我们工作的目的，不在于工作本身，而在于创造更加美好的生活。理想的工作加上理想的休闲，才是和谐完满的人生。二是休闲是人民的一种权利。我国宪法规定，劳动者有休息的权利。因此人民是否能充分地享受休闲，也是是否能充分享有自己权利的问题，这不是一个小问题。三是休闲除了是劳动人民享有的权利外，还是一个国家生产力水平高低的一种标志，是衡量一个国家文明程度的标尺之一。

第三，休闲与经济的关系。在今天，假日消费已经造就出千千万万的"休闲产业"，同时创造出了一个经济的"支系"——假日经济；休闲产业现已成为世界各国经济的新的增长点。但是，由于我国目前的休闲观念和休闲生活还处于"初级阶段"，大多数地区的休闲产业还刚刚起步，有待进一步发展；与此相关的机构、设施、休闲商品等，也还有待于进一步开发。因此，休闲学要承担起研讨经济如何为休闲服务，休闲又如何促进经济发展的双向任务。

第四，人与自然环境的关系。在中国的一些城市，人们也在将城外风景区、郊野、森林作为自己休闲的去处，这就带来了人和自然环境的关系问题。这包括如何合理地开发利用休闲资源，注意生态平衡，以及人们怎样文明休闲，自觉爱护自然环境等等，这些问题都值得开展理论性的探讨。

第五，休闲与健康。休闲可以帮助人们缓解疲劳，恢复精力，放松紧张的情绪和心理，这是常识。休闲与健康，涉及心理学、医学、病理学、疗养学等学科，而这些学科一旦与休闲联结，也就成了休闲学所研究的范畴。

第六，政策。这一点会带有更多的中国特色，因为国家的政策，总是根据国家的体制、社会发展水平、发展状况来制定的。国家政策在引导休闲、发展休闲产业方面，起决定性、指导性的作用，因此开展政策与休闲的研究，是非常重要的。中国的休闲学，应当为国家在制定与休闲相关的政策时，提供理论支持。

---

① 胡廷武.构建中国休闲学[N].中国新闻出版报,2002-12-18(003).

第一节　休闲学研究对象与研究方法

一、研究背景

国外对休闲问题的阐述最早可追溯到古希腊时期,而在学术层面的研究则是近一百多年的事。上世纪八九十年代,伴随我国改革开放的不断深入和居民生活水平的持续提高,有关休闲的研究逐渐趋热,并呈现不断高涨的态势。但相对而言,我国围绕休闲学的研究略微晚些,大致起步于新世纪初期。就其发展背景而言,有以下几方面原因。

一是休闲实践发展之必然。经过改革开放20余年的发展,到了20世纪90年代末期和新世纪初期,我国居民生活水平获得较大提升,包含双休日和黄金周在内的多层次休假制度初步建立,假日旅游活动和日常休闲生活不断丰富,导致休闲逐渐成为居民的一种生活常态。与此同时,"以上海、北京和深圳为代表的部分城市开始陆续跨入休闲时代的发展阶段,由此揭开了我国休闲时代的发展序幕"。[①] 休闲学研究的兴起,正是对休闲实践不断深入发展的必然呼应,以便对休闲活动过程中出现的相关问题及其关系进行必要的研究与探索,去除羁绊,厘清思路,推进大众休闲活动持续健康发展。

二是休闲精神反思之必要。随着市场经济的深入发展,极大地优化了我国的社会经济结构,居民家庭收入水平不断提高,消费能力显著增强,物质生活不断丰富。可是与此同时,越来越多的人被高强度的工作、快节奏的生活和亚健康的精神所压抑,乃至异化。钱包鼓起来了,焦躁的情绪却不减反增;活动多起来了,自由的空间却不断被压缩;吃喝多起来了,快乐的感觉却似乎在递减。人们的生活似乎陷入一种矛盾与困惑之中,导致迷茫、焦虑、不安的状态随处可见。因此,从一定意义上讲,休闲学研究的兴起,一方面,"是人类摆脱束缚走向自由、抑制物欲走向自律和直面人生的一种自我反思";[②] 另一方面,"是对当代人类文化精神和价值体系发生断裂的现状做某些补救工作的一种努力,是对传统休闲价值理念的重新梳理,希冀唤醒人的文化自省与文化自觉,并重新找到人的存在方向"。[③] 因此,在社会发展日益现代化的今天,确立科学的休闲精神,指导人们健康的休闲生活,无疑显得十分必要和极为可贵。

三是休闲教育推进之必需。近十年来,在我国高校中设立休闲管理专业并开设休闲学课程的已不在少数,[④] 浙江大学在国内率先设置了休闲学博士点。[⑤] 从高校教育的特殊性与规范性出发,必定要求建立与之匹配的完善的休闲学教学理论体系,并形成从事休闲学理论研究的学科团队,这是因为"休闲学应当是政治之学、社会之学、经济之学、游戏之学、哲思之学、伦理之学、幸福之学和审美之学"。[⑥] 所以休闲学课程的开设、休闲学教材的编撰以及休闲学专业硕士与博士的培养,既与休闲教育专业的蓬勃发展

---

① 楼嘉军,徐爱萍.试论休闲时代发展阶段及特点[J].旅游科学,2009(1): 61-66.
② 成素梅.休闲学研究的内在本质[J].自然辩证法研究,2004(10): 95-96.
③ 马惠娣.瞭望休闲学研究之前沿[J].洛阳师范学院学报,2010(1): 6-9.
④ 宋瑞.国内外休闲研究扫描——兼谈建立我国休闲学科体系的设想[J].旅游学刊,2004(3): 51.
⑤ 王玲玲.国内第一个休闲学博士点在浙江大学建立[N].浙江大学学报.2007-06-22(11).
⑥ 章辉.论休闲学的学科界定与使命[J].中央民族大学学报(哲学社会科学版),2012(2): 50-60.

相呼应,又都在不同程度上推动着休闲学研究的深入发展与不断完善。

四是休闲理论研究之呼唤。尽管从整体上讲,我国有关休闲与休闲学的理论研究起步较晚,但也与改革开放的发展进程保持同步。进入新世纪以来,围绕休闲与休闲学的理论研究受到了广泛关注,尤其是2008年我国人均GDP迈入3 000美元阶段以后,人们的休闲意识发生了相当大的变化,休闲逐渐成为人们的生活常态,休闲与休闲学理论由此进入了一个快速发展的时期。在发展的过程中,许多有关休闲和休闲学研究的一些基本问题不断引起人们的深思,不仅如此,更多带有中国本土特色的理论问题也需要进行探讨与解决。在经济发展强大动力的促进下,中国正在走向休闲时代,随之而来的不少问题也横亘在我们面前,需要我们去思考,去探索。所有这一切,也都成为推动休闲学研究不断发展的重要动力。

二、休闲学概念

关于休闲学的研究,近年来发表的相关研究文献不少,尽管对休闲学概念本身还没有形成统一的观点,但是出现了一些比较有代表性的提法。从目前国内学术界的研究看,马惠娣(2000)较早提出了有关休闲学的概念,认为"休闲学,是以人的休闲行为、休闲方式、休闲需求、休闲观念、休闲心理、休闲动机等为研究对象,探索休闲与人的生命意义和价值,以及休闲与社会进步、人类文明的相互关系"。[1]对此进行解读可以把握以下要义,一是这一概念提出了比较明确的休闲学研究的对象;二是这一概念比较完整地勾勒出了休闲学研究的基本内容;三是这一概念也清晰表明休闲学研究涉及休闲与个人、休闲与社会进步以及休闲与人类文明三个层面的关系。这一概念既有确定的对象,也有较大的包容性和开放性。需要指出的是,从近年来的研究文献看,这一定义对我国学术界有关休闲学的研究产生了较大影响。

除此之外,还有其他具有代表性的观点,如李仲广、卢昌崇(2004)指出,"休闲学(Leisure Science)是以人们的休闲行为和休闲现象为研究对象,对闲暇时间、休闲、个人休闲行为、休闲与社会的关系等进行研究,目的在于揭示休闲行为的一般规律以及提高休闲满意度和生活质量"。[2]又如,马勇、周青(2008)提出,"休闲学就是将休闲作为一种综合的社会现象,以其所涉及的各项要素的有机整体为依托,以休闲者活动和休闲产业活动在休闲运作过程中的内在矛盾为核心对象,全面研究休闲的本质属性、运行关系、内外条件、社会影响和发生发展规律的新兴学科"。[3]还有陈来成(2009)则认为,休闲学是研究人类的休闲现象,揭示休闲活动的一般规律的学科。[4]

结合以上论述,可以概括出有关休闲学的概念具有如下一些特征:首先,休闲学研究的基本对象是人们的休闲现象。其次,休闲学研究的基本内容包括人们具体的休闲行为、休闲方式以及形成的相互关系。最后,休闲学研究的基本目的是揭示休闲发展的基本规律。当然,也应看到上面提及的有关休闲学的论述还存在一些需要进一步探讨

① 马惠娣.认识休闲学[N].光明日报,2000-12-21(C01).
② 李仲广,卢昌崇.基础休闲学[M].北京:社会科学文献出版社,2004:21.
③ 马勇,周青.休闲学概论[M].重庆:重庆大学出版社,2008:16.
④ 陈来成.休闲学[M].广州:中山大学出版社,2009:1.

或厘清的问题：一是有关休闲与休闲学的内在关系；二是休闲者活动和休闲产业活动在休闲运作过程中的内在矛盾是不是休闲学研究的核心内容；三是休闲学研究对象的范围。事实上，上述需要深入探讨与思考的问题的症结就是如何定义休闲学。

基于以上分析，我们可以认为：休闲学是考察、分析和研究休闲现象、休闲条件、休闲关系和休闲功能，揭示休闲发展规律的学科。

三、研究对象

每一门学科都有自己特定的研究对象。休闲学作为休闲学科的一个分支也存在自身明确的研究对象。胡廷武（2002）认为，休闲学应当研究以下几大问题：一是传统。中国自古以来有着勤劳的传统，同时也有休闲的传统。二是观念。休闲代表着一种新的价值观。三是休闲与经济的关系。四是人与自然环境的关系。五是休闲与健康的关系。六是政策。如何为国家制定与休闲相关的政策提供理论支持。[①] 而宋瑞（2004）则指出，"休闲学科的研究对象就是人类的休闲动机和行为及其所引发的哲学、社会、经济、文化、心理和生理现象，也就是说，休闲研究要探究休闲活动的基础、动因、运行机理、形态结构和特征以及对社会各方面的影响"。[②] 以上观点对于认识与把握休闲学研究的内容具有比较重要的学术借鉴作用。基于上文提出的休闲学的基本概念，休闲学的研究对象主要包括休闲现象、休闲条件、休闲关系、休闲功能和休闲规律等方面内容。

第一，研究休闲现象。休闲现象是指人们围绕休闲活动所表现出来的各种观念、状态和行为等，包括休闲观念、休闲态度、休闲行为、休闲方式和休闲活动等。通过研究休闲现象，有助于把握休闲的基本特征，从而指导人们确立科学的休闲观念，采取正确的休闲方式，获得理想的休闲效果。

第二，研究休闲条件。休闲条件是指影响休闲产生、休闲实施和休闲效果的各种因素。尽管自古以来休闲一直存在，但是不同时期、不同阶段、不同国家，乃至一个国家内不同地区或同一地区不同阶层的人们，在从事休闲活动的过程中都可能存在较大的差异，而形成这种差异性的主要因素就是休闲条件。休闲条件可以罗列许多，比较重要的如时间、收入、活动形式和心理需要等都属于休闲条件的范畴。通过研究休闲条件，有助于认清与理顺影响人们参与休闲活动的各种因素，以便采取相应措施，改善人们参与休闲活动的有利条件。同时，尽可能降低制约人们参与休闲活动的各种不利因素的影响程度。

第三，研究休闲关系。休闲关系是指人们在休闲活动过程中形成的各种社会经济关系。休闲作为一种社会现象，也是一种具体的活动形式，人们无论从事何种休闲活动，都会相应地形成各种关系，如从休闲关系的主体与范围出发，可以形成休闲与个人、休闲与家庭、休闲与人的生命周期、休闲与社会阶层等关系；从休闲关系的不同领域出发，可以形成休闲与工作、休闲与消费，以及休闲与教育等关系；从休闲关系的矛盾性质角度出发，可以形成健康休闲与不健康休闲、积极休闲与堕落休闲等关系。因此通过研究休闲关系，可以认识和把握休闲绝不仅仅是个体的事情，而是社会经济关系的缩影。任何形式的休闲活动，都无不受到

---

① 胡廷武.构建中国休闲学［N］.中国新闻出版报,2002-12-18（003）.

② 宋瑞.国内外休闲研究扫描——兼谈建立我国休闲学科体系的设想［J］.旅游学刊,2004（3）:46-54.

各种休闲关系的影响。有的休闲关系有利于休闲活动的发展,有的恰好相反。于是有必要针对不同的休闲关系,采取不同的发展对策与具体的应对手段,以适应休闲关系的发展。

第四,研究休闲功能。休闲功能是指休闲对于个人、社会、文化、经济和环境等发挥的作用,具体可以包括:休闲的娱乐功能、休闲的发展功能、休闲的社会化功能、休闲的经济功能,以及休闲的修复功能等。通过研究休闲功能,就个人层面而言,有助于人们充分认识休闲对于自身的重要性,从而树立正确的休闲观念,积极从事有意义的休闲活动,进而提高生活质量和主观幸福感。从国家层面来讲,有助于休闲政策的尽快颁布和实施,在充分发挥休闲产业对国民经济拉动作用的同时,减轻过度工业化对于环境的巨大压力,有利于社会经济可持续发展目标的达成。

第五,研究休闲规律。休闲规律是指影响休闲产生、休闲发展和休闲变化的内在的必然联系。休闲规律反映了休闲的基本特征,决定了休闲发展的基本趋势。通过研究休闲规律,有助于认清休闲发展阶段的基本特征,有利于各级休闲管理部门制定合适的公共休闲服务政策,设置相应配套的休闲服务设施,有益于从事休闲服务的各类经营性企业,优化休闲服务产品体系,从而进一步优化开展休闲活动的人文环境和自然环境,有力提升居民参与休闲活动的积极性,有效提高居民休闲生活的满意度,改善生活质量。

鉴于有关休闲关系的研究,已经在相应的休闲社会学教材中有了专门的论述,本书主要围绕休闲现象、休闲条件、休闲功能与休闲规律等内容进行必要的分析和阐述。

四、研究类型与研究方法
(一)研究类型

任何学科都有自身特定的研究对象,通过相应的研究手段和研究方法,进而推动本学科不断地向前发展。以休闲科学理论和相关理论为指导的休闲学研究的目的,简而言之就是梳理和深化。所谓梳理,就是将先前人们所不知或不了解的有关休闲学科的理论和知识进行挖掘和梳理,介绍给人们,为人们所知,并使之成为指导人们开展休闲活动的理论依据。所谓深化,就是将前人已涉及的有关休闲学研究的相关成果向前推进或向上提升,丰富或完善现有的休闲学理论体系,有助于为解决休闲发展中面临的各种现实问题提供理论框架和决策路径。立足梳理和深化两个层面,围绕休闲学研究能够采用的方法有很多,但大致可以概括为以下三种基本类型,即描述性研究、解释性研究和评估性研究,而三种不同的研究类型具有不同的功能,应根据相应的研究需要,选择相应的研究方法,达到各自的预期目标。见表1-1。

类　型	功　能
描述性研究	找出目标,对其进行描述
解释性研究	解释某事物存在的方式与理由,并且据此进行预测
评估性研究	对政策或项目进行评估

表1-1

休闲学研究
类型

资料来源:(澳)A.J.维尔.休闲与旅游研究方法[M].聂小荣,等,译.北京:中国人民大学出版社,2008:3.

在当前关于休闲学的各项研究中,诸如有关居民休闲生活状况的调查(描述性研究)、有关居民休闲消费倾向与产品结构关系的研究(解释性研究),以及休闲城市建设的评价或休闲项目的评估(评估性研究),都是上述三种研究类型在不同的研究项目中的具体表现。事实上,无论是从理论层面抑或从实践角度来讲,运用合理的休闲学研究类型,不只是对促进休闲学理论体系的发展发挥影响,而且对推动休闲服务企业发展、提高政府公共休闲服务管理水平以及扩大休闲消费市场都具有不可或缺的重要作用。

(二)研究方法

由于休闲活动自身具有的多样性特征,决定了休闲学研究具有多学科与跨学科的特点。因此,从休闲学研究的角度来看,主要涉及的学科研究方法有社会学、经济学、地理学、哲学、心理学、历史学和管理学等。

第一,社会学方法。休闲是一种生活方式,也是一种社会活动。从社会学研究方法出发,关注参与休闲活动的个体和群体的行为倾向和方式差异,分析居民参与积极休闲活动或消极休闲活动的原因,以及在从事其他休闲活动过程中表现出来的各种现象。就社会学研究方法而言,针对休闲活动主要采用问卷调查和定量模型法、原因分析法和批判性方法等研究方法。

第二,地理学方法。休闲活动通常表现为一种具体的空间存在方式,而其中的旅游活动更是一种典型的地理学现象。地理学方法主要分析居民休闲活动的空间特征,如喜爱室内休闲活动,或偏爱户外休闲活动;又如社区休闲服务设施的配置以及辐射范围,或是各种自然环境对居民参与休闲活动吸引力的强弱。此外,还要关注城市休闲设施的空间布局结构等。就地理学研究方法来讲,主要采用观察分析法、空间模型法等。值得注意的是,近年来,国内外学术界还利用后现代主义与后结构主义等方法开展对诸如旅游流等休闲空间活动的相关研究。

第三,经济学方法。作为一种生活方式,休闲具有一定的经济特性。贝克尔认为"所有闲暇都含有某种消费,所有消费都含有某种闲暇"。[①]在当代,尤其在欧美发达国家,人们在休闲活动中的消费支出构成了一个国家或一个地区经济发展的重要内容。据美国商务部统计,在美国,居民的休闲消费或与休闲相关的各种服务消费总量已经占到美国国内生产总值的百分之六十以上。因此,休闲供求关系、休闲产业的乘数效应以及居民家庭收入和休闲时间对居民休闲行为的影响等内容都已纳入到经济学的研究范围之中。值得关注的是,从时间分配、劳动供给和家庭生产等角度研究休闲,成为经济学界新的研究动态。[②]

第四,哲学方法。哲学是人类对于自然现象、社会现象和意识现象的认识及其成果。运用哲学研究方法,主要从三个方面开展研究。一是从认识论层面,休闲活动培养了人们对世界的观照和认识。二是从人性论层面,在休闲活动中去发现能使人真正成为人的元素。三是从存在论层面,从存在的角度对休闲,对生活,乃至对人的生命进行思索,对人类理想生活状态进行探索。从哲学角度对休闲进行研究,可以采用演绎式思

①　(美)加里·S·贝克尔.人类行为的经济分析[M].王业宇,等,译.上海:上海人民出版社,1995:7.
②　郭鲁芳.休闲经济学——休闲消费的经济分析[M].杭州:浙江大学出版社,2005:51.

辨、归纳式思辨和顿悟式思辨等研究方法。

第五，心理学方法。这里主要是将心理学研究成果或休闲活动发展的一般规律具体运用于居民的休闲活动。一方面，研究居民的休闲活动心理，包括心理过程与人格特征对参与休闲活动的影响；另一方面，研究居民的休闲行为，包括居民实施休闲行为的过程、性质、特征及其影响因素。在休闲学研究中，主要采取的是实验法、自然观察法、访谈法和问卷调查法等。

第六，历史学方法。自有人类以来，休闲就一直伴随左右。从西方古希腊的休闲理论，到中国春秋战国的娱乐思想，无不构成当代休闲学理论发展和实践应用的基础。利用历史学方法对自古以来人类的休闲现象、休闲演变方式和特点进行梳理和研究，为当代休闲学的发展提供理论指导和经验借鉴。在进行休闲学方面的研究中，主要采用历史比较分析方法、历史计量分析方法、历史心理分析方法和历史系统分析方法等。

第七，管理学方法。由于居民休闲活动的不断普及化和休闲活动方式的常态化，导致休闲服务项目的不断扩大和休闲产业链的不断延伸，使得休闲娱乐区规划管理、休闲产品营销管理、休闲服务企业经营管理，以及休闲城市发展战略管理等成为休闲学科发展中的重要内容，管理学理论和方法因而成为近年来休闲研究中的重要手段。

其他还可以采用伦理学、政治学、美学等研究方法，本书在此不一一赘述。

第二节　休闲学科的发展与演变

一、休闲学科的构成

相比于文学、历史学和哲学等学科，休闲学科是一门相对年轻的学科。所谓学科，按照《中华人民共和国学科分类与代码国家标准》(GB/T 13745—2009)的阐述，有两方面含义。一是指根据研究对象、研究特征、研究方法、学科的派生来源、研究目的和目标五个方面确定的一个科学领域或学科分支。二是指高校教学、科研等功能单位，是对高校人才培养、教师教学、科研业务隶属范围的相对界定。因此，对于理解休闲学科的构成可以从上述两方面展开。

第一，从学术领域角度进行理解，可把休闲学科看作是社会科学大领域中的一个学科分支，就如社会科学中的社会学和历史学一样。可是作为一门新兴的学科，休闲学科与一般具有比较清晰边界的学科不同，它体现出多学科和跨学科的特点。由于休闲学科的研究目标是为了揭示、解释、引导、重构人类社会的休闲活动及其所引发的社会、文化和经济现象，所以至少要从两个方面、三个层次来进行学科的建构，即休闲的需求和行为、休闲的供给和组织两个方面，宏观、中观和微观三个层次。在宏观层面，需要从整体的角度研究休闲哲学、社会、经济问题；在中观层面，需要包括对产业、行业(如旅游业、游戏业、影视业、博物馆业、娱乐业等)的组织、运行、管理，以及对休闲个体间交往、影响的研究；在微观层面，需要从机构组织、企业管理、个体消费角度研究休闲的消费行为、管理行为、组织行为。两个方面和三个层次之间存在密切的联系，而非截然分开。[①] 见图1-1。

---

① 宋瑞.国内外休闲研究扫描——兼谈建立我国休闲学科体系的设想[J].旅游学刊,2004(3):54.

图 1-1

休闲学科
体系

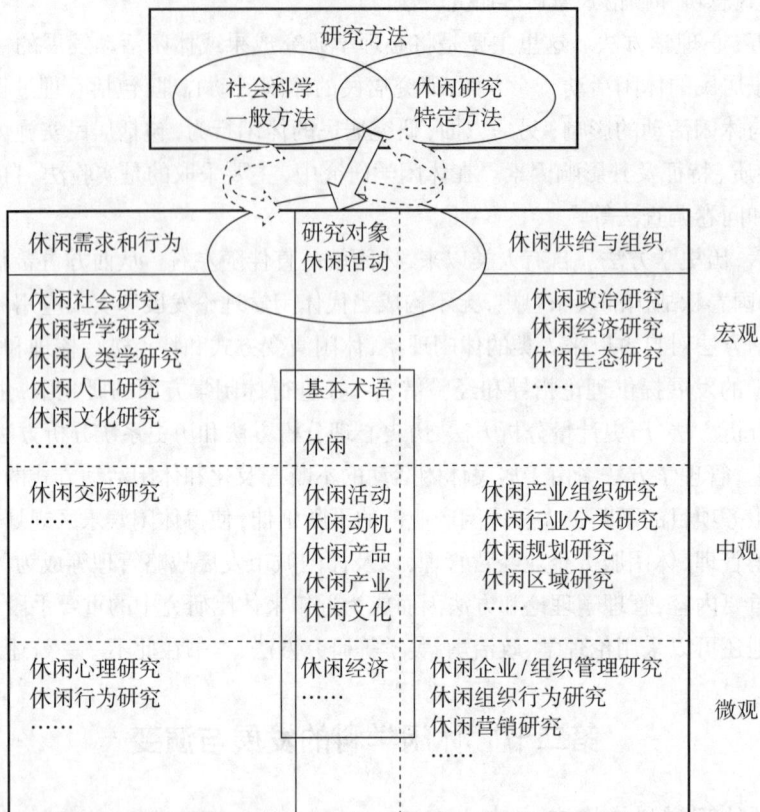

资料来源：宋瑞.国内外休闲研究扫描——兼谈建立我国休闲学科体系的设想［J］.旅游学刊,2004（3）: 54.

　　从国际角度看,自19世纪中叶以后经历百余年的发展,经过世界各国学者的共同努力,在休闲学科领域内,已经积累了大批的科研成果,形成了一定的理论体系,初步具备了作为独立学科发展的条件。从国内学术研究来看,尽管我国有关休闲方面的研究起步较晚,但是经过改革开放30余年的发展,目前已经初步奠定了休闲学科发展的理论基础。

　　第二,从学校教学科研功能或专业建设角度进行理解。首先,从学校专业设置方面来看,就目前国内发展而言,北京旅游学院、中山大学、上海师范大学旅游学院和华南师范大学等院校,近年来都先后设立了休闲学系或休闲学专业。尤其值得关注的是,浙江大学于2007年在哲学一级学科下设立了休闲学博士点和硕士点,这是国内首个休闲学博士点。休闲学博士点的出现,对于我国休闲学专业的建设以及休闲学理论的探索都起到了积极的推进作用。其次,从专业课程设置方面看,除以上高校外,华东师范大学、东北财经大学、浙江工商大学和厦门大学等也都在本科生或研究生中间开设了各种形式的休闲学（休闲）课程或专题讲座。以华东师范大学为例,自2000年起,面向本科生讲授休闲导论的课程已经长达十余年了。又如,上海师范大学旅游学院开设的休闲专业,在课程设置方面,从休闲学、休闲文化到休闲经济学等,也已经形成了比较系统的休闲专业课程体系。再次，在机构设置方面，近十年来，各种休闲研究机构的数量日渐增多。单从高校看，已经有数十个各种形式的休闲研究机构相继成立。例如，浙江大学的亚太休闲研究中心、中国人民大学的休闲研究中心，以及华东师范大学和北京第二外国语大学等学校近年来，也相继成立了相关的休闲研究机构。在中国科学院和中国社会科学院等国家级研究单位中也先后设立了相关的休闲研究机构。此外，近年来随着休闲消费热情的不断升温，以市场经营为特点的休闲研究和咨询机构也层出不穷，各种形式和性质的研究机构的发展，成为休闲理论发展的组织保障。最后，在研究人员方面，我国已经形成了一批围绕休闲进行研究的科研人员。近两年来，年均发表的学术研究论文约在500篇左右，[①]且仍处于研究成果发表的高速增长期。总之，休闲学科在我国已经初步兴起，假以时日，休闲学科将进一步趋于完整和成熟。

二、休闲学科与其他学科的关系

一般认为，有关休闲的理论自古希腊时起就已成型，至今已逾数千年。然而，作为一门相对独立的学科，休闲学科的发展历史并不是很长，至今也就百余年的时间。由于休闲现象的复杂性，致使百多年来研究休闲的理论和方法总是处于不断地探索与完善之中，但从其演变的基本轨迹可以看出，休闲学科的发展呈现出如下的演变轨迹，经历了由依附到独立，由单一学科到多学科，乃至由多学科到跨学科的发展过程。见图1-2。

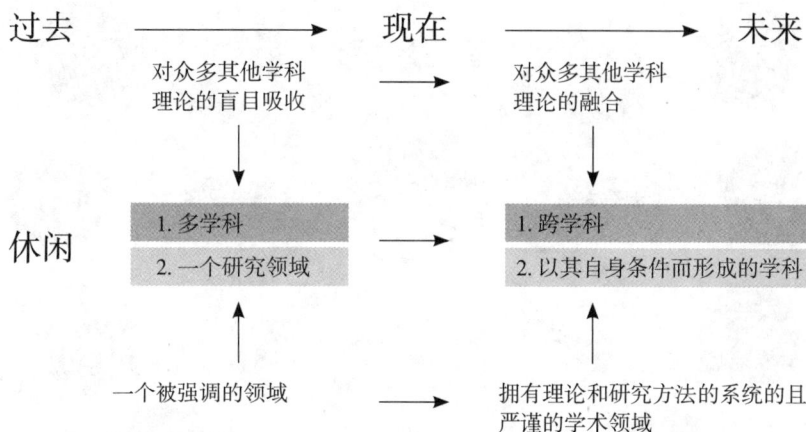

图1-2

休闲研究演变为独立学科的演进图

资料来源：Weaver, David & Oppermann, Martin. 2000. Tourism Management. Brisbane: John Wiley & Sons.//（澳）盖尔·詹宁斯.旅游研究方法［M］.谢彦君，等，译.北京：旅游教育出版社，2007：5，图1-1，本文稍作调整.

---

① 刘德谦，高舜礼，宋瑞.2010年中国休闲发展报告［M］.北京：社会科学文献出版社，2010：378-382.

　　休闲现象表现出的综合性、复杂性与多样性，使得休闲学科体系在本质上体现出跨学科的基本特征。当然，从休闲学科的发展进程也可看出，由多学科到跨学科的发展是一个重要的转变。国外有观点认为，采用多学科的研究方法，极易造成休闲研究中出现单一性或分散性的现象。一是仅仅引入或借鉴某个单一学科的理论或方法，或对其进行表面上的综合。二是多学科的研究方法是零碎片面的，由此所得出的结论自然也是孤立分散、毫无联系的。相反，运用跨学科的研究方法，不仅可以得到有关休闲研究综合性的信息，而且可以针对休闲研究中的问题进行"跨学科的三角校正"。① 显然，跨学科的特点有助于休闲学科发展的完整性、系统性和科学性。

　　休闲学科作为一个以跨学科为基础和特色的学科体系，一方面，在它发展的过程中，不断地对相关的学科进行整合。另一方面，在休闲学与其他相关学科之间形成了多个分支学科，诸如休闲社会学、休闲心理学和休闲经济学等。此外，还需指出的是，由于休闲活动的常态性和广泛性，导致以休闲为研究对象的休闲学科除了以其他学科为依托之外，还与社会经济领域的相关产业，如交通、商业、餐饮、会展等发生紧密联系，成为推动休闲学科发展的外部产业支撑因素。见图1-3。

图 1-3

休闲学科
与其他学
科的关系

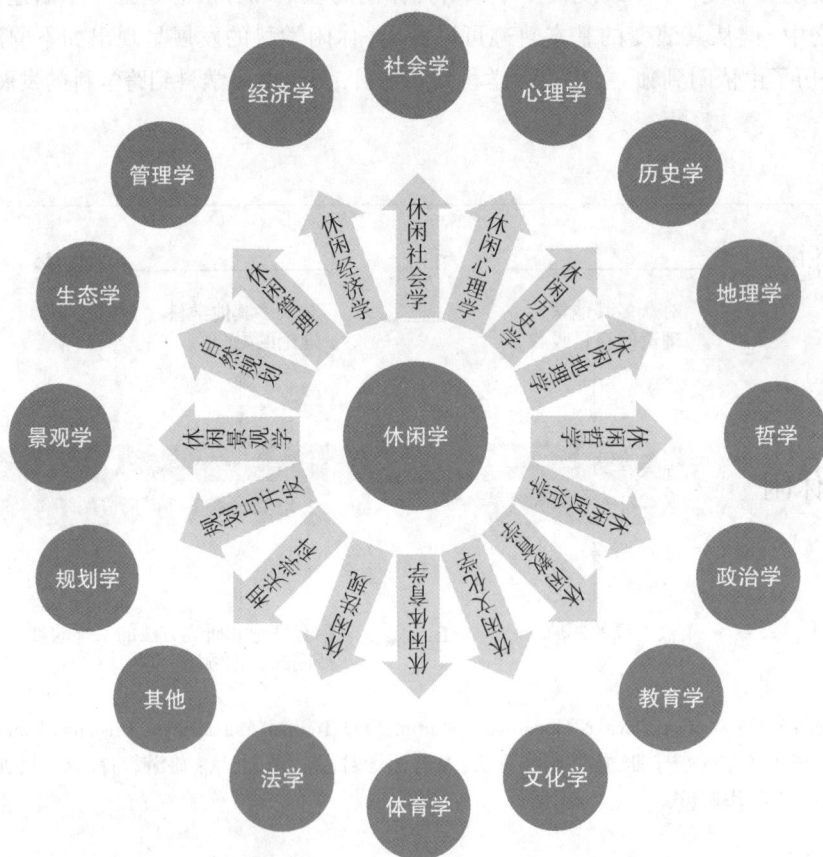

---

① （澳）盖尔·詹宁斯.旅游研究方法［M］.谢彦君，等，译.北京：旅游教育出版社，2007：4.

总之,在我国有关休闲学的理论研究已经取得长足进步,但是无论从理论或实践角度讲,休闲学研究仍然任重而道远。与此同时,我国人均GDP已接近 8 000 美元,根据国际经验,我国已经在整体上跨入休闲时代,休闲学研究正迎来新的时代机遇。

第三节   休闲与相关概念梳理

一、休闲概念界定

20世纪以来,随着世界各国经济的发展,人们生活水平得到显著提高,休闲活动开始广泛涉及社会生活的各个方面,并由这些活动产生了一些社会、经济、文化现象和相关的关系。国内外众多学者的研究论著,都对休闲的概念进行了多层次的探讨和研究。在分析休闲的定义时,斯多克戴尔(Stockdale)提出了有关休闲概念认识的三大要点:一是在一定时间内,个体可自由支配选择的心理活动或状态。二是在客观上,休闲与工作相对立,是非工作时间或闲暇时间的感受。三是主观上,休闲活动强调发生时本质上的观念,其呈现的意义在于个人信念与知觉系统,因此可能发生在任何时间与任何场合。[①] 目前,有关国内外休闲的定义数不胜数,以下只是从时间、活动、劳动、心态、发展、生活、方式和特征等角度出发,介绍一些比较有代表性的有关休闲的论述。

基于时间的定义。赫伯特(Herbert)认为,休闲是个体自主做出选择、自愿参加活动的时间。[②]

基于活动的定义。世界休闲组织(World Leisure Organization)指出,"所谓休闲就是人们在完成工作和其他任务之后,在自由支配的时间内所进行的活动,是以补偿性活动为基础的活动"。[③]

基于劳动的定义。勒科尔比西埃(Le Corbusier)认为,"休闲这个词绝不反映一种不应提倡的惰性,而是一种付出劳动的巨大努力,一种发挥个人主动性、想象力和创造性的劳动;一种既不能出售也不能盈利的忘我的劳动"。[④]

基于心态的定义。皮柏(Pieper)强调,"休闲乃是一种心智上和精神上的态度——它并不只是外在因素的结果,它也不是休闲时刻、假日、周末或假期的必然结果。它首先是一种心态,是心灵的一种状态"。[⑤]

基于发展的定义。梁颖以为,休闲是"有计划地暂时停止日常工作,以刻意安排参加各种与本职工作完全不同或毫无关系的活动来摆脱日常工作、劳动所带来的各种精神压力,并利用这些活动与日常工作之间的极大差异性来恢复消耗的体力和精神,弥补

---

① Stockdale, J. (1985) What is Leisure? An Empirical Analysis of the Concept of Leisure and the Role of Leisure in People's Lives. London: The Sports Council. //(英)C.米歇尔·霍尔,斯蒂芬·J.佩奇.旅游休闲地理学——环境·地点·空间[M].周昌军,等,译.北京:旅游教育出版社,2007:4.

② Herbert, D.T.(1988)"Work and leisure: Exploring a relationship", Area, 20(3):241-252.//(英)C.米歇尔·霍尔,斯蒂芬·J.佩奇.旅游休闲地理学——环境·地点·空间[M].周昌军,等,译.北京:旅游教育出版社,2007:4.

③ 世界休闲组织.休闲宪章[EB/OL].http://wenku.baidu.com/view/3230545c804d2b160b4ec019.html.

④ (瑞士)若泽·塞侬处.旅游接待的今天和明天[M].冯百才,等,译.北京:旅游教育出版社,1990:28.

⑤ (德)约瑟夫·皮柏.节庆、休闲与文化[M].黄藿,译.北京:生活·读书·新知三联书店,1991:116.

智力磨损,获得新的知识和新的灵感,增强创造力"。①

基于生活的定义。杰弗瑞·戈比(Geoffrey Godbey)认为,"休闲是从文化环境和物质环境的外在压力中解脱出来的一种相对自由的生活,它使个体能以自己所喜爱的、本能地感到有价值的方式,在内心之爱的驱动下行为,并为信仰提供一个基础"。②

基于方式的定义。皮格拉姆(Pigram)提出,简单地说,休闲实质上就是人们对待和利用闲暇时间的方式。③

基于特征的定义。杜马兹迪埃(Dumazedier)指出,所谓休闲,就是个人从工作岗位、家庭、社会义务中解脱出来,为了休息,为了消遣,或为了培养与谋生无关的智能,以及为了自发地参加社会活动和自由发挥创造力,是随心所欲的总称。④

从以上论述中我们可以发现,对休闲进行定义的角度非常多元,不同的角度会形成相应的概念,而且一个具体的概念不可能涵盖休闲所包含的所有内容,因此既要学会观察一个个具体定义之间的差别,又要努力识别概念之间形成差异的原因,这样就可能比较科学和完整地认识休闲概念,并理解休闲所包含的相关内容。

基于以上对休闲概念的分析,我们可以得出,所谓休闲是个人自由时间、自由活动、自主状态和自我发展合理组合的总称。当然,正确认识休闲的科学内涵应把握以下几个要点。第一,休闲是人们对可自由支配时间的合理安排与有效使用。第二,休闲时间和休闲活动虽然与人们所从事的日常工作毫无关系,但与"既不能出售也不能盈利的忘我的劳动"并不冲突,⑤从某种意义上讲,这种忘我的劳动恰恰是休闲的重要形式。第三,休闲既是人们对生活理想和价值理念的一种理性诉求,也是一种行为实践。第四,休闲活动成为人们自我发展和自我完善的一种具体形式。第五,合适就是最好的休闲形式。

二、休闲与游憩、旅游等关系

(一)相关概念梳理

第一,休息。休息是指人们经过一段时间的劳动和工作以后,心理和体力上会出现一种相当疲惫的状态,需要暂时中止劳动过程以便恢复心理和生理常态的行为。休息从根本意义上讲,是持续进行劳作的需要。对劳动者来说,"没有间隙,便不能持久"地工作。这个间隙,就是休息。休息尽管与休闲仅相差一字,但是所包含的内容却大不相同,说到底,休息只是休闲生活中的一种方式。因此,劳作之后是休息,休息之后是工作,如此循环往复,成为千百年来历史上各时期劳动者的基本生活准则。从这个意义上讲,休息的现实作用和潜在功能是工作实用功能中的一个环节。休息的目的是为了工作,因此,一个人通过休息进行"充电",从根本上讲不是为了舍弃工作,而是为了更好

① 梁颖.娱乐设施经营管理[M].杭州:浙江摄影出版社,1998:4.
② (美)托马斯·古德尔,杰弗瑞·戈比.人类思想史中的休闲[M].成素梅,等,译.昆明:云南人民出版社,2000:11.
③ Pigram, J. (1983) Outdoor Recreation and Resource. Management, London: Croom Helm//(英)史蒂芬·威廉姆斯.休闲旅游[M].杜靖川,等,译.昆明:云南大学出版社,2006:4.
④ Dumazedier, J., Toward a Society of Leisure, Trans by S. McClure. New York, NY: The Free press, 1967, 16-17.
⑤ (瑞士)若泽·塞依杜.旅游接待的今天和明天[M].冯百才,等,译.北京:旅游教育出版社,1990:28.

地工作。然而，休息的功能也就仅此而已，这是因为从休息的本质功能讲，休息并非用来享受生活。

第二，游憩。游憩，英译为"recreation"，从词源上讲来自拉丁语的"recreatio"，意思为"更新、恢复"。游憩从社会学的意义上理解，是含有修养、娱乐、消遣、恢复健康意义的一种行为，其特征是在自愿的、有选择的、没有承担义务的情况下，利用非义务性时间完成的行为。

从地理学的角度出发，一般认为游憩常常意味着一组特别的可观察的土地的利用，或者是一套开列的可供人们活动的节目单。同时，游憩并不是具有不同形式的单一现象，它是错综复杂的现象的组合，每一现象具有不同的资源需求，为不同的参与者所欣赏，而每一个参与者又可从不同的区位获得不同的满足。[①]游憩活动在空间形态上可以分成本地和外地游憩活动、室内和室外游憩活动等。在活动方式上通常被认为可包括旅游、娱乐、运动、游戏以及其他形式的文化活动方式。总而言之，游憩活动可以被认定是能够消除人们精神和体力疲劳的一组日常的休闲活动。

从社会心理学的角度看，游憩被认为是个体或集体在休闲时间内所从事的一种社会活动形式，其过程是令人愉快的。游憩活动的产生服从于人们自身心理和生理活动的需要，而非来自外在超越自身需求动机的奖赏动机。游憩活动从另一个意义上讲，又被认为是一种改善和维持社会集聚力以及提高人们社会生活质量的重要手段，主要表现在五个层次上：一是围绕家庭周围的娱乐活动；二是从事对文化和艺术追求的活动；三是和社会习俗相一致的活动；四是对非正式活动的爱好；五是带有较高社会和文化内容的活动。

第三，娱乐。娱乐的英译是"entertainment"，其拉丁文词根是"tenare"，意指"抓住你，触及你的灵魂"，[②]本义指的是一种活动的吸引力。娱乐的中文意思是指娱怀取乐；欢乐，[③]表现的是一种状态。娱乐，通常是指人们在休闲时间内，能够获得高度轻松、身心愉快、自由自在的精神感觉，有利于增长知识、有益于身心健康的一系列户内外活动。其他关于娱乐的概念多从中英文的词义引申而来，并且主要是从社会学、城市学和经济学等角度进行界定。社会学认为娱乐是城市市民的一种生活方式，即精神生活方式或闲暇生活方式，[④]娱乐是消遣的、有趣的，或者让人们愉快地度过时间的行为。[⑤]城市学认为娱乐是城市必备的一种基本功能，"主要满足人的休闲需要、美感需要和情感需要"，[⑥]并通过文化艺术设施、体育设施、休闲类设施、科学技术类设施和新闻媒体传播设施五大类设施具体表现出来。[⑦]经济学认为娱乐是人们的一种日常消费行为。从产

---

① （加）斯蒂芬·史密斯.游憩地理学［M］.吴必虎，等，译.北京：高等教育出版社，1992：2-4.

② （美）Harold. Vogel.娱乐产业经济学——财务分析指南（第五版，英文版）［M］.北京：清华大学出版社，2002：pxvii.

③ 夏征农，陈至立.辞海［M］.上海：上海辞书出版社，1999：2974.

④ 吴增基，吴鹏森，苏振芳.现代社会学［M］.上海：上海人民出版社，1997：283-286.

⑤ （美）Harold. Vogel.娱乐产业经济学——财务分析指南（第五版，英文版）［M］.北京：清华大学出版社，2002：pxvii-xviii.

⑥ 纪晓岚.论城市本质［M］.北京：中国社会科学出版社，2002：194.

⑦ 参见纪晓岚.论城市本质［M］.北京：中国社会科学出版社，2002：194-195.李德华.城市规划原理（第二版）［M］.北京：中国建筑工业出版社，1991：141.

业角度看,娱乐包括软件和硬件两部分,前者如电影、唱片、电子游戏等,后者则指物质附属物以及执行或者实现软件的设备。①

第四,旅游。旅游活动是社会发展到一定阶段的经济活动现象。旅游活动是指人们在可自由支配的时间内,以可余的财力,暂时离开熟悉的生活居住地,在异质的文化环境和异常的自然环境中,为获得身心健康、精神满足、情感愉悦而进行游览、欣赏、体验、调养等一系列活动的一种行为。旅游的基本动机可分为下述四个范畴:首先,健康动机者。其中包括体力整休、体育运动、海滨度假、陪同客人消遣和抱有其他于健康有益的动机的人。此外,有些人可能受医生嘱托和推荐,采用矿泉疗法、浴室疗法、体检和其他有益于健康的活动,以上旅游动机者都有一个共同特点,即通过体育运动来放松情绪。其次,文化动机者。主要包括那些希望了解异国文化风情的人——如音乐、艺术、民俗、舞蹈、绘画、宗教。再次,社会关系动机者。主要包括那些希望结交新伙伴,想拜访朋友和亲属,想逃避日常琐事、家庭生活和邻居,或是向往广交朋友的人。最后,地位或声望动机者。这些人主要关心个人利益和前途。他们的旅游与其工作、会议、研究课题、爱好以及教育有关。他们希望通过旅游受到赏识、引起注意,得到称赞或达到圆满的竞争目的。② 实际上,人们从事旅游的目的都比较复杂,很少是单单为了实现一个目的,更多的时候,是多种因素综合在一起,但是,其核心就是围绕精神的享受和满足这一根本目的。这就是为什么在现代社会,人们如此热衷于各种形式的旅游活动的原因所在。

第五,运动。英文"sports"一词源于拉丁语"didortare"或"deportare",最初的意思为"心情转换、宽慰、休养、消遣、游戏、喜悦"。③ 到了近现代,大致是指具有竞技特性、在户外展开的各种形态的游戏和身体活动的总称。④《简明大不列颠百科全书》把"sport"解释为"那些需要体力和技巧的娱乐性和竞赛性活动"。⑤ 而《欧洲大众Sport宪章》则将"sport"定义为"包括竞技活动、野外活动、艺术活动和健身运动在内的最广义的身体活动"。⑥ 在我国,《辞海》认为"运动"一词泛指体育运动,通常是指"以强身、医疗保健、娱乐休息为目的的身体活动"。⑦

一般认为,运动(sports)包括以下内容:一是以竞赛取胜为目的的竞技体育;二是以教育为主要目的的学校体育;三是以健身为主要目的的休养体育、健身体育;四是出于游戏兴趣的大众体育、闲暇体育;五是在特定环境中开展的一些适应职业特点的部门体育和伤残人体育等。从运动的概念以及所包含的内容可以看出,运动的本质涵盖了相当部分的休闲内容。

---

① (美)Harold. Vogel. 娱乐产业经济学——财务分析指南(第五版,英文版)[M]. 北京:清华大学出版社,2002:pxviii.
② (美)罗伯特·麦金托什,夏希肯特·格波特. 旅游学——要素·实践·基本原理[M]. 蒲红,等,译. 上海:上海文化出版社,1985:98.
③ 吕树庭,张辉.Sport论[J]. 体育论坛,1989(1):7-10.
④ 朱寒笑. 中国城市体育休闲服务组织体系研究[M]. 北京:北京体育大学出版社,2009:10.
⑤ 席玉宝. 从体育的历史沿革和结构及整体性谈体育的概念与分类[J]. 天津体育学院学报,2002(2):22-25.
⑥ 陆小聪. 论Sport概念的演变与发展[J]. 天津体育学院学报,1997(2):40-42.
⑦ 夏征农,陈至立. 辞海(第三卷)[M]. 上海:上海辞书出版社,2010:2238.

（二）休闲与相关概念的关系

现代休闲从时间和空间角度看，毫无疑问已成为人们的一种生活常态。人们在这段时间内随心所欲所从事的各种活动都称作休闲活动。从休闲与我们所熟知的休息、游憩、娱乐、运动、旅游等活动的彼此构成关系看，它们共同形成了一个集合性的框架体系。

在这个集合中，休闲概念的外延最大，其他都毫无例外地从属于休闲的范畴，被视为休闲的子集。见图1-4。

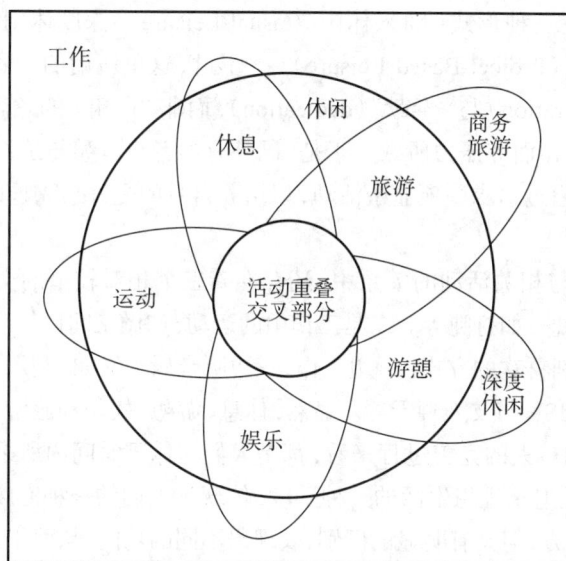

图 1-4

休闲与休息、游憩、娱乐、旅游和运动关系框架图

资料来源：楼嘉军.休闲新论［M］.上海：立信会计出版社，2005：54，图1-1和（英）C.米歇尔·霍尔，斯蒂芬·J.佩奇.旅游休闲地理学——环境·地点·空间［M］.周昌军，等，译.北京：旅游教育出版社，2007：5，图1-1有关内容整理制作。

上图表明，各种休闲活动之间，以及休闲与工作之间都存在着多个重叠或交叉的区域。

第一，从休闲活动内容的构成看，休息、旅游、游憩、运动和娱乐等休闲活动在活动形式和活动内容之间存在着相当大的重叠区域。这从另一个侧面也表明，尽管我们可以根据活动类别去划分人们从事的各种休闲活动，但是很多时候一种休闲活动往往具有多种活动特征或多重活动身份，尤其在当下，更是难以一一细分清楚。史蒂芬·威廉姆斯说过，现在"一个显而易见的事实就是对于休闲、消遣娱乐与旅游学科的学术研究兴趣日益高涨，而要使三者在内涵上达成一致意见的目标却变得更加遥不可及了"。[1]

第二，从休闲与工作的关系看，在过去，工作就是工作，休闲就是休闲。两者泾渭

---

[1] （英）史蒂芬·威廉姆斯.旅游休闲［M］.杜靖川，等，译.昆明：云南大学出版社，2006：2.

分明,清清楚楚。而进入新世纪以来,休闲与工作之间的界限并不像以前那样截然分明,而是形成了多个交叉的区域。首先是商务旅游与公务旅游。就商务旅游而言,这是企业因工作目的或需要而产生的旅游形式。传统的商务旅游多与纯粹的经济活动有关,而今逐渐扩展至会议与奖励旅游等多种形式。而公务旅游则是政府管理部门因公务活动需要而形成的特殊的旅游活动形式。商务旅游和公务旅游是国内外重要的旅游形式,市场规模十分庞大,在国际旅游市场中约占40%左右的份额。其次是深度休闲。关于深度休闲(Serious Leisure),最早是由罗伯特(Robert)于1982年首次提出,是指"休闲活动参与者有系统地从事业余、嗜好或志工的活动,他们投入如事业一般的专注,并借此机会获得及展现特殊的技巧、知识及经验"。[1]罗伯特又把人们参与的休闲活动划分为以下三种形式:随兴休闲(Casual Leisure)、深度休闲(Serious Leisure)和主题计划性休闲(Project-Based Leisure)。[2]不过,这里所谓的"深度"(serious),是指"专注"(concentration)与"奉献"(dedication),而非"严肃"的意思,表明人们参与休闲活动是出于乐趣而非压力所致。于是,国外有学者将游憩与工作之间存在的这样一种状态,即人们通过追求一项业余活动,以培养自身的爱好与兴趣的状态,称作深度休闲。[3]

第三,在休闲与相关活动的关系中,还存在着三个相对较窄的交叉活动区域。一是工作中短暂的休息,如打盹等。二是工作中的运动,如做工间操等。三是工作中的娱乐,如青年白领特别喜欢的方式:一边工作,一边听音乐。又如,利用工作间隙打牌、下棋,或通过QQ和MSN与友人聊天等。显然,休息、游憩、娱乐和旅游等活动形式,从对社会发展的影响和对人的完善过程来看,都是人们在休闲时间内所采取的具体的生活样式、活动方式,是追求理想生活的一种手段,体现了人们的一种态度。它们之间彼此有重叠或交叉的地方,但又有明显的区别,表现出不同的功能,从而丰富了人们的生活。

第四节　休闲本质与特征

一、休闲本质

在当代,休闲通常被视为一种平衡和调节人们生活的手段和途径。人们追求休闲不仅仅是为了消遣娱乐、自我改善以及文化提升和稳定家庭、互动交流,同时也是为了满足逃避、新奇、复杂、冒险、兴奋、想象等体验。见表1-2。

刘海春认为,休闲的本质是生命自由,走向休闲就是走向生命的自由。自由尺度标志着人在何种意义和程度上真正成为人本身,休闲还是自觉的生命存在方式,而生命本

---

① Stebbins, Robert A. *Amateurs, Professionals, and Serious Leisure*[M]. Montreal: McGillQueen's University Press,1992.//王苏,龙江智.深度休闲:概念内涵、研究现状及展望[J].北京第二外国语学院学报,2011(1):2.

② Stebbins, Robert A. *Serious Leisure: A Perspective for Our Time*[M]. New Brunswick, N.J: ransaction Publishers, 2006.

③ (英)C.米歇尔·霍尔,斯蒂芬·J.佩奇.旅游休闲地理学——环境·地点·空间[M].周昌军,等,译.北京:旅游教育出版社,2007:6.

代表性论述	休 闲 本 质
休闲宪章	一是补偿消耗,二是丰富生活,三是激发才能,四是体现人的价值
韩国观光公社	身心的休息、恢复的机会,活动的快乐(积极的和消极的快乐),创造的自由,解放感,自我实现,自发的选择和参与,有益的旅行体验,生产性活动,符合社会伦理的美好的追求
卡普兰(Kaplan)	在经济功能方面与工作相对立,愉快的期待感和回忆,心理的自由,与文化价值密切联系的,影响人类生活的整个领域
哈维格斯(Havighurst)	趣味性,从义务中解放出来,跟朋友接触和交往,获得新的体验,消磨时间,创造幸福
徐泰阳、车锡彬	自我表现性,身心的休息,活动带来的快乐,创造性的自由,解放感,自我实现,反复的空间移动性,劳动关联性,自发的选择性,社会伦理性,非理性等

表1-2

休闲本质的
论述和特征

资料来源:根据世界休闲组织.休闲宪章[EB/OL]. http://news.xinhuanet.com/photo/ 2006-05/03/content_4504330.htm;(韩)孙海值,安永冕,曹明焕,等.休闲学[M].朴松爱,等,译.大连:东北财经大学出版社,2005:30,表3-1等内容整理制作。

性意义上的解读是其最高层次最本质的理解。[①]而布尔(Bull)等人则认为,休闲的本质是玩耍游戏。因为从孩童时代起游戏一直对人的发展起着关键的作用,并决定着人们的休闲生活方式。如果没有了玩耍游戏,也就没有了身心发展、认知开发、情感开发和社会化发展的一切机会。[②]孙海值等人认为,休闲的本质可以概括为以下三方面内容:一是通过休闲使人感到工作的乐趣和成就感,追求人生的快乐。二是休闲使人具备精炼的意识,充实新的活力,获得经验的积累。三是休闲使人摆脱陈旧的习惯和制度的制约,充分进行自我发展和自我实现。[③]

休闲既表现为一种常态的生活方式,又显示出人们对理想生活目标的一种诉求。从常态的生活方式角度讲,休闲作为日常生活中一种独立的生活形态,已经与工作、睡眠和家务劳动等生活部分共同构成了当代社会一个完整的生活循环模式。从生活的理想诉求角度看,休闲集中体现了人们在精神和物质层面、心理和生理层面、个体与群体层面以及家庭与事业层面对理想生活目标、方式和结果的一种渴望与追求。就如歌手韩晓在《我想去桂林》中所唱的那样:"我想去桂林呀我想去桂林,可是有时间的时候我却没有钱;我想去桂林呀我想去桂林,可是有了钱的时候我却没时间。"正因为生活中有太多的无奈和矛盾,所以休闲,一方面成为承载人们追求理想生活的载体;另一方面,休闲也成为激励人们追求自由生活和理想生活的动力。

---

① 刘海春.休闲:生命本体意义上的解读[J].浙江社会科学,2005(5):95-96.
② (英)克里斯·布尔,杰恩·胡思,迈克·韦德.休闲研究引论[M].田里,等,译.昆明:云南大学出版社,2006:24-28.
③ (韩)孙海值,安永冕,曹明焕,等.休闲学[M].朴松爱,等,译.大连:东北财经大学出版社,2005:29-30.

二、休闲特征

孙海值等在《休闲学》一书中主要从解放性、自由选择性、自我表现性、价值创造性、劳动关联性和生活方式性六个方面对休闲特征进行阐述,给人以诸多启示。休闲特征还可以从其他多个角度进行解读,以下主要从时间、活动、自主和价值四个方面对休闲特征进行简要分析。

第一,休闲具有时间特征。休闲首先是一个时间概念,可以用时间尺度进行衡量,没有时间也就无所谓休闲。其次,休闲和空闲并不完全对应。休闲不是简单意义上的空闲,休闲时间和空闲时间是两个截然不同的时间概念。空闲时间是相对于工作而言的一个时间概念,阿尔那德(Amold)认为空闲时间是指人们"不用于工作和不负任何责任的时间",①表明人们暂时脱离工作的一种状态,空闲时间是与工作相对应的,只是一种时间的计算方式。而休闲时间是相对于生活状态和生存环境而言的一个时间概念,表明人们在可自由安排的时间里获得的选择并采取的一种生活方式。因此,西巴斯田(Sebastian)认为"人人都会拥有空闲时间,但并非人人都能够拥有休闲。空闲时间是一种人人拥有的并可以实现的观念,而休闲却并非是每个人都可以真正达到的人生状态"。②

第二,休闲具有活动特征。首先,休闲是一种动态的活动参与过程。休闲活动形式不计其数,人们通常可以以不同方式、不同强度参与其中,在这一过程中,"休闲不是排斥性的或A或B:放松或投入,陶醉或创造,分离或参与……休闲是行动,也是行动的环境"。③人们通过活动获得体验和享受。其次,休闲是一种与劳动高度关联的活动过程。从人类休闲历史的发展过程看,正是由于劳动,使人类原始的休闲娱乐活动逐渐发生了变化。人类获得猎物后的手舞足蹈,演变成了优美的舞蹈;劳动过程中的呐喊,发展成了动听的歌曲;水中猎鱼的生存方式,又演变为人们闲暇时的垂钓形式;其他诸如射箭、打猎、攀岩等活动方式,无一不是从原始的劳动方式中脱胎而来,并在休闲活动中加以提炼而成的。即使在今天,许多休闲还是以劳动的形式表现出来,风靡全球的"DIY"就是一种典型的劳动型休闲活动方式。再次,休闲的实现不仅需要心灵上的准备,还需要践行。纵然静默也可以被视为休闲,而静默本身,也是一种实在的活动行为。没有行动载体的绝对精神层面的休闲是不存在的。所以从某种意义上讲,休闲是以"存在"与"成为"为活动的逻辑演变过程和实现目标,休闲不仅是一种可感知的生活状态,更是一种行动的可能性和对可能性进行积极实现的过程。

第三,休闲具有自主特征。一是从哲学的意义上讲,自主指的是人们能够自行其是。葛拉齐亚对此的理解是休闲即"对要履行的必然性的一种摆脱",④是人们在主观上能够形成自由地做自己想做的事的想法。休闲的这种自由体现"在微观上,自由以

① (美)托马斯·古德尔,杰弗瑞·戈比.人类思想史中的休闲[M].成素梅,等,译.昆明:云南人民出版社,2000:7.
② de Grazia Sebastian. Of time, Work and Leisure//(美)托马斯·古德尔,杰弗瑞·戈比.人类思想史中的休闲[M].成素梅,等,译.昆明:云南人民出版社,2000:1.
③ (美)约翰·凯利.走向自由——休闲社会学新论[M].赵冉,译.昆明:云南人民出版社,2000:278.
④ (美)托马斯·古德尔,杰弗瑞·戈比.人类思想史中的休闲[M].成素梅,等,译.昆明:云南人民出版社,2000:8.

个性化的实现为前提,凭着'自由思想'去解读独立思想的实践,达到人类心灵的真正体验。在宏观上,自由以社会的进步为标志,以文明程度为目标,是人类进化中的一种自律性思维,是人类超越自身、实践人生的内在理想"。[①]二是从功能的角度上讲,自主是一种生活能力,也是一种从事休闲活动的能力。如果一个人饱食终日,而无所事事,那么自由和自主对他来讲也就失去了任何存在的意义。因此,没有自主,休闲只是一种摆设;而没有能力的自主,休闲终将不复存在。三是从心态的层面上看,自主表现为一种自由自在的生活状态或随心所欲的生活境界,既可指行动上的无拘无束,又可指心灵上的逍遥自在。四是从制度层面上说,自主意味着摆脱制度的束缚和义务的约束,获得一种相对意义上的超脱和解放。杜马兹迪埃指出:"休闲一般具有从形式上的、制度的义务中摆脱出来得到自由的特性。"[②]从一定意义上讲,这是使休闲自主性得到落实的一种保障。

第四,休闲具有价值特征。首先,休闲是一种价值诉求。休闲不仅是一种安排生活的观念,更是一种追求生活理想的诉求,表明人们渴望获得和实现和谐、完整而统一的生活方式的内心冲动和行为趋向。其次,休闲是追求一种生活价值的自由。自由不是绝对的,更不是无所事事,所以,作为自由的休闲,也要遵循一定的社会价值目标的引导。"休闲是从文化环境和物质环境的外在压力中解脱出来的一种相对自由的生活,它使个体能以自己所喜爱的、本能地感到有价值的方式,在内心之爱的驱动下行为,并为信仰提供一个基础。"[③]正因如此,休闲可以让人对某种活动、某个行为产生出于内心的喜爱和追求,从而因兴趣而行动,并由此感到愉快,甚至幸福,获得直觉上的价值满足。再次,休闲是衡量人们生活质量的价值尺度。在当今社会工作压力增加和生活节奏加快的现实环境中,人们希望通过休闲获得心理和生理两方面的补偿。尽管人们参与休闲的需要各不相同,满足的标准也千差万别,但是休闲有助于提高人们生活的幸福感,有利于提升家庭和个人的生活质量。

....

思考与练习

1. 简述休闲学的研究背景。

2. 阐述休闲学的研究对象与研究方法。

3. 结合休闲学的学科框架,认识与理解休闲学学科的发展演变过程。

4. 分析休闲与游憩及旅游的关系。

5. 谈谈休闲的本质与特征。

---

① 刘海春.休闲:生命本体意义上的解读[J].浙江社会科学,2005(5):96.

② Joffre Dumazedier. "Leisure", in: International Encyclopedia of the Social Sciences, Vol.9, New York (1968), pp.248-253, http://www.encyclopedia.com/topic/Leisure.aspx.

③ (美)托马斯·古德尔,杰弗瑞·戈比.人类思想史中的休闲[M].成素梅,等,译.昆明:云南人民出版社,2000:11.

内容提要

　　本章主要阐述了马克思主义学说对休闲学科发展的贡献,划分了西方休闲理论发展的阶段,并对我国进入新世纪以来休闲理论研究的相关文献进行了梳理与分析。本章共分为三节,第一节主要对马克思和恩格斯有关休闲的理论进行梳理。第二节主要对西方休闲科学理论的发展阶段进行了划分与分析。第三节在厘清我国休闲理论发展过程的同时,对我国休闲学理论研究的现状与特征进行了分析。

专业词汇

休闲科学(leisure science)

休闲理论(leisure theory)

有闲阶级论(the theory of the leisure class)

休闲权(leisure right)

休闲的哲学思辨[①]

　　"休闲"是一个涉及社会学、经济学、心理学和哲学等多学科领域的术语。"人倚木而休"，表明人与自然的和谐与平等。"闲"同"娴"，表明思想的纯洁与宁静。在古希腊和古罗马的哲人那里，休闲总是与学习联系在一起，是一种"美好的生活"，可以发展人的智慧、思想和良知。"休闲"，指的不仅仅是闲暇时间，也不仅是指"休闲活动"，更是指在休闲活动中人的闲适的"精神状态"。正如亚里士多德所言，"休闲才是一切事物围绕的中心"，是科学和哲学的诞生地。亚里士多德认为，休闲可以使人们获得更多的幸福感，保持内心的安宁，"我们需要崇高的美德去工作，同样需要崇高的美德去休闲"。瑞士哲学家皮普尔在其《休闲：文化的基础》中也认为，休闲不是一个星期天下午的悠闲时光，而是对自由、教育和文化的维系，是对人性的维系。

　　在当下，人对物的依赖，表现在现实生活中，很重要的一方面就是人类通过消费"物"而获得休闲愉悦。休闲作为一种生活实践，事实上必然也是一个消费的过程。劳动是人的本质活动，在劳动中每个人不仅肯定自己，而且其劳动产品在满足他人的消费过程中也是对他人的一种肯定。在哲学的语境中，休闲消费就是对人的劳动对象化的产品的消费。正如有人所言，"消费成为既肯定生产者，又肯定消费者，即'双重地肯定'人的价值存在"。然而，在物质丰富的时代，休闲却从劳动的手段变成了目的。许多人不再把消费看作是日常生活的一个必要环节，而是将其当作人生的根本意义所在。而这就是消费主义。

　　当把人的价值单一地定位于物质财富的享用和高消费的基础之上时，这就演变成了一种"商品崇拜"，成为"拜物教"。在消费主义的冲击下，消费成为自我价值实现的表征，获得了社会性的身份建构的意义，人成为被动的、异化了的消费动物。

　　除了异化，消费主义式的休闲方式还会带来精神的荒漠化。消费主义在走向商业化的同时，也放弃了对终极问题的关心。如果说现代主义精英总是怀有救世情结或者重建人类精神家园使命感的话，那么消费主义则彻底消解了这种努力。在消费主义的文化视野中，庄严、理想、神圣的事物成了游戏，金钱的力量无所不在，市场逻辑统治一切。当休闲与娱乐化、商业化和消遣画上等号时，任何经典文化和高雅文化都无法避免被拿来"消费"的危险。正如某人所言，这是一个没有名著的时代，任何东西都可以拿来恶搞，对经典的解构风潮也正暗流汹涌。人们在对消费主义表示担忧时，却又不知不觉成了一个不折不扣的消费主义者。

　　以往，人们一般都认为，消费是生产的目的，在市场经济条件下，消费行为会引导生产行为。然而，消费者的需要是有限的，但生产者对利益的追求却是无限的。当下，生产者通过广告等形式将所谓的"品位"、"生活方式"、"小资"等休闲观念推销给大众，从而主动地制造需要。消费主义就是在这种情

① 陈运平. 休闲的哲学思辨［N］. 光明日报，2009-06-30(11)，有删减。

况下产生的。这种需要，很多时候并不是消费者内发的需要，而是由生产经营者操纵的需要，渗透着生产者的利益。用法兰克福学派马尔库塞的话来说，这是一种"虚假的需要"。

当消费者的行动逻辑失去独立自主的习惯时，就会成为商业活动的附庸。显然，休闲的首要原则是"量力而行"。这一原则上升到公共利益的高度，就是"可持续"。休闲还应该坚守身心健康的原则和不损害他人利益的原则。一讲到休闲，人们似乎更多想到的是吃喝玩乐。把休闲等同于享乐，必然不可能对休闲采取理性的态度，让人"成为人"的休闲也有可能堕落成满足感性欲望的工具，休闲的健康价值也将不复存在。此外，休闲把人从一种规范性程序性的规约中解放出来，休闲的根本特性在于其自由性和个人性。然而，这并不意味着休闲完全是归属于自己的自由时间，自己想干什么就干什么。人总是处于社会关系之中，作为社会必需生活补充的休闲生活也不仅仅与当事者有关，还会对社会、对他人产生影响。在极富个性色彩的休闲领域中同样存在人与人之间的利益分配、利益关照的关系，因此休闲必须遵循不损害他人利益的原则。

第一节　马克思主义与休闲理论发展

一、马克思对休闲科学理论发展的贡献

将近一个世纪以来，在西方社会学的研究领域，过去一直有一种传统的主流派观点，认为奠定了近代休闲科学理论基础的开山之作是美国经济学家托斯丹·本德·凡勃伦（Thorstein B Veblen）写于1899年的《有闲阶级论》。近年来，不少中外学者经过深入研究后认为，在近代资本主义社会发展的初期，无产阶级革命导师马克思就已经结合当时工业社会发展的现状，对休闲科学理论进行了比较深入的研究，尤其是对休闲时间的使用以及休闲活动的作用等问题，提出了鲜明的观点和重要见解。对此，在美国出版的《国际社会学科学百科全书》也已经给予确认。在该书"休闲社会学"条目上非常清楚地写道，能够预见到休闲在文明发展中的重要性的思想家是马克思。[①] 显而易见，马克思主义理论在近代休闲社会科学理论上所做出的前瞻性研究和开创性成果，已经开始得到休闲科学研究领域内人们的承认和重视，并恢复其相应的历史地位。当然，作为无产阶级革命导师的马克思当时所承担的历史重任主要是建立科学社会主义理论体系和创建剩余价值学说，因而没有从整体上对休闲科学理论进行完整和系统的研究与论述。但是大凡接触过马克思的《资本论》以及其他著作的人都会由衷地感受到，从思想理论上对近代大工业时代的休闲问题予以高度重视的正是马克思。

第一，马克思无情地鞭挞了资产阶级剥夺工人自由时间的恶劣行径。马克思在《资本论》中，一方面用大量活生生的事实无情地揭露资本家对工人剩余价值的剥削；

---

① 舒展.休闲——一门科学［N］.解放日报，1999-06-25（1）.

另一方面,又不无悲愤地指出,资本家采用的这种残酷剥削极大地限制了工人个人自由休闲时间的获得。书中写道:"至于个人受教育的时间,发展智力的时间,履行社会职能的时间,进行社交活动的时间,自由运用智力和体力的时间,以至于星期日的休息时间——这全是废话!"①在分析失去自由时间的工人的现状时,马克思进一步指出:资产阶级对工人的残酷盘剥,"侵占人体成长、发育和维持健康所需要的时间。它掠夺工人呼吸新鲜空气和接触阳光所需要的时间。它克扣吃饭时间,尽量把吃饭时间并入生产过程,因此对待工人就像对待单纯的生产资料那样,给他吃饭,就如同给锅炉加煤、给机器上油一样"。②不可否认,近代工业革命导致人类社会的生产力和生产关系发生了彻底变革,使人类进入了发展的新时代。但同时,近代工业化所造成的令人不堪忍受的工作环境,特别是资本家贪得无厌的本性和残酷欺诈的手段,迫使工人们根本无法也不可能通过利用有限的休闲时间的消遣来寻求自我表现、展示创造性和舒展被压抑的个性。

第二,马克思对自由时间与人的发展这一休闲科学中最基本的问题进行了深刻阐述。首先,马克思明确指出自由时间对人发展的重要作用。马克思比凡勃伦早三十七年就明确提出了人的发展主要是有赖于休闲时间多少的科学见解。马克思以非同寻常的思想敏锐性洞察到休闲的发展将带给人类社会以巨大影响这一历史发展的大趋势。在1862年完成的《剩余价值理论》草稿中,马克思指出可以自由支配的时间,"也就是真正的财富,这种时间不被直接生产劳动所吸收,而是用于娱乐和休息,从而为自由活动和发展开辟了广阔的天地。时间是发展才能等等的广阔天地"。③其次,马克思科学地区分了自由时间的不同功能,认为"自由时间,可以支配的时间,就是财富本身:一部分用于消费产品,一部分从事自由活动,这种自由活动不像劳动那样是在必须实现的外在目的的压力下决定的,而这种外在目的的实现是自然的必然性,或者说社会义务"。④马克思还进一步阐明:"作为自由时间的基础,而取得完全不同的、更自由的性质,这种同时作为拥有自由时间的人的劳动时间,必将比役畜的时间具有高得多的质量。"⑤最后,在深刻揭示缩短工人劳作时间和增加自由时间的重要性时,马克思从个人发展与社会发展相结合的角度进行了辩证的分析,强调休闲时间,"不仅对于恢复构成每个民族骨干的工人阶级的健康和体力是必需的,而且对于保证工人有机会来发展智力,进行社交活动以及社会活动和政治活动,也是必需的"。⑥

第三,马克思科学地论述了自由时间不仅对个体发展具有重要作用,而且也是国家衡量富裕程度的重要指标。马克思在《政治经济学批判手稿(1857—1858年)》中明确指出:"从整个社会来说,创造可以自由支配的时间,也就是创造产生科学、艺术等等的

---

① 马克思.资本论(第1卷·上册)[M].北京:人民文学出版社,1975:294.
② 马克思.资本论(第1卷·上册)[M].北京:人民文学出版社,1975:294.
③ 马克思.剩余价值理论[M]//马克思,恩格斯.马克思恩格斯全集(第26卷·第3分册)[M].北京:人民文学出版社,1974:280.
④ 马克思.剩余价值理论[M]//马克思,恩格斯.马克思恩格斯全集(第26卷·第3分册)[M].北京:人民文学出版社,1974:282.
⑤ 马克思.剩余价值理论[M]//马克思,恩格斯.马克思恩格斯全集(第26卷·第3分册)[M].北京:人民文学出版社,1974:282.
⑥ 马克思,恩格斯.马克思恩格斯全集(第16卷)[M].北京:人民文学出版社,1974:216.

时间。"① 马克思还曾高瞻远瞩地指出，一个国家真正富裕的标志是劳动时间的减少，休闲时间的增多。自19世纪以来一百多年的世界历史发展也表明，休闲发展程度高低已经成为衡量一个国家或地区富裕程度的标志。

二、恩格斯在休闲科学理论上的建树

与马克思同时代并肩奋战的无产阶级革命导师恩格斯，对休闲科学理论的发展也作出了重要贡献。首先，恩格斯提出了"人生三需要"的著名论断。恩格斯曾指出，人生有三个根本需要，一是生存的需要，消费是为了生存。二是享受的需要，人可以活得更好一些。三是发展和表现自己的需要。② 在此，恩格斯辩证地说明了休闲的重要性，并将自我发展和表现自己的需要作为人生追求的最高目标，从而揭示了休闲科学的本质特征，这在100多年的历史发展中已得到有力印证。恩格斯曾经引用过彼·拉·拉甫罗夫一段精彩的论述："人不仅为生存而斗争，而且为享受，为增加自己的享受而斗争……准备为取得高级的享受而放弃低级的享受。"恩格斯在对此表示赞同后，又进一步阐述到："人类的生产在一定阶段上适合到这样的高度：能够不仅生产生活必需品，而且生产奢侈品（即我们说的提高生活质量）……这样，生存斗争就变成为享受而斗争，不再是单纯为生产资料斗争，而是为发展资料，为社会的生产发展资料而斗争，到了这个阶段，从动物界来的范畴就不再适用了。"③ 其次，恩格斯认为自由时间主要用于人的享受和发展。1891年，恩格斯在为马克思《雇佣劳动与资本》的单行本撰写的导言中就明确指出，这个社会已被自己的富有所窒息，而同时它的绝大多数成员却几乎得不到保障去免除极度的贫困。对此，恩格斯以一个无产阶级革命家的气概和胆略预言到："一个新的社会制度是可能实现的，在这个制度下，现代的阶级差别将消失；而且在这个制度下——也许在经过一个短暂的、有些艰苦的，但无论如何在道义上很有益的过渡时期以后，通过有计划地利用和进一步发展现有的巨大生产力，在人人都必须劳动的条件下，生活资料、享受资料、发展和表现一切体力和智力所需的资料，都将同等地、愈益充分地交归社会全体成员支配。"④ 恩格斯的论述十分清晰地表明，所谓劳动是用于社会成员生存所必需支付的时间，而用于享受和人的体力及智力发展的时间就是休闲时间。

三、其他马克思主义者的贡献

除了马克思和恩格斯外，同时代其他的一些马克思主义者也对休闲的理论问题有过不少精彩的论述。法国著名的马克思主义者拉法格（Lafargue）在1880年曾经撰文，为那个时代无产阶级争取获得合理和必要的休闲权所从事的正义斗争进行热情的呼吁和有力的申辩。在那篇题为《懒惰权》（1880）的文章中，作者引用了诗人莱辛的两句诗："我们对于一切，除了爱情和美酒；对于一切，除了休闲本身，都懒得去管！"⑤ 拉法

---

① 马克思,恩格斯.马克思恩格斯全集（第46卷,上册）[M].北京:人民文学出版社,1974:381.
② 马克思,恩格斯.马克思恩格斯全集（第47卷）[M].北京:人民文学出版社,1979:260.
③ 马克思,恩格斯.马克思恩格斯全集（第34卷,上册）[M].北京:人民文学出版社,1974:163.
④ 马克思,恩格斯.马克思恩格斯全集（第1卷）[M].北京:人民文学出版社,1972:349.
⑤ 舒展.休闲——一门科学[N].解放日报,1999-06-25(1).

格还指出,无产阶级如果要认识到自己的力量,就应该宣布他们有休闲权,这一权利比干巴巴的人权要神圣高贵千万倍。拉法格的《懒惰权》被认为是推动休闲社会学发展的直接起点。①

通过以上对无产阶级革命导师部分言论的引用,可以清晰地表明,马克思主义理论是关心普天之下广大民众休闲的科学理论,是关注社会普通大众生存权和发展权的革命理论。现代社会发展的实际进程及其产生的一系列结果,证明了马克思主义科学论断的预见性和正确性,这是我们建设具有中国特色社会主义休闲科学理论的宝贵思想财富,也是指导我们进行休闲科学研究的重要思想武器。

第二节　西方休闲理论发展阶段概述

自古希腊时代起,在西方休闲科学理论两千多年的发展历史中,留下了极为丰富的理论遗产,其中尤以古希腊哲学家亚里士多德为代表,在西方休闲研究领域甚至"可以将他看成是休闲之父"。②工业革命以后,有关休闲的研究在西方获得了进一步的发展。从西方近百年休闲科学理论的发展过程看,大致可以分为以下三个发展阶段。

一、第一阶段:19世纪末至20世纪五六十年代

这一时期,尽管经历了两次世界大战,但是从世纪范围看,欧美地区工人阶级通过持续和广泛的斗争取得了令人瞩目的成效,8小时工作制在全球得到推广,一些国家(如法国)甚至开始实施带薪休假制度。西方不少学者们主要从哲学、文化学、社会学和经济学的角度对休闲进行研究,主要代表观点有以下几个方面。

(一)凡勃伦与《有闲阶级论》

托斯丹·本德·凡勃伦是20世纪初美国著名的经济学家,他于1899年发表了著名的《有闲阶级论》,"建立了以社会地位功能为标准的休闲理论",③对现代休闲科学的发展具有重要影响,西方社会学家因而认为"托斯丹·本德·凡勃伦恐怕可以称得上是休闲社会学之父了"。④凡勃伦的主要观点可以概括为以下几个方面。

第一,休闲是一种阶级的社会象征。有闲阶级之所以不愿参加劳动,把参加劳动看作是有损体面的事情,是因为在他们看来,"拒绝劳动不仅是体面的,值得称赞的,而且成为保持身份的、礼俗上的一个必要条件"。⑤因此他们日常只是从事一些没有实际作用的脑力劳动,如学习礼仪,讲求修养等。

---

① 王雅林,刘耳,徐利亚.城市休闲——上海、天津、哈尔滨城市居民时间分配的考察[M].北京:社会科学文献出版社,2003:4.
② (美)托马斯·古德尔,杰弗瑞·戈比.人类思想史中的休闲[M].成素梅,等,译.昆明:云南人民出版社,2000:25.
③ 王雅林,刘耳,徐利亚.城市休闲——上海、天津、哈尔滨城市居民时间分配的考察[M].北京:社会科学文献出版社,2003:4.
④ (美)彼得·伯杰,布里吉特·伯杰.人生各阶段分析[M].李中泽,译.北京:光明日报出版社,1990:149.
⑤ (美)托斯丹·本德·凡勃伦.有闲阶级论[M].蔡受百,译.北京:商务印书馆,1981:34.

第二,"炫耀性消费"是一种社会属性。在休闲过程中对奢侈品或是对休闲活动进行无节制的消费,也是有闲阶级带有社会优越感和阶级荣誉感的消费心理的表现。凡勃伦提出了"炫耀性消费"概念,对休闲科学理论的发展影响极大。所谓"炫耀性消费"是指旨在摆阔气、炫耀自身财产、身份和地位而非出于需要而花钱购物的消费行为。凡勃伦认为,"炫耀性消费"是美国社会资产阶级消费的特点,而且这种消费趋势逐步渗透到诸如打猎、体育等休闲活动中去。

第三,消费生活方式的仿效。通常表现为较低阶层的生活方式常以较高阶层的生活方式作为模仿的标准。上流社会摆阔气的消费和显眼的消费方式,也对社会较低阶层产生影响,甚至一直影响到最底层。结果是"每个阶层的成员总是把他们上一阶层流行的生活方式作为他们礼仪上的典型,并全力争取达到这个理想的标准。他们如果在这方面没有能获得成功,其声名与自尊性就不免受损,因此他们必须力求符合这个理想的标准,至少在外貌上要做到这一点"。①

第四,消费规范的淘汰作用。由于社会上普遍盛行摆阔气、讲排场的风气,必然导致某些消费品不断变更其式样。因为人们总想追求时尚,所以表现在服饰的穿着上就是推崇新奇,紧跟潮流。服饰式样的变动一定会引起消费支出增加,因为这是人们摆阔气的需要。这一现象就被称作消费规范的淘汰作用。

凡勃伦无情地揭露了有闲阶级及其消费方式的腐朽性,然而,凡勃伦不可能从资本主义制度的本质特征入手,因而也就无法厘清产生这些社会问题的真正原因,最终结论只能是无奈地等待人们的思想、习惯和心理的逐渐改变,从而实现对社会某种程度的改良。

(二)20世纪初中期休闲科学理论的发展

自凡勃伦以后,不少西方经济学家、社会学家、人类学家、文化学家也从不同学科角度关注并加强了对休闲科学理论的研究,正是有赖于这些学者所进行的接连不断的艰苦的拓展工作,才使20世纪中叶以前的休闲科学逐步发展起来。

伯特兰·罗素(Bertrand Russell)在他的随笔《懒散颂》(又名"闲散颂")中针对资本主义制度带给工人群众的巨大痛苦,大声疾呼:"劳动道德就是奴隶道德,而现代世界不需要奴隶。"罗素指出,在过去"少数人的闲之所以成为可能,是因为多数人劳动"。②他认为"现代技术使闲暇成为可能,不再是狭小的特权阶级独有的,而是社区中平均分享的"。③作为一名非马克思主义者,罗素的观点在当时引起强烈的反响,即使在今天,罗素的"这些文章读来仍如初写时一样新鲜,恐怕将来也不会失去意义"。④

约翰·赫伊津哈(John Huizinga)在《游戏的人:关于文化的游戏成分的研究》一书中,从游戏活动这一独特的视角出发,深刻阐述了游戏与社会文化进化的相关性,以及游戏对人的发展的作用。他认为人只有在游戏中才最自由、最本真、最具有创造力,游戏的世界是一个阳光灿烂的世界。

---

① (美)托斯丹·本德·凡勃伦.有闲阶级论[M].蔡受百,译.北京:商务印书馆,1981:64.
② (英)伯特兰·罗素.懒散颂//陈鲁直.民闲论[M].北京:中国经济出版社,2005:96.
③ (英)伯特兰·罗素.懒散颂//陈鲁直.民闲论[M].北京:中国经济出版社,2005:95.
④ (英)伯特兰·罗素.懒散颂//陈鲁直.民闲论[M].北京:中国经济出版社,2005:9.

约瑟夫·皮珀(Pieper, J.)撰写的《闲暇：文化的基础》被认为是现代休闲理论研究的经典之作。皮柏认为休闲是一种心灵的态度，也是灵魂的一种状态，可以培养一个人对世界的关照能力。他说道："在构成西方文化的诸多基础中，闲暇无疑是其中之一。"① 过去是如此，未来也是如此。他还进一步提出，宗教只能产生在休闲之中，因为只有身在休闲之中，我们才会有时间去沉思上帝的本质。本书被认为摧毁了20世纪工作至上的陈规，颠覆了当今世界的"休闲"观念。

需要指出的是，里斯曼(Riesman)《孤独的人群》和伯格(Berge)《休闲社会学》是20世纪五六十年代美国非常有影响的有关休闲理论的著作，两位作者分别在书中提出了"大众消费"和"大众文化"的观点，并将休闲问题的研究纳入到文化社会学的范畴内，对此后的休闲研究产生一定影响。

二、第二阶段：20世纪六七十年代至九十年代

20世纪六七十年代，随着世界经济发展所引起的社会生活水平的广泛提高，导致众多国家人们可自由支配的时间大幅度增多，欧美发达国家普遍进入人均GDP 3 000—5 000美元的发展时期，使得西方民众"休闲第一"的观念逐渐兴盛。对此，帕克(Parker)认为西方正进入更具普遍性的"大众休闲时代"，休闲对人类社会发展影响的重要性日趋突出，推动了休闲理论在休闲社会学、休闲心理学和休闲经济学等方面研究的进一步发展。

第一，随着欧美国家逐步跨入休闲时代，围绕休闲及其社会关系的研究空前繁荣。法国社会学家杜马兹迪埃明确指出，休闲已经是"一种新的、个人是自己的主人并使自己感到愉快的社会需要"。他又说道："从企业的要求来说，这种社会需要过去经常被认为是无所事事，虚度时光，而现在却被说成是人的尊严所在，从家庭的要求来说，这种社会需要过去经常被称作为自私的表现，而现在却被认为是尊重他本人及其家庭成员的人格的表现。这种需要的一部分过去经常被宗教组织认为是邪恶的，而现在却被认为是生活的艺术。"② 到了70年代，杜马兹迪埃在《法国的休闲社会学》中又对人类休闲行为造成的巨大社会影响进行了进一步系统的分析，认为休闲带来新的社会价值的变化，主要表现为：第一，个人解放的价值观加强。由于受到空闲时间在各种实践中首先出现和发展起来的模式的影响，社会权威变得更为温和，允许个人更自由地表达，空闲时间日益增多，个人价值的意义也显得日益重要。第二，人民的社会关系在不断变化。空闲时间的增加使人们有更多的空余、周末、假期以及退休时间来进行交往和维系感情，日益要求有更自由、更新的社交方式。第三，人与自然的关系也在变化。城市各阶层中越来越多的劳动者喜欢到这样的地方（自然界）旅游，既为了得到轻松，解除疲劳，也是出于乐趣。人们无论是对自身、对别人，还是对自然的关系，都产生了一种更自由的生活价值，空闲时间的重要性正是体现在这种价值中。③

① （德）约瑟夫·皮珀.闲暇：文化的基础［M］.刘森尧，译.北京：新星出版社，2005：5.
② 黄德兴，等.现代生活方式面面观［M］.上海：上海社会科学出版社，1987：149.
③ 胡伟，孟德拉斯.当代法国社会学［M］.北京：生活·读书·新知三联书店，1988：182-183.

纽曼(Neumann)面对后工业化时代经济和科技迅猛发展的趋势,对传统的工作与休闲关系进行了理性反思,并以坚定的口吻写道:"不容争辩,工作已不再具有重要意义,而退居次要地位,自我肯定的学说中心已转移到未被占用的领域,休闲突出地成为唯一的支配因素。"[①]

罗歇·苏(Roger Sue)也曾指出:"休闲表现为个人或集体的积极实践,由于这些实践的扩展及其所需的基础设施,使休闲成为重要的社会现象。"[②]

值得一提的是凯利(Kelly),突破了休闲社会学研究的原有模式,融合了存在主义和结构主义方法,采用解释性和实证性的分析模式,创建了一种全新的休闲研究方法,提出休闲应该被理解为一个成为人的过程的观点,指出"休闲是一个完成个人与社会发展任务的主要社会空间……休闲在人的整个一生中都是一个持久、重要的舞台"。[③]

第二,休闲心理学成为这一时期一个亮点,诞生了一批引人关注的学术成果。钮林格(Neulinger)将休闲定义为一种精神状态,与之相伴随的一种态度,[④]并将休闲态度分为感知到的自由、内在动机和终极三个层面,指出对于休闲判断只有一个标准,那就是心灵所能体验的自由感,认为"休闲就是做自己,显示你的天赋、才能和潜力"。[⑤]

对休闲心理学发展产生重要影响的是席克珍特米哈依(Csikszentmihalyi),他提出了"畅"(flow)的概念,即"具有适当的挑战性而能让一个人深深沉浸于其中,以至忘记了时间的流逝、意识不到自己存在的体验"。[⑥]作者认为在休闲活动中,太难的活动会让人感到紧张和焦虑,而太容易的活动则会让人感到厌烦,都无法获得真正的休闲,于是"畅"是"介于焦虑感和厌烦感之间的最佳状态"。[⑦]因此,休闲不应受到传统工作与休闲划分标准的限制,从而不论在工作还是休闲活动中,都更能积极地去寻求最佳的心灵体验。

第三,这一时期,休闲在经济上的重要性也日渐凸显,导致休闲经济学和休闲管理学研究的兴起和繁荣。[⑧]从管理学角度看,德莱弗(Drove)提出了著名的休闲益效管理方法。他认为应将休闲项目作为一个系统,通过管理使相关方面的效益最优化。而哈维茨(Havitz)认为应加强休闲服务市场的营销管理,并通过市场营销改变居民休闲活动的偏好与活动。

从经济学角度看,相关研究主要集中于时间利用、劳动供给两个方面。科科斯基(Kokoski)在对家庭福利指标及休闲时间价值进行研究的基础上,发现国民每周工作时间下降,而家庭层次劳动活动增加以及家庭休闲消费减少的变化特征。赫克(Hek)通

---

① 黄德兴,等.现代生活方式面面观[M].上海:上海社会科学出版社,1987:149.

② (法)罗歇·苏.休闲[M].姜依群,译.北京:商务印书馆,1996:4.

③ (美)约翰·凯利.走向自由——休闲社会学新论[M].赵冉,译.昆明:云南人民出版社,2000:104.

④ (美)约翰·凯利.走向自由——休闲社会学新论[M].赵冉,译.昆明:云南人民出版社,2000:31.

⑤ (美)钮林格.休闲心理学//郭鲁芳.休闲经济学——休闲消费的经济分析[M].杭州:浙江大学出版社,2005:47.

⑥ (美)席克珍特米哈依.畅:最佳体验的心理学//马惠娣.休闲:人类美丽的精神家园[M].昆明:云南人民出版社,2000:206.

⑦ (美)约翰·凯利.走向自由——休闲社会学新论[M].赵冉,译.昆明:云南人民出版社,2000:32.

⑧ 郭鲁芳.休闲经济学——休闲消费的经济分析[M].杭州:浙江大学出版社,2005:47-52.

过对休闲效用研究后发现,如果消费者对休闲重视甚于消费,则可能出现在休闲和消费间的均衡增长路径。

三、第三阶段：21世纪初至今

进入新世纪,国外有关休闲研究范围进一步扩大,研究内容进一步深化。

第一,从区域性的研究看。以北美地区为例,学术界的研究除了继续关注休闲社会学、休闲心理学、休闲管理学等传统学术领域的问题外,休闲研究重点逐渐扩散到休闲制约、休闲政策、休闲与健康、休闲与性别、休闲与人种/种族、休闲与文化等方面,研究内容与社会发展和居民休闲生活的紧密度不断加强,现实性更加凸显。见表2-1。

研究内容	文章数量（篇）	备　注
基础及综合研究	39	关于休闲社会学、休闲心理学等
女性研究	30	
休闲与年龄	26	包括青少年、中年和老年休闲
休闲与人种/种族	23	
体育休闲	20	
公园与户外娱乐	18	
休闲与旅游	17	
家庭/社区与休闲	12	
疾病/健康与休闲	10	
性别与休闲	10	
休闲市场/服务	6	
其　他	41	休闲与文化、政策、制约和休闲与环境等
合　计	252	

表2-1

北美休闲
研究概览

资料来源：根据程遂营.北美休闲研究［M］.北京：社会科学文献出版社,2009：41,表1-2内容制作,并略作调整。

第二,从期刊文献看。以世界休闲杂志为例,通过关键词分析,可知一方面学者对休闲研究的关注点以区域性的休闲问题较多(10.3%),其次是生命周期与休闲(8.9%)、大众休闲方式(8.4%),而一些休闲社会问题的研究则相对较少,如家庭与休闲(1.9%)、工作与休闲(1.8%)、休闲与教育(1.8%)。另一方面关键词所涉及的范围较为广泛,基本上涵盖了休闲研究所触及的问题。但与北美休闲研究相似的是,西方学者对休闲经济问题的关注度较低。见表2-2。

表2-2	关　键　词	文章比例(%)	文章数量（篇）
休闲关键词分类（2000—2012年）	区域性休闲	10.3	85
	生命周期与休闲	8.9	73
	大众休闲方式	8.4	69
	休闲价值/效益	7.9	65
	文化与休闲	7.4	61
	休闲管理	7.3	60
	健康、福利与休闲	6.9	57
	旅游与休闲	5.2	43
	非休闲方式	5.1	42
	体育与休闲	4.4	36
	社区/休闲	4.0	33
	休闲哲学	4.0	33
	性别与休闲	3.8	31
	公园/环境/户外娱乐	3.2	26
	治疗性娱乐	3.2	26
	休闲理论	2.7	22
	家庭与休闲	1.9	16
	工作与休闲	1.9	16
	休闲与教育	1.8	15
	地方感与休闲	1.6	13
	合　计	100	822

资料来源：Christopher R. Edginton, Miklos Banhidi, Abubakarr Jalloh, Rodney B. Dieser, Nie Xiafei, Dong Yub Baek. A content analysis of the World Leisure Journal: 1958–2012 [J]. World Leisure Journal, 2014, 56(3):185–203.

第三，综合《休闲研究杂志》和《休闲科学》刊载的论文以及已经出版的相关研究著作看。欧美地区有关休闲的研究近年来体现出如下趋势：一是关注国民休闲与健康；二是注重影响国民休闲的制约因素；三是分析休闲与生活满意度的关系；四是聚焦研究公共政策与休闲城市管理；五是探索休闲服务产业对社会经济发展的影响。[①]

---

① 程遂营.北美休闲研究［M］.北京：社会科学文献出版社,2009：58-61.

实际上国外学术界围绕休闲研究重点的深化和研究趋势的演变,在国内最近的译著出版中已得到一定程度的体现。此外,从理论研究的角度看,还应注意以下两方面问题。首先,即使在欧美地区,休闲学科至今仍未能成为一个足够明确的研究领域,休闲研究和学科建设任重道远。其次,随着新兴工业化国家以及广大发展中国家居民休闲活动不断趋于大众化和普及化,休闲研究的国际化趋势进一步强化。

第三节　我国休闲理论发展回顾

一、近年来休闲理论研究简述

随着改革开放的深入和我国经济持续良好的发展,一方面,城镇居民的家庭收入不断增加,生活水平得到普遍提高;另一方面,新休假制度的实施使我国职工的休闲时间获得大幅度提升,全年休假日总数将近120天,已接近发达国家水平,导致人们的社会生活方式发生深刻变化,休闲开始成为我国城镇居民重要的生活主题。在这一社会发展的大背景下,自80年代以来,国内越来越多的学者对休闲问题展开了多层次和多角度的探讨。

于光远在20世纪80年代就开始关注并倡导对休闲的研究,早在1983年就指出,我国对体育竞赛很重视,但对体育竞赛和游戏的理论研究远远不够。1996年,他进一步论述道,闲暇时间的长短与人类的文明进步是并行发展的。"从现在看将来,如果不属于闲的劳动时间随着社会生产力的发展能够进一步减少,闲的地位还可进一步提高,这是走向未来经济高速发展的必经之路。"[①] 邓伟志在《生活的觉醒——漫话生活方式》(1985)一书中,根据我国当时社会生活所发生的实际变化,对休闲、休闲时间和休闲活动方式等内容分别进行了比较充分的论述。王雅林、董鸿扬主编的《闲暇社会学》(1992),虽然在理论和方法上主要借鉴前苏联和东欧国家的研究思路,视角也有一定的局限性,但对于促进我国休闲理论的研究也具有重要的借鉴作用。

从近十年发展看,我国休闲科学理论的研究进展大致可以从以下四方面进行分析。

第一,从西方当代休闲学术思想的引入看。近年来,我国休闲科学理论发展的一个重要特征就是积极翻译并出版西方当代休闲学术理论著作。从译著内容的选择和市场反应看,比较有影响的有以下三套丛书。一是由马惠娣主编出版的"西方休闲研究译丛"于2000年和2009年分别面世,共计10本。需要指出的是,于2000年出版的第一批译丛,如《走向自由——休闲社会学新论》、《人类思想史中的休闲》和《你生命中的休闲》等5本,对于处在刚刚起步阶段的我国学术界而言无异于久旱之后逢甘露,影响深远。二是由马勇主编出版的"休闲与游憩管理丛书"(2008),译著共计6本。三是由浙江大学亚太休闲教育研究中心庞学铨主编出版的"休闲丛书"(2010),译著有4本。由于我国休闲研究起步较晚,西方当代休闲理论研究成果的引入,极大地拓宽了我国学者的研究视野,对于推进我国休闲科学理论研究工作的深入发展发挥了极其重要的作用。

---

① （美）约翰·凯利.走向自由——休闲社会学新论［M］.赵冉,译.昆明:云南人民出版社,2000:4.

第二,从国内学术著作的出版看。近年来,国内学术界在休闲研究的完整性和系统性方面有了长足的进步,出版了一批具有一定学术价值的著作,数量将近70部。除了马惠娣主编的"中国学人休闲研究丛书"(2004)一套5本外,其他较有代表性的还有王雅琳主编的《城市休闲——上海、天津、哈尔滨城市居民时间分配的考察》(2003)、魏小安的《中国休闲经济》(2005)、楼嘉军的《休闲新论》(2005)、卿前龙的《休闲服务与休闲服务业发展》(2007)、郭鲁芳的《休闲经济学——休闲消费的经济分析》(2005)、魏翔的《闲暇经济导论——自由与快乐的经济要义》(2009)等,[①]近四年来出版的有关休闲的著作还有楼嘉军的《论休闲与休闲时代》(2013)和《中国城市休闲化发展研究报告2013》(2014)、宋瑞的《寻找中国的休闲——跨越太平洋的对话》(2015)、陈占彪的《自由及其幻象——当代城市休闲消费的发生》(2015)。这些学术著作反映了学者们从不同的角度审视我国休闲发展现状、总结我国休闲发展经验与教训以及思考我国休闲发展路径的学术探索历程,也对推动我国休闲理论科学的发展产生了积极意义。

第三,从期刊论文的研究特征看。基于中国知网数据库的统计,从1996年至2015年,发表于各类期刊杂志上关于休闲研究的文章约有1 441篇,其中90%以上发表于2005年以后。这一现象说明,我国学术界有关休闲研究在新世纪发展较快,近年来更是凸显了快速发展的态势。综合起来看,近年来我国休闲研究呈现以下六大特征:一是休闲研究成为热点,文献数量持续增加。据不完全统计,二十年间有关休闲研究的文献数量增长约50倍。二是研究涉及的学科以经济学最多,社会学和地理学居其次。三是研究主题较为全面,尤以一般理论和休闲体育为多。四是定量研究相对较少,案例研究逐年增多。五是农民、学生、女性和老人等特殊群体受到关注。六是北京、杭州、上海和长沙等城市案例研究较多。[②]

第四,从休闲研究趋势看。国内有关休闲研究呈现如下趋势:一是经济学角度对国民休闲消费行为的研究;二是统计学角度对国民休闲市场的实证研究;三是公共服务角度对休闲城市建设和政府管理的研究;四是社会学和文化学角度对不同阶层居民休闲的研究。

二、休闲学研究现状

就目前而言,国内学术界对休闲及其相关概念的研究不仅呈现在文献逐渐增多上,而且更多的表现为研究的日趋深入。据统计,近二十年来,以休闲为题名的期刊论文约有1 441篇,其中90%的论文是于近十年发表的。相比较来说,有关休闲学研究却明显滞后。通过对相关研究文献的梳理可以发现,同时期以休闲学为研究对象的论文或评论约有51篇,仅占休闲研究论文总数的3.5%。经过整理,剔除不符合要求的13篇,剩余38篇,主要涉及休闲学、休闲学科体系、休闲学专业及教材建设四部分研究内容。见表2-3。

---

① 宋瑞.近十年来我国休闲研究的历程与特征//刘德谦,高舜礼,宋瑞.2010年中国休闲发展报告[M].北京:社会科学文献出版社,2010:379.

② 宋瑞.近十年来我国休闲研究的历程与特征//刘德谦,高舜礼,宋瑞.2010年中国休闲发展报告[M].北京:社会科学文献出版社,2010:381–386.

类　别	文章数量（篇）	文章比例（%）
休闲学理论的论述	27	71.1
休闲学科体系的论述	7	18.4
休闲学专业与教材建设的论述	4	10.5
合　计	38	100

表2-3

休闲学研究论文分类一览表

资料来源：根据中国期刊网相关材料整理制作。

从表2-3看，有关休闲学理论的论述占的比重较高，有71.1%，反映了学术界围绕休闲学的研究还处于理论探索的阶段，这也与休闲学的研究在我国起步较晚的特征相吻合。另外，对近年来出版的休闲学教材（著作）进行梳理，发现相关研究工作也有不小进展，除了一本国外教材外，其余均为国内学者撰写。见表2-4。

书　名	作　者	出版社	出版时间
基础休闲学	李仲广、卢昌崇	社会科学文献出版社	2004年6月
休闲新论	楼嘉军	立信会计出版社	2005年6月
休闲学	（韩）孙海值等	东北财经大学出版社	2005年10月
休闲学概论	章海荣、方起东	云南大学出版社	2005年10月
于光远马惠娣十年对话——关于休闲学研究的基本问题	于光远、马惠娣	重庆大学出版社	2008年8月
休闲学概论	马勇、周青	重庆大学出版社	2008年8月
休闲学	陈来成	中山大学出版社	2009年2月
休闲学	郭鲁芳	清华大学出版社	2011年12月
休闲学	李仲广	中国旅游出版社	2011年9月
休闲概论	张媛	上海交通大学出版社	2012年8月
休闲学导论	吴文新、张雅静	北京大学出版社	2013年1月
休闲学导论	李经龙	北京大学出版社	2013年6月
休闲学概论	李红蕾	中国旅游出版社	2014年7月
休闲学概论（第二版）	张维亚、汤澍	东北财经大学出版社	2015年9月

表2-4

休闲学教材和著作出版一览表

资料来源：根据中国期刊网相关材料整理制作。

综上所述,尽管我国有关休闲方面的研究已经取得了一定的成果,但是围绕休闲学的研究目前仍然处于相对薄弱的发展阶段。在休闲研究领域存在的相对滞后的短板现象,揭示了我国休闲理论研究过程中存在着明显的不平衡现状,也表明我国学术界围绕休闲学研究的基础性、系统性和理论性研究工作亟待加强。

思考与练习

1. 马克思与恩格斯对休闲问题的阐述。
2. 西方休闲科学理论发展可以划分为几个阶段。
3. 在《有闲阶级论》中,凡勃伦有哪些主要观点。
4. 于光远对我国休闲及休闲学科的发展有怎样的影响。
5. 现阶段我国休闲学研究有什么特点。

内容提要

　　本章主要从休闲现象角度切入,对休闲观念、休闲态度、休闲行为、休闲方式和休闲活动等方面进行了分析与探讨。本章共分为四节,第一节结合相关史料,对休闲观念和休闲态度进行了梳理与阐述。第二节对休闲行为的特点、类型进行了探讨。第三节结合具体的市场调查数据,分析了人们休闲行为的选择倾向及其影响因素。第四节主要分析了休闲活动的形式、类型与特点。

专业词汇

休闲现象(leisure phenomenon)

休闲观念(leisure concept)

休闲态度(leisure attitude)

休闲行为(leisure behavior)

休闲方式(leisure style)

休闲活动(leisure activities)

国民休闲观念三变：长见识、减压力、变方式①

《国民旅游休闲纲要（2013—2020年）》实施一年半以来，国人的休闲观念发生了较大变化，中国人对于休闲生活的渴望程度超过了以往，虽然时间太少和收入所限都会影响到人们的休闲满意度，但四成人表示满意的调查结果，较之以往还是有了进步。

2014年8月底，《小康》杂志社联合清华大学媒介调查实验室，在全国范围内进行了"2014中国休闲小康指数"调查，结果显示，从休闲时间、休闲方式、休闲支出、休闲观念等方面来综合衡量，对自己的休闲状况感到满意的受访者占比41.3%，对自己的休闲状况评价一般的受访者占比35.1%，对自己的休闲状况感到不满意的受访者占比23.6%。

对于我们为什么要进行休闲活动这一问题，在"2014中国休闲小康指数"调查中，73.1%的受访者表示参加休闲活动首先是为了放松身心；在"2013中国休闲小康指数"调查中，放松身心也被受访者列为参与休闲活动的五大目的之首。

那么，还有什么因素使人们越来越"离不开"休闲活动了呢？"2014中国休闲小康指数"调查显示，人们参与休闲活动的第二大目的是增长见识（35.5%），第三大目的是换一种方式生活（34.6%），第四大目的是暂别现实压力（33%），第五大目的是享乐（25.7%）。

在"2013中国休闲小康指数"调查中，增长见识被排在第四位，换一种方式生活位列第九，暂别现实压力位列第七，享乐位列第十。位列"国人五大休闲目的"榜单第二、第三和第五位的分别是锻炼身体、满足爱好和结交朋友。

参与休闲活动的好处有很多，很多正在职场中打拼的人还特别提到了一点，休闲对于提高工作效率有促进作用。对此，《小康》也向参与"2014中国休闲小康指数"的受访者进行了询问，结果，87.2%的人都觉得休闲对于提高工作效率有比较大甚至是很大的作用。

那么，在"休闲"已经深入人心的当下，提及"休闲"二字，人们首先会想到什么呢？在问卷中，《小康》请受访者将最先想到的字或者词写出来，结果写下"放松"、"轻松"这两个关键词的人最多，他们当中有人想到"彻底放松"、"出去放松"、"舒适放松"等等，还有人想到"轻松自由"、"轻松无压力"、"轻松愉快"等等；写下"旅游"、"度假"这两个关键词的人数排在第二，他们当中有的直接写"旅游"，还有的写"度假旅游"，也有人写"旅游观光"、"度假娱乐"、"自助游"等等；写下"开心"、"享受"这两个关键词的人数排在第三，这部分人写下的词有"享受大自然"、"享受生活"、"开心快乐"等等。

休闲现象是指人们围绕休闲活动所表现出来的各种观念、状态和行为等，包括休闲观念、休闲态度、休闲行为、休闲方式和休闲活动等内容。本章主要通过对休闲现象的梳理，了解休闲现象的基本内容与相关特征，从而有助于人们确立科学的休闲观念，采取正确的休闲方式，获得理想的休闲效果。

---

① 鄂璠.国民休闲观念三变：长见识、减压力、变方式[EB/OL].(2014-10-09)http://news.hexun.com/2014-10-09/169150778.html.

第一节　休闲观念与态度

一、休闲观念

通常认为,休闲古已有之,但是不同时代人们的休闲观念却不尽相同,而且会随着时代的变迁而发生相应的变化。这里所说的休闲观念,是指人们在理论层面或实践方面对休闲及其作用的一种认识。

(一)休闲的历史变迁

1. 西方的视野

在西方,关于休闲的讨论,早已是一个古老的话题。在古希腊语中,人们用scol、schole和skole等多个词来定义休闲,这些词后来分别演变成为拉丁词scola和英文school。以英文school一词为例,在现代意义上是指教师教学、学生受教育的地方,即我们所熟知的学校,以及与学校教育有关的内容,基本上限定在教育事业范围内。然而,在古代西方历史上,school一词,其意原本不是指学校,而是指人们从事休闲娱乐活动和学习活动的场所,[①]到今天只剩下纯粹教育的内涵了。从school一词的变化中可以察觉,无论是希腊文schole,还是拉丁文scola,或多或少都揭示出在古代西方社会人们从事休闲活动和教育活动之间存在着某种内在的逻辑关系,并形成了相应的社会认同。换句话说,那一时期的休闲活动是以接受一定的学习活动与教育活动为前提,或者是休闲活动包含一定的教育内容。于是,不难理解,在古希腊最辉煌的历史时期,教育被提到了无比崇高的地位,因为教育是人们有资格获得城邦国家公民权或成为政治家的基础。而在那个时期,教育则是人们休闲活动的重要内容。

休闲的英译是Leisure。从Leisure的词源关系上讲,源于拉丁语Licere和法文Loisir。前者表示允许的意思,而后者的本意是指人们摆脱生产劳动后的自由时间和自由活动。所以在词语的构成上,A-schole就是专门指劳动、奴隶状况。从这里可以清晰感受到古希腊时期休闲和劳动存在着一种相互排斥的关系。在拉丁语中,同样也能看到这种互相对立的关系存在,如词语otium表示的是休闲和闲逸,而词语neg-otium则是其反意,指的是从事劳动、事务、商务等活动。"在古希腊和罗马,闲暇标志着自由人和富者的地位,他们生来不受命运驱使而必须劳作,闲暇甚至被置于比道德的、公民的和政治的要求更为重要的位置。"[②]这从一个侧面表明,休闲在当时只是一部分社会成员的特权。必须指出的是,在那个时代需要劳作以及没有空闲时间的主要是那些终日与劳动为伴的奴隶,以及部分出身贫寒、没有希望获取政治上显赫头衔的人,而正是众多的奴隶无法获得教育的权利,因而也就失去了休闲的权利。显然,公民与奴隶的对立,犹如休闲与劳动的对立那般,是那一时期的社会常态。

在古代西方社会,人们对休闲的认识被当时社会的生产力水平牢牢束缚,致使休闲和劳作长期处于对立的排斥状态,从而使休闲仅属于少数人、少数等级或阶级的社会特

---

① (法)罗歇·苏.休闲[M].姜依群,译.北京:商务印书馆,1996:9.
② (法)罗伯特·朗卡尔.旅游及旅行社会学[M].蔡若明,译.北京:旅游教育出版社,1989:9.

权。事实上，休闲与劳动相辅相成，杜马兹迪埃曾经非常明确地说道，"休闲并非游手好闲，它不取消劳动，而必须以劳动为前提"。[①] 对此，皮柏就深刻指出，"节日的欢乐性质乃是基于它本身的难得。只有基于平常工作日所塑造的生活为基础，才可能有假日的欢庆"。[②] 因为"工作与喜庆都来自同样的根源，因此当其中一者干枯，另一者便枯竭了"。[③]

对古代西方休闲观念与活动形式的发展进行梳理，可以发现一定的特点。第一，强调借助于休闲活动，寻求浓烈和刺激的感官享受，充实和完善以自我为主体的人格意识。我们可以从"田猎、沐浴、游戏与狂笑即是生活"这样的语句里，[④] 以及在"沐浴、饮酒、恋爱，足以戕贼人的健康，但却使人生快乐"这些观点中，[⑤] 察觉到当时的人们所倡导的一些休闲活动原则。第二，突出节庆活动的娱乐内涵。由于古希腊和古罗马文明是建立在自由、乐观主义、世俗主义、理想主义的基础上，既尊重肉体也尊重心灵，对个人价值和庄严予以高度和充分的重视，因此使得传统的宗教祭祀活动容纳了相当多的休闲娱乐成分，从而形成了全民娱乐的历史发展特征。对此，希腊学者伯里克利曾经无不自豪地说："我们没有忘记使疲敝了的精神获得休息。我们的生活方式是优雅的。我们日常在这些方面所感到的欢乐，帮助我们排遣了忧郁。"[⑥] 第三，追求动感的活动形式。自古以来，西方人所追求的乐趣，也在体育竞技世界中表现得淋漓尽致，那就是动感，也就是速度、力度和高度。从人们偏爱赛跑、赛车、投掷铁饼、健身等活动项目看，既表现出那个年代鼓励个人进行竞技和争雄的时代个性，倡导公平竞争的社会特征，又揭示了在西方社会被普遍接受的"生命在于运动"的娱乐理念具有深厚的社会意识基础。弗克斯·巴特菲尔德在《苦海沉浮》一书中直率地指出："我们外国人劲头十足，东蹿西跳，匆忙行事，大概是因为摄入的热量过高，养分过多，可以尽情地消耗精力。"[⑦] 而叔本华则认为，散步、远足、跳跃、角力、舞蹈、击剑、骑马、狩猎、运动竞技等活动形态是享乐重要的组成部分。可见，西方人对运动形态活动功能的认识在历史的发展尺度上是一脉相承的。

2. 中国的角度

中国作为一个具有五千年历史的文明古国，为人类思想文化的发展作出了自己独特的贡献，尤其是在古代的休闲娱乐活动方面形成了非常丰富的思想意识与独特的活动模式，成为人类休闲思想宝库中一颗耀眼的明珠。农业耕作文明决定了我国古代休闲活动对自然天时、农业耕作活动的依赖，从某种意义上讲，中国古代传统的休闲活动已经成为东方社会典型的农耕文明的符号象征。

早在几千年前的中国先哲们，对"休"和"闲"就分别予以了极为精辟的诠释。关

① （法）罗歇·苏.休闲[M].姜依群，译.北京：商务印书馆，1996：9.
② （德）约瑟夫·皮柏.节庆、休闲与文化[M].黄藿，译.北京：生活·读书·新知三联书店，1991：4.
③ （德）约瑟夫·皮柏.节庆、休闲与文化[M].黄藿，译.北京：生活·读书·新知三联书店，1991：5.
④ （美）桑戴克，冯雄.世界文化史（上册）[M].上海：上海文化出版社，1989：291.
⑤ （美）桑戴克，冯雄.世界文化史（上册）[M].上海：上海文化出版社，1989：291.
⑥ （希）修昔底德.伯罗奔尼撒战史[M].谢德风，译.北京：商务印书馆，1978：38.
⑦ （美）弗克斯·巴特菲尔德.苦海沉浮[M].//杨乃济.旅游与生活文化[M].北京：旅游教育出版社，1993：178.

于"休"字,表现了人依木而休的一种现象,巧妙而含蓄地勾勒出人与自然和谐相伴的特点。当然,"休"字强调的是人的一种行为方式,突出了在农耕时代人们暂时中断劳动过程的一种行为。由"休"字可组成休息、休假、休日、休暇、休憩等词组,强调人的活动或行为处于休息与放松的状态。至于"闲"字,则是从另一个角度展示了人们闲静的一种生活状态。需要指出的是,"闲"字注重的是人们的精神状态。由"闲"字可构成闲静、闲雅、闲散、闲适等词组,揭示了人们感觉、感受和思想的纯洁与安宁的实质。倘若将"休"和"闲"组合成一体,也就形成了休闲本身所固有的一系列的行为特点、精神状态、文化内涵和价值意义。

说到"闲暇"一词,按照我国1999年出版的《辞海》对"闲暇"的解释,意为"空闲、暇时;悠闲自得貌",显然,"闲暇"在这里主要是指个人时间上的宽裕和自由。关于"余暇"的解释对于我们理解休闲也颇有帮助,"余"者又通"馀",即指食物的充足和物资的丰富,表示经济上可自由支配的收入的富余;"暇"者是指什么事都没有的自由时间的富裕,表示可自由支配的时间。① 由此可知,用中国人习以为常的闲暇、消遣的意识理念和生活方式去诠释休闲,似乎也能达到异曲同工之妙。

中国传统的休闲思想具有自身的本质特征。一是强调休闲活动对于人格整体发展的重要性,注重人对社会的使命和责任。所谓"志于道,据于德,依于仁,游于艺"(《论语·述而》)就是这种休闲思想的典型体现。二是突出伦理道德对休闲活动的制约性,主张"父母在,不远游"(《论语·里仁》),提倡孝子不登高,不临危的传统伦理思想,这种道德性说教在数千年的历史发展过程中贯穿于人们从事休闲娱乐活动的始终。三是确立人文精神在休闲活动中的象征性,孔子所言"智者乐水,仁者乐山"(《论语·雍也》)其实质就是以自然山水之性来显示人格之本。四是倡导休闲活动的愉悦性,即通过休闲活动能够从广袤和宁静的自然世界中获取一种超然脱俗的快乐,在天人合一与物我交融的多重境界中,寻找到纯净心灵的乐趣。传统的"游必有方"、"游者,玩物适情之谓"等思想观念,清楚表明在中国古代哲人的眼里,休闲活动已与人们德行升华的意识演进轨迹互为吻合、相互依存。

尽管在历史的演变进程中,东西方的人们对休闲的观察和阐述存在着一定的差异,但他们都认为休闲在人的生活中是必不可少的。古希腊哲学家亚里士多德认为幸福存在于闲暇之中。近代法国启蒙思想家斯宾塞说过,"这些种种趣味的陶冶和喜悦(指休闲)不但是重要的,而且在我们即将到来的时代里,这些趣味比现在会远远地占有人生的绝大部分"。美国学者杜姆茨泰讲得更明白:"闲暇比什么都自由,都快乐。"② 中国近代学者林语堂说道:"倘不知人民日常的娱乐方法,便不能认识一个民族,好像对于个人,吾们倘非知道他怎样消遣闲暇的方法,吾们便不算熟悉了这个人。当一个人不在办理应该办理的事务,而随自己的意兴无拘束的行动时,他的个性才显露出来。"③

---

① (日)松田义幸,中田裕久.生活文化的社会学[M].陈晖,等,译.北京:东方出版社,1990:2.
② 杨乃济.旅游与生活文化[M].北京:旅游教育出版社,1993:202.
③ 林语堂.吾国与吾民[M].北京:中国戏剧出版社,1990:299.

由此可见，古今中外的人们对休闲生活的价值取向是一致的，即把休闲作为充实人生意义的手段。林语堂在《人类的快乐是感觉上的》一文中曾说道："讲到快乐时刻的真正界限，以及它的度量和性质，东方人和西洋人的见解是相同的。"[1] 不过由于各自社会的差异性，东西方休闲实践活动的延伸空间体现出不同的社会价值特征，但彼此具有一种历史的互补性功能。东西方社会人们从事休闲生活的差异性，虽然会随着工业化时代的演进有所减少，但是会永远存在。因为差异和互补是社会前进的法则，也是现代休闲生活富有活力、生机和多样性的重要根源。

（二）工作与休闲

工作和休闲是一个球的两半，两者的关系一直随着时代在发生着变化，也影响着人们的观念。工作是体现人为谋生而不得不劳动的价值，休闲是表现人为自由发展自我、改善生活质量而存在的价值。因此，如果把人的职业劳动看作是人格构架、职业精神和创造性功能的体现阶段，那么，休闲则是人格培养、兴趣多元化发展和心态调整的准备阶段。从文化心理学角度看，劳动和休闲是人格平衡发展、心态合理调整、智力健康发育、能力全面提高的两翼，二者缺一不可，二者也不可偏废。

一般认为，在生产力水平不高和生活水平相对低下的时候，面对工作和休闲的选择，人们普遍的心态是宁愿要增加工资和提高福利，也不要延长休闲时间，因为工资的增加有助于改善生活条件，提高生活质量。而在经济收入达到一定的阶段，或者说人们的生活水平进入相对富裕的状态以后，人们面对休闲和工作的选择可能会与之前相反。因为那时人们更渴望利用更多的休闲时间来改善自身的生活质量，提高生活情趣和品味。以法国为例，20世纪50年代，在官方的一项社会调查中，大多数被调查者的选择倾向集中在增加工资方面，而不是延长休闲时间。到了70年代，在相似的官方调查中，超过半数的受访者，表达的意向聚集于增加休闲时间，而不是提高收入。这一时期，娱乐至上的观点逐渐代替过去以工作为中心的观点。又过了20年，到了90年代，法国人渴望延长休闲时间的信念更趋强烈，成为全社会的主流倾向。到了1999年，法国终于通过立法，规定从2000年开始，在全国实施每周工作35小时的工作制，法国由此成为世界上第一个实施每周35小时工作制的国家。

从经济学角度看，促使工作观念和休闲观念发生调整的因素，可以通过工资率替代效应和收入补偿效应进行一定程度的说明。在工资水平总体不高的条件下，当工资率（工资增长幅度）提高时，休闲的机会成本（放弃休闲而选择工作所能获得的报酬）增加，人们则会选择用更多的工作时间来代替休闲时间，特别是家庭支出不能应付自如时，人们更会牺牲更多的休闲享受而选择更多的工作时间以获得更多的收入。这便是工资率替代效应的主导作用。当工资的总体水平达到一定高度，人们的收入水平对家庭支出的应付绰绰有余时，在人们的心理预期中，工资率增长的边际效用则会降低，休闲消费的边际机会成本也会下降。而当休闲消费中获得的精神享受足以弥补休闲的机会成本时，人们则会选择休闲消费。这便是收入补偿效应的主导作用。当工资率大幅

---

① 张文宽,唐治平.消闲四品[M].长沙:湖南出版社,1993:551.

提高时,其休闲替代效应的主导作用将更让位于收入补偿效应。[①]

需要指出的是,即便在当今欧美发达国家人均GDP普遍达到3万—4万美元的发展阶段,对于工作与休闲人们同样面临痛苦的选择。说起来难以置信,当今美国人,"假日比70年代早期少了3.5天,而工作时间则比50年代要长"。[②]一部分原因是美国宏观经济多年来发展滞缓,导致相当数量的企业效益连年下降,从而形成的连锁效应造成许多员工被迫工作更长时间,或兼任第二份工作,以弥补因企业效益下降而带来的工资和福利的损失。在美国,如果有额外的加班费,很少有美国人会拒绝加班。特别是那些渴望过上或维持富裕生活水平的人们,他们宁愿缩短假期而花更多的时间在工作上。另一部分原因是面对新经济的发展趋势,不少企业为了降低生产成本,提高经济效益,纷纷采取主动裁员的措施,以提高自身的市场竞争力。在那些企业家看来,"我无法想象缩短的工作周,我想的只是要延长工作日……如果美国要在下个世纪保持竞争力的话"。[③]根据经济合作与发展组织的统计数据来看,美国人是欧美国家中工作时间最长的国家。无独有偶,在英国,近年来人们因经济原因,也不得不强化工作观念。甚至在圣诞节这样的日子里,人们也愿意选择加班,放弃与家人团圆,"自从过节加班费翻倍这件事出现之后,对于一些人来说,这个伟大的日子就开始和赚钱联系在一起了"。[④]

在我国,自改革开放以来,围绕工作与休闲的观点也在发生着相应变化。自改革开放起到新世纪初,无论从哪个角度讲,工作都是第一位的。但是近年来,这种关系已经逐渐发生显著的变化,特别是渴望休闲的观点逐渐成为人们关注的重点。以节假日加班为例,自从1999年实施"黄金周"制度以来,有关节假日加班费用的调整一直受到普通工薪族的关注,因为节假日的工作可以获取比平时工作多2—3倍的收入,意味着连续7天的加班,可能与平常一个月的收入相近。青岛早报记者曾经以2009年元旦到春节期间的加班为对象进行报道,指出"一月过'俩年',加班多挣钱",说节假日加班比青岛市在岗员工平时月工资还多近千元。[⑤]在工资收入水平较低的年代,这具有很大的诱惑力。所以,不少人宁愿放弃与亲人团聚、放弃回家看望父母的机会,主动选择加班。

近年来,不少员工希望在节日的安排方面体现自由、自主的权利,有关加班的观念出现了一些分化,人们不再把节日加班作为一种主动选项,有时候还显露出些许无奈加班的感觉。"金钱诚可贵,假期价更高,若为饭碗故,二者果断抛",这句改版的网络流行语正体现了许多"节假日"加班族的无奈心态。[⑥]每逢节假日,上海的许多企事业单位都将反复经历人手紧张的"阵痛":饭店里厨师和服务员忙得脚不沾地;假期里,洗车店人手紧张费用上涨;客运中心司机不足,已经到了保障运输的最低限……这种现象

① 李在永.论休闲消费的几个基本问题[J].北方经贸,2002(10):47-49.
② (美)杰里夫·里夫金.工作的终结——后市场时代的来临[M].上海:上海译文出版社,1998:255.
③ (美)杰里夫·里夫金.工作的终结——后市场时代的来临[M].上海:上海译文出版社,1998:260.
④ 环球资讯.圣诞就该大团圆,英国人更爱加班赚钱[EB/OL].2014-12-23,http://www.361news.cn/yuedu/109665.html.
⑤ 锡复春.一月过"俩年"加班多挣钱[N].青岛早报,2009-02-02(11).
⑥ 黄安琪.你的"悠长假期"有没有变成"悠长工期"[EB/OL].http://news.xinhuanet.com/fortune/2012-10/07/c_113289039.htm.

近年来有愈演愈烈的趋势。在2015年5月劳动节来临前夕，在记者采访的一篇报道中，约有八成受访者对节日加班问题表示拒绝。导致节假日不愿加班的主要原因有三个，一是加班工资给付不及时，二是希望多陪伴家人，三是想拥有更多的个人时间。[①]这是自改革开放以来少有的现象。从另一个侧面反映出，在中国"为挣钱而加班的时代，正在渐行渐远"。[②]

从人们要求加班到无奈加班到拒绝加班的变化轨迹中，我们可以看出，居民对工作与休闲的观念，与发达国家演变的过程有相似之处。家庭收入高低、经济发展好坏，以及人们对生活标准的要求，都会在一定程度上影响人们对工作与休闲所持观念的变化。

二、休闲态度

（一）概念界定与构成因素

在当代，休闲已经成为人们生活的必要组成部分，但是每一个人对休闲的需求和对休闲的结果的反映大不相同。例如，对于休闲活动，有人喜欢运动，有人偏爱静养；对于休闲环境，有人喜爱热闹，有人追求安静。又如，对于当今流行的广场舞，有人热衷，有人拒绝。凡此种种，必然会形成相应的休闲态度。这里所说的休闲态度，是指人们对参加休闲活动所持有的一种稳定的心理倾向，蕴含着人们对休闲活动的主观评价以及由此产生的行为上的倾向性与偏好性。

一般认为，休闲态度由认知因素、情感因素与意向因素三部分构成。认知因素，规定了态度的对象，是休闲态度形成的基础。休闲态度总是指向一定的对象，可以是人、群体，也可以是客观的事物，或是抽象的理念等，通过对外界对象的认识与理解，产生相关的评价，进而形成相应的倾向。通常情况下，在平时工作日，因休闲时间较短，人们常常在家或社区从事一些简单的休闲活动，而到了周末或节假日，人们便会倾向于前往郊区或周边省份进行野外聚餐或短途旅游活动。在夏天人们喜欢到海边去度假，而冬天则青睐于到温暖的海岛去旅游。这是人们的休闲态度对对象的了解和评价。情感因素，是人们对某个对象的情绪反应。这种反应也可以理解为人们对休闲对象的一种情感体验，表现为或好或恶、或喜欢或排斥的一种情感现象。犹如生活中，青菜萝卜各有所爱一样。在闲暇时，人们面对跑步或散步，跳舞或做操，游泳或垂钓等休闲对象时，究竟选择怎样的休闲活动，情感体验因素起到很大作用。意向因素，是个人对休闲对象的反应倾向，即行为的准备状态，是行动前的一种反应，通常表现为"做不做"、"怎样做"这样的一种心理状态。每年的国庆黄金周前夕，七天的小长假是一个不小的诱惑，但是近年来，黄金周变成"黄金粥"现象，又使人们的休闲态度发生微妙变化。当一个人对黄金周期间旅途拥挤、景区爆棚现象表现出无所谓时，实际上他已经表现出准备好出游的倾向了。而当他作否定表示时，实际上也已经明白无误地告诉他人，他准备好了在黄金周期间抵制和拒绝外出旅游的行为倾向。

---

① 裴龙翔.节日想不想加班八成受访职工说"不"[N].劳动报，2015-05-08（4）.
② 钱春弦，王蔚，周慧敏，等."既游且购"看变迁——写在2015年国庆节长假收官之际[EB/OL].http://www.gov.cn/xinwen/2015-10/07/content_2943164.htm.

从休闲态度角度而言,以上认知、情感和意向三种因素大体上是相互一致的。从个人角度看,休闲态度的一致性,有利于人们选择合适的休闲活动方式,获得比较好的休闲效果。但当认知、情感和意向三种因素不协调时,情感因素是起到主要作用的。"意向取决于认识与情感,只要认识清楚了,情感增强了,作出行动的思想准备也就随之而来。"[①]认识这一点,对于休闲旅游的服务企业来讲至关重要,因为企业可以通过分析人们的休闲态度,发现市场稳定的发展周期,以及寻觅新的市场空间和产品切入点。对企业的市场营销活动来讲,也不可或缺,如果能够影响人们休闲态度的某一种成分,改变人们的情感因素,就很有可能改变和形成新的休闲态度,创造新的市场发展机遇。

当然,面对休闲,人们最终采取何种态度,起关键作用的还是价值,价值决定人们的休闲态度。这里的价值,指的是休闲对象对人们的意义。以近年来流行于全国的广场舞为例,尽管人们褒贬不一,看法不尽相同,但是为何它能够吸引无以计数的大妈们加入其中,而且乐此不疲,就是因为广场舞的价值。价值何在? 大妈们的总结简单明了。一是健美。在美妙悦耳的音乐旋律中,专心起舞,把细腻的激情注入舞姿中,并以美丽的舞姿展现自己的身手,塑造出各类美的姿态、美的造型,达到体育与艺术、健与美结合的意境。二是健心。在翩翩起舞的过程中,能使身体其他机能获得调整和歇息,消除严重的劳作压力,去除烦恼,净化心灵,从而达到最佳的心理状况。三是健脑。跳广场舞的大妈们,年纪都不轻了,随着年岁的增长,记忆力会慢慢地衰弱。在排舞操练过程中,人们的注意力会集中在听力记忆和舞姿记忆方面,对脑神经的不断刺激,可以减缓记忆力的衰退,达到健脑效果。四是健体。跳广场舞促进心、脑和呼吸系统的良好循环,加速新陈代谢,从而增进健康,延缓衰老,达到增强体质的效果。[②]不过,一般来讲,价值是十分多元的,包括经济、理论、审美、权利、社会和宗教六个方面。由于人们生活环境的不同,对价值追求的目标也不一样,因此休闲态度的千差万别也就成为一种常态,各取所需也成为休闲多样性的一种必然现象。

(二)休闲态度的特征

由于人们生活环境的复杂性与多样性,休闲需要的多重性,决定了人们休闲态度的多元化。综合起来看,休闲态度大致有以下几方面特征。

第一,休闲态度的针对性。休闲态度反映了休闲者与休闲对象之间的一种关系,表明人们对某一项休闲活动形式或休闲事件的心理状态。换句话说,态度一定是因具体对象而产生,没有休闲对象就没有休闲态度。

第二,休闲态度的反应性。休闲态度具有反应性,指的是人们对休闲对象表现出情感的或评价的心理倾向。譬如对待卡拉OK,喜欢与讨厌的反应具有情感属性,而对卡拉OK厅所提供的服务设施及服务质量好与坏的反应则具有评价属性。

第三,休闲态度的持续性。由于休闲态度是人们对休闲对象形成的一种比较持久

---

① 时蓉华.现代社会心理学[M].上海:华东师范大学出版社,1989:246.
② 跳广场舞有什么好处[EB/OL].(201-08-24)http://zhidao.baidu.com/link?url=NcUG_ASl_m_E2Tj73un MhzW88iWK6O4-i2RzcxEuyxrN8lgvM3IVJp0ZPUyuEXKYelwgBa1fDo-292pKKcB84q.

的心理倾向,因此休闲态度一旦形成,将持续一段时间,成为个性的一部分,因而呈现出一定的稳定性,但也不是一成不变的。

第四,休闲态度的内在性。所谓休闲态度的内在性,表明态度是一种内在的心理状态,往往不能为别人所直接观察到,只能通过休闲当事人的言论、表情以及行为直接或间接地表现出来。

(三)休闲态度的表现形式

休闲态度能够释放人们从事休闲活动的潜能,也在一定程度上反映出人们的个性与动机等。大致而言,人们的休闲态度有以下几种表现形式。

一是自我尊重。把自己的休闲方式或方法当作有价值的、重要的,能够反映自身社会地位以及事业成就的组成部分,或可以获得他人的赞赏乃至成为他人仿效的对象。

二是责任心。具有承担休闲活动结果的责任,积极从事志愿者服务,在休闲活动中乐意帮助他人。

三是乐观主义。对未来充满信心,认为休闲能够完善生活,提升生活质量。

四是目标定向。从事休闲活动的目标明确,能制定相应的计划,并以此作为指引休闲行为的重要原则。

五是敏锐性。能够有效地察觉和捕捉有助于提高休闲生活质量的信息。

六是创造性。不会局限于传统的休闲方式或方法,总是尝试新的、时尚的,能够更好地实现休闲生活价值的方式与方法。

七是喜欢与他人交往。通过与他人交往,充实休闲生活,丰富自身休闲活动形式,提高休闲活动效果。

八是对压力的积极反应。能够坦然面对工作和生活中遭遇的挫折及压力,善于通过多样化的休闲活动形式进行有效化解。

九是信任。相信别人,与周围的人们相处融洽,并愿意为他人提供共同参与休闲活动的机会,或分享经验。

十是快乐。保持乐观的休闲心态,把休闲活动作为体验快乐生活的平台。

十一是现实性。根据自身现实条件,选择适合的休闲活动方式。

十二是敢于冒险。向往户外活动,并乐意参加自驾游、登山、攀岩等野外休闲活动,他们追求的是冒险体验,而未必是危险感受。

十三是发展的倾向性。把休闲活动作为学习的途径,利用各种休闲活动方式提高自我素养,完善人格魅力。

(四)休闲态度的作用及影响因素

1. 休闲态度的作用

休闲态度作为人们准备从事休闲活动的心理倾向和心理准备状态,不仅会影响人们的休闲行为,而且对休闲活动结果和人们的感受也会产生比较重要的影响。

首先,休闲态度影响休闲活动选择。在休闲时间,人们选择怎样的休闲活动受到休闲态度的制约。因为人们在进行具体的休闲活动之前,必须会考虑选择一定的休闲对象和休闲活动方式。在平常,因休闲时间较短,人们通常会选择在家里看看电视或上上网,相对比较简单。但即便是看电视,选择哪一个频道,看哪一个电视剧,也会与人们喜欢的电视剧类型、领衔演员的风格相关。与休闲态度相一致的休闲对象会给人带来满足感,而与休闲态度不一致的事物会给个体带来失望感或不满足感。前一段时间,国内荧屏流行韩流,不少韩剧成为许多女性选择看电视的影响因素。因此,休闲态度对人们选择休闲活动形式有很大影响。其次,休闲态度影响休闲活动的效果。休闲态度作为休闲行为的心理准备状态,对休闲活动效果有直接的影响。一般而言,休闲行为是人们从事休闲活动心理的外化,人们以什么样的心理状态投入到休闲活动中去,对休闲活动效果会发生较大影响。如果人们休闲态度端正,有积极的心理准备,那么所从事的休闲活动就将在心理与生理两个层面产生良好的反馈;反之,则有可能出现消极的后果。最后,休闲态度可以形成对某些休闲对象的偏好。人们在肯定的休闲态度的引导下,参加一些休闲活动,获得了积极愉快的感受或效果,就会感到满意和满足,自然也会强化对这些活动持积极肯定的态度,因而影响今后一段对休闲活动的选择。譬如,人们利用晚饭后一段时间外出散步,有利于提高夜间的睡眠质量,活动量不大,但效果比较突出,这就有可能促使人们对散步这一休闲活动的偏爱。又如,现在流行自助游,人们只要通过网络,就可以轻松解决交通出行和饭店住宿预订,真正体验了说走就走的旅游便捷。人们获得了满意的感受,就会形成习惯性选择,表现为对网络预订渠道的信任和偏爱。

2. 影响休闲态度的因素

第一,休闲需要的影响。人们对休闲的需要是影响休闲态度的重要因素。通常来讲,人们对凡是能满足自己休闲需要或有利于达到休闲目标的对象,一般都能产生好感或持欢迎的态度,而对影响休闲需要满足以及妨碍休闲目标实现的对象,则会产生排斥乃至厌恶的态度。休闲需要的满足与否涉及两个方面的情况,一是休闲需要的内容,二是休闲需要对象的功能,以及人们对这种功能的了解和认识。

第二,信息和知识的影响。人们对休闲对象的态度,会受到所获得的有关休闲对象的信息与知识的影响。譬如,人们利用假期外出旅游,对前往的目的地的信息与知识掌握越多,态度受到的影响则会越大。如果获得的信息是正面的,就会产生积极的态度;如果是负面的,则会相反。以香港为例,近年来多次发生内地游客被强制进行消费的现象,这些信息通过各种渠道广泛传播,不仅严重影响了香港市场的声誉,而且对准备前往香港旅游的内地游客也会形成极其负面的影响,导致产生内地游客对香港旅游的消极态度。据香港媒体报道,旺角、铜锣湾及湾仔等旅客区,已是昔日盛景不再,游客很少像以往一样喧嚣于闹市。2015年的"十一",被香港商家评价为历史上"最糟糕的黄金周"。① 因此在一定程度上说明,信息和知识能够形成态度,也能够改变原有的态度。

第三,团体的影响。人是社会的一部分,会因血缘、业缘和地缘等因素,与一定的社会团体(如家庭、学校、工作单位、社会活动组织)产生关系,每个社会团体都会形成相应的价值诉求,也有约定俗成的行为规范。人们在面对休闲活动时,无形之中将受到来自团体的影响,从而对某项休闲活动表现出支持或接受的倾向,或反对和拒绝的态度。

第四,个性特征的影响。个性特征是指一个人在心理发展过程中逐渐形成的稳定

① 郭鹏飞.香港经历最糟糕黄金周,商店外门可罗雀[EB/OL]. http://china.huanqiu.com/photo/ 2015-10/2799296.html.

的心理特点,包括能力、气质和性格。个性特征是影响人们从事休闲活动的重要心理因素。譬如,由气质和性格不同而产生的个性倾向不同,使人们对休闲活动的对象也会产生不同的态度。在气质和性格方面具有内倾性格特征的人,通常对相对安静、变化因素较少的休闲活动持有比较积极的态度;而具有外倾性格特征的人则会对某种程度带有探险性质的休闲活动,表现出比较积极的态度。

第五,其他因素的影响。这里的其他因素主要是指个人创伤性或戏剧性的经历,它会影响或强化人们对休闲活动的态度。所谓创伤性经历是指曾经在休闲活动中经历的具有较为严重的伤害性事件所引起的心理、情绪甚至生理的不正常状态。如在旅游度假海岛遭遇海啸,或在旅游途中遭遇车祸,都会在今后对休闲旅游项目的选择或交通工具的使用上产生影响,所谓"一朝被蛇咬,十年怕井绳",就是对这类创伤性经历影响的一种概括。所谓戏剧性经历是指在休闲活动中遇到意料之外的,且带有戏剧性色彩的一种感受或经历。例如,在入住宾馆期间,意外收到宾馆赠送的生日蛋糕,或到访旅游目的地时,成为百万或千万整数关口的游客,而获得主办方的特殊礼品。如2015年12月23日,来自湖北的游客夏先生成为上海东方明珠开业以来第500万名游客,由此享受了一次厚遇。[①] 这些让人在休闲活动中意外感受到的具有戏剧性效果的经历,必然会影响人们更加积极主动地参与各种休闲活动,尤其是对获得意外惊喜的旅游目的地或宾馆产生极大好感。

第二节　休　闲　行　为

一、休闲行为的特点

所谓休闲行为,通常是指人们为了满足休闲需要,在休闲动机的推动下,在一定的休闲时间内,依靠个人条件、收入、设施以及其他各种客观条件,参加休闲活动及获取心理和生理感受的过程。休闲动机催生休闲行为,休闲行为实现休闲动机。一般来说,人的休闲行为由五个基本要素构成,即休闲行为主体、休闲行为客体、休闲行为环境、休闲行为手段和休闲行为结果,而休闲行为展开的过程就是以上五个基本要素之间相互作用的结果。

通常来讲,休闲行为主体是指具体的休闲活动参与者或休闲设施使用者。休闲主体的构成以人为基本单位,除了个人外,休闲主体往往也具有群体特征。休闲行为客体是指个人或群体实施休闲行为的目标指向,具体表现为可供利用的各种休闲资源、休闲设施或休闲形式。休闲行为环境是指实施休闲行为的主体与实现休闲活动目标之间发生联系的客观环境。休闲行为手段是指休闲行为主体参与休闲活动时所应用的工具或使用的方法等。休闲行为结果则是指休闲行为主体在参与休闲活动前所预想的休闲需要满足程度与休闲活动结束以后实际取得的效果之间相符的程度。

休闲行为具有如下特点:① 休闲行为是休闲利用者自由选择的结果,是人类的自

---

① 戴天骄.东方明珠今年第500万名游客[EB/OL]. http://shanghai.xinmin.cn/msrx/2015/12/23/29174627.html.

发性行为。② 休闲行为是由休闲动因（motivator）引起的，并需要可自由支配收入与可自由支配时间等个人条件以及休闲客体等诱因（pull）作为支撑基础。③ 休闲行为与人类需要，例如休息、享受、转换心情、自我启发、社会成就等有密切关系。④ 不同的休闲行为带来的满足程度可能不同，造成这种差异的一个重要原因就是受休闲客体质量和休闲产业服务水平的影响。⑤ 休闲行为是一种人的空间移动，休闲利用者必须亲自接近休闲资源或设施。休闲行为的这一特点在旅游行为中尤为突出。⑥ 休闲行为是人们在休闲时间中所经历的一系列过程。⑦ 休闲行为的内容和形式具有动态性。随着外部环境和内部环境的不断变化，休闲行为也不断发生变化。①

二、休闲行为的类型

有关休闲行为分类的方法有很多，既可以从心理学角度划分，也可以从游憩学角度区分，或可以从社会学角度分割，即使从一个学科角度分类，也较难统一。因此，下面仅就比较有代表性的休闲行为分类进行简单叙述。

（一）心理学角度的分类

从心理学角度看，由于受到人格类型与人格结构及自我意识的影响，人们会形成相应的休闲行为，其中与人格类型相关的休闲行为大致可以分为以下三个类别。②

第一，气质类型的休闲行为。从气质角度看，休闲行为可以划分为以下四种。一是多血质型的休闲行为。在休闲活动中表现为活泼、敏感、好交友，表现为兴趣多变，具有外向性。二是胆汁质型的休闲行为。在休闲活动中情绪反应热烈，交流坦率，好提问，易冲动，具有外向性。三是黏液质型的休闲行为。在休闲活动中情绪稳定，言行稳重，自控力较强，具有内向性。四是抑郁质型的休闲行为。在休闲活动中注重体验，言行小心，决策缓慢，有时候略显自信性不足，易受外部干扰。

第二，人格类型的休闲行为。从人格视角出发，主要分为内倾型休闲行为和外倾型休闲行为两种。内倾型休闲行为强调休闲活动的计划性，追求家庭式的活动氛围，喜爱熟悉的活动类型与娱乐方式，以休息和放松作为休闲的主要动机，具有比较明显的消极性和被动性特征。外倾型休闲行为通常喜欢休闲活动的自由性，对异质性活动项目和活动区域怀有强烈的兴趣，喜爱猎奇，追逐体验，休闲行为表现出比较鲜明的主动性、积极性和理想性特点。

第三，生活类型的休闲行为。从生活方面分析，可以划分为以下四种。一是喜欢安宁型的休闲行为。在休闲活动中偏重亲情，重视与家庭成员在一起，言行恪守传统，喜欢野营、垂钓等野外的休闲度假活动形式。二是喜欢进取型的休闲行为。在休闲活动中态度积极，充满自信，喜欢尝试各种能够带来乐趣的休闲活动形式，爱好与外部沟通，在旅游途中关注当地的风土人情和文化风貌。三是喜欢遗迹型的休闲行为。在休闲活动中对历史饶有兴趣，喜欢追寻古城遗迹、文化旧址和历史人物，通过了解历史增长知识，丰富休闲活动内涵。四是喜欢自驾型的休闲行为。在休闲活动中喜爱户外活动和

---

① （韩）孙海值，安永冕，曹明焕，等.休闲学［M］.朴松爱，等，译.大连：东北财经大学出版社，2005：96-97.
② 邱扶东.旅游心理学［M］.上海：立信会计出版社，2003：138-157.

休闲健身运动,重视旅行车辆在拓宽休闲活动空间以及优化休闲时间方面的作用,喜欢与亲朋好友一起借助旅行车辆进行远足、野营以及其他形式的户外休闲活动。

(二)社会学、游憩学或其他学科角度的综合分类

在欧美地区,有关休闲行为的常见分类是从社会学和游憩学角度出发进行归纳的。通常是从休闲形态、休闲活动手段、休闲活动类型、时间的利用价值、与他人相互作用的类型和休闲参与者的动机等方面进行分类,在此基础上,再对休闲行为进行具体分类。见表3-1。

表3-1
欧美地区休闲行为划分类型

研究者	分类标准	休闲行为类型
Iso-Ahola	休闲形态	身体活动、野外娱乐活动、集体体育活动、趣味活动、家庭娱乐活动、借助工具户外娱乐活动、其他活动
Mckechnie	休闲活动手段	操作型、工作型、知识型、生活型、一般体育型、魅力体育型
A. Szali	休闲活动类型	准休闲、被动休闲、完全休闲
Nash	时间的利用价值	从高层次休闲到低层次休闲
Orthner	与他人相互作用的类型	个人活动、并行活动、合作活动
Randon et al.	休闲活动类型	体育活动、消极的文化活动、生产性知识活动
Cluogh et al.	休闲参与者的动机	福利型休闲、社会型休闲、挑战型休闲、追求地位型休闲、堕落型休闲、健康型休闲

资料来源: P. Clough, J. Shepherd and R. Maughan, Motives for Paryicipation in Recreational Running, Journal of leisure Research, Vol.21, No.4, 1989, pp.297–309//(韩)孙海值,安永冕,曹明焕,等.休闲学[M].朴松爱,等,译.大连:东北财经大学出版社,2005:101.

从上表可以看出,有关休闲行为分类的差异性比较明显。如奥斯纳尔(Orthner)根据居民参与休闲活动时与他人发生的相互作用关系,把休闲行为分成个人活动型、并行活动型和合作活动型三种类型。而克勒卡等人(Cluogh et al.)则根据居民满足休闲活动的需要,把休闲行为分成福利型、社会型、挑战型、追求地位型、堕落型和健康型六种。即使同样以休闲活动作为分类标准,着眼点也不尽相同,这充分说明休闲行为的复杂性与多样性。

三、休闲动机对休闲行为的影响

休闲动机是产生休闲行为的多个约束变量中最为关键的因素。休闲动机对休闲行为的影响是多方面的,不仅影响人们是否选择休闲,或选择何种类型的休闲活动,还会直接影响人们参与休闲活动的程度。

第一,影响人们是否会选择休闲。在研究人们为什么会参与某一项休闲活动时,布兰登伯格等人所做的调查表明，下列四类状况会影响到人们是否开始去参与某一项特定的休闲活动。首先是客观可能性——包括如"地理环境、交通状况、身体情况、经济能力、时间条件、财力物力以及由居住环境引起的变化"等因素。其次是知识背景，即人们对所感兴趣的活动是否有足够的了解。再次是参与者所生存于其中的社会环境（家庭和朋友们）是否同样热爱这项活动，最起码得接受这项活动。最后是参与者自身接受新鲜事物的能力——自愿或渴望尝试这种全新的感受。[1] 上述四类状况正是之前所讨论的影响人们休闲动机形成的诸多因素的概括，因此人们是否会选择休闲活动完全取决于是否产生参与某一项休闲活动的动机。

第二，影响休闲活动的类型。拉波波特（Rapoport）夫妇在对生命各阶段的休闲行为进行考查之后指出，在不同的生命阶段，人们所迷恋的事物是不同的，人们对不同事物投入的兴趣不同，所参与的活动自然会有所差异。[2] 一般来说，从活动目的的角度进行分析，休闲活动可分为以下几种类型：消遣娱乐活动、怡情养生活动、体育健身活动、搜集性活动、竞争性活动、非竞争性活动、观赏性活动、旅游观光活动、社会性活动、教育发展性活动、创造性活动等。同时，拉波波特夫妇关于不同个体参与活动存在差异的结论在今天同样得以印证。从一项关于成都居民休闲活动满意度的性别差异的研究成果中发现，在休闲满意度的具体评价指标方面，男性在健康体验、认知体验和群体体验类满意度较高，而女性在情绪体验类满意较高。反映在休闲方式的选择上，男性更热衷于看电视、上网、进行体育健身以及到吧类场所消费，女性则更偏好逛街购物、社会交往以及接受休闲教育活动。[3] 这充分反映了男女不同群体由于动机差异所导致的休闲活动选择的不同。纳什（Nash）从道德价值角度探讨了休闲活动的层次结构，他在"休闲等级模式图"中把人们的各种休闲活动分为从低到高的几个层次：反社会行为（不良行为）；伤害自我（放纵）；消磨时间、摆脱单调、寻求刺激、娱乐（解闷）；投入感情地参与（欣赏者）；积极地参与（追随者）；创造性地参与（作曲家、画家、发明家、新模型的发明者）。在他看来，创造性活动是最高等级的休闲，而犯罪活动则位于最低的层次。除了反社会行为和伤害自我外，其余的层次可以说都是积极的休闲行为。随着个人参与休闲活动的积极性、主动性和创造性程度的提高，休闲活动的层次也会得到同步的提升。[4] 由此可见，不论是消极的还是积极的休闲行为，都源自于存在人们内心深处的，能引起、导致个人休闲活动的主观心理。更为关键的是，休闲动机不仅引发人们选择什么类型的休闲活动，还会随着休闲动机的变化，直接影响所选择休闲活动层级的变化，并逐步通过休闲活动体验自我实现和自我发展的满足感。

第三，影响休闲活动的参与程度。对于某项休闲活动，一个人可能只参与了一两次，也有可能会持续一辈子。这就是参与休闲活动时的持续、发展和变化。首先，当坚持进行某些休闲活动时，一般会经过几个递进阶段。布莱恩特（Bryant）在他的研究

① （美）杰弗瑞·戈比.你生命中的休闲[M].康筝，等，译.昆明：云南人民出版社，2000：97.
② （美）杰弗瑞·戈比.你生命中的休闲[M].康筝，等，译.昆明：云南人民出版社，2000：97.
③ 王娟，楼嘉军.城市居民休闲活动满意度的性别差异研究[J].华东经济管理，2007(11)：73.
④ 陈来成.休闲学[M].广州：中山大学出版社，2009：102-104.

中发现，人们在从事某一种休闲活动时，会历经几个程度不同的专业化阶段（Stages of specialization）。在初始阶段，人们作为初学者，他们对自己的行为不会有多大的期望，有些人还会满足于这个阶段。初学钓鱼的人只不过是想钓到鱼，用什么样的方法，钓到什么样的鱼都成。在第二阶段，当人们决定做得更好时，就会开始新的学习过程。人们开始不断地给自己提出挑战，并且对成功的结果也开始变得重视起来。在专业化过程的第三阶段，一个人会成为某项活动某些方面的专家，也许就成了一个垂钓高手。技术、装备、风度、美感，与同水平钓鱼者的交流，都变得重要起来。在专业化过程的第四阶段（最高阶段），一个人的自我形象会同人们从事的某项休闲活动联系在一起，人们会爱上或执着于这项活动本身。其次，值得注意的是，尽管存在着不同的专业化阶段，但并不意味着每个坚持参与某项活动的人都会经历所有的四个阶段。因为对社会大众来讲，相当多的人根本就不想在某项休闲活动上成为专家，他们甚至可以持续很多年参加一项活动也不想在技术上有所长进。更有些人会因为这样或那样的原因中途退出某项休闲活动。[①] 显而易见，人们或坚持、或发展、或退出某项休闲活动均反映了不同的人在不同的阶段对休闲活动参与的程度存在明显的差异，这正好说明了不同的休闲动机形成了不同的休闲态度，进而影响着人们对休闲活动的参与程度。

第三节　休闲方式

一、生活方式和休闲方式

（一）生活方式

一般而言，生活方式是指"一定社会制度下社会群体及个人在物质和文化生活方面各种活动形式和行为特征的总和"。[②] 生活方式涉及生活的方方面面，包括劳动生活、休闲生活、人际生活、消费生活、家庭生活等。生活方式通过生活形态表现出不同的形式与风格，并在社会变迁中发生演变。生活方式的数量特征表现为生活水平，包括人们的收入水平、消费水平和社会福利状况等；生活方式的质量特征表现为生活习惯、价值取向、活动兴趣、社会态度、行为规范，以及利用休闲时间的方式等。

（二）休闲方式

所谓休闲方式则是指"人们在日常闲暇时间里从事的能够满足愉悦、安逸、刺激等心理和生理需求活动的方法和形式"。[③] 休闲方式的直观形态是休闲活动及其利用方式，但这并非等同于休闲活动，休闲方式更体现主体的能动性和目的性，表达对休闲活动选择的倾向和偏好。休闲活动是休闲方式的客体，是休闲方式的具体表现形式。最近几年，社会经济的快速发展和家庭收入的不断递增，导致休闲已经成为城市居民生活的主要构成部分。休闲的本质也逐渐被广大民众所了解，特别是休闲对个人发展以及休闲消费对社会经济的重要性得到了人们的认可。相比于过去以看电视、参加旅游活

---

① （美）杰弗瑞·戈比.你生命中的休闲［M］.康筝,等,译.昆明:云南人民出版社,2000:98-106.
② 夏征农,陈至立.辞海(第六版)［M］.上海:上海辞书出版社,2009:2019.
③ 金倩,楼嘉军.武汉市居民休闲方式选择倾向及特征研究［J］.旅游学刊,2006(1):40.

动为主要休闲方式的休闲体系,现如今已逐渐被多元化的休闲方式所代替。应该说,经济、科技以及社会文化的变迁将不断地更新休闲方式,各种形式、各种主题、各种内容的休闲方式伴随商业化和市场运作的深入将被大量开发,用于满足人们放松、愉悦、教育、自我发展等方面的需要。

(三)生活方式与休闲方式的关系

生活方式对休闲方式的影响可以从以下几方面理解。首先,生活方式是休闲方式的基础。人们只有满足了基本的生活需要以后,才能从事包括休闲在内的其他社会活动。其次,生活方式决定休闲方式。生活方式的质量指标和数量指标是影响人们选择休闲方式和从事休闲活动的决定因素,因而在总体上决定人们休闲方式的质量和休闲活动的数量。

休闲方式对生活方式的影响主要表现在以下几个层面。一是休闲方式丰富生活方式的内容。休闲方式是生活方式的一种类型,既表现出享受物质生活的特性,又体现出追求精神生活满足的价值诉求。工作时间缩短、休闲时间延长以及居民家庭收入水平的提高,使得休闲成为居民生活方式的重要组成部分,当代居民休闲方式的多样性和多层性,是以往任何时代的人们都无法比拟的。二是休闲方式对生活方式发展起积极的推进作用。过去多少年以来,吃饭问题一直是中国人生活中的一个严峻问题,而今,吃饭依旧很重要,但是吃饭已经成为朋友相聚、放松心情的一种现代休闲方式。生活方式休闲化是生活方式在当代发展变化的一个重要特征。三是休闲方式有助于提高生活方式的质量和生活满意度。从个人角度讲,通过休闲方式可以获得压力的释放、情绪上的舒缓、令人愉悦的社会交往,从而提高自身的生活质量或生活满意度。从群体角度说,人们参加团体的户外健身活动或美化社区和城市的活动,不仅能够加强邻里之间的交往,优化社区居住的生活环境,还能"提高整个社会的生活质量"。①

二、城市居民休闲方式的选择

进入21世纪以来,随着我国经济现代化持续健康发展,城市化进程不断加速,城镇居民的休闲生活日趋丰富,休闲方式也日益多元化。因此,对城市居民休闲方式进行研究成为近年来国内学术界关注的一个热点问题。

目前我国正进入全面建设小康社会的历史时期,全国人均GDP已经接近8 000美元发展大关,不少大中型城市社会经济的发展也正处于人均国内生产总值10 000—15 000美元的转折阶段。根据国际经验,这一阶段是城市居民休闲生活进行调整的重要时期,而且影响城市居民休闲生活方式选择和休闲生活质量的因素也必然随之发生变化。及时准确地把握影响居民休闲生活因素类别和影响程度,对于提升居民休闲生活质量,完善城市休闲设施结构,都将具有现实的指导意义。因此,加强对影响城市居民休闲生活因素的研究不仅是急需的,而且也是急迫的。

关注和研究上海居民的休闲方式与休闲行为,是一个在理论、实践与政策层面上都

---

① (美)克里斯多弗·R.埃廷顿,德波若·乔顿,多纳德·G.道格拉夫,等.休闲与生活满意度[M].杜永明,译.北京:中国经济出版社,2009:14.

必须高度重视的现实问题。将上海作为研究样本的收集地主要有以下几方面考虑。一是城市人口因素。上海现有人口接近2 400万，从居民日常休闲活动的角度看，其市场人口规模无疑居我国特大型城市前列，而且也是我国目前最大的旅游客源地市场。二是城市经济因素。2012年，上海国内生产总值已经逾越2万亿元，这样的经济规模在世界主要的大城市中排在第十位左右，在全国各大城市中排名第一。[①] 2015年，上海全市生产总值达到2.5万亿元，稳居国内大城市之首，良好的经济发展水平为上海本地居民从事各种形式的娱乐活动和出游活动奠定了坚实的经济基础。三是消费导向因素。上海是一个体现海派文化特性的工商业城市。自20世纪初以来，上海居民的休闲行为在国内具有一定的导向示范作用。

华东师范大学旅游系"城市休闲化质量评价研究"课题组针对上海市民休闲方式的选择进行了调查研究。该研究主要采用问卷调查法获取资料，调查对象以在职人员为主。课题组于2014年6—7月期间，多次分批在黄浦区、普陀区、虹口区和徐汇区的社区、公园、广场、图书馆、办公楼等地进行了问卷调查。共发放问卷400份，回收问卷359份，回收率为89.75%，其中有效问卷309份，有效率为86.07%。部分调查结果统计见表3-2。

表3-2　人口统计学特征

类别	选项	占比	类别	选项	占比
性别	男	49.68%	婚姻状况	未婚	44.65%
	女	50.32%		已婚	55.35%
年龄	18岁以下	1.62%	文化程度	初中及以下	1.30%
	18—25岁	23.38%		高中(中专、职校)	15.31%
	26—35岁	39.61%		本科及大专	68.87%
	36—45岁	16.56%		硕士及以上	14.52%
	46—60岁	16.56%	职业	企、事业单位职工	62.70%
	60岁以上	2.27%		企、事业单位管理人员	10.77%
月收入	1 000元以下	4.29%		公务员	3.88%
	1 000—3 000元	6.27%		私营企业主、个体经营户	4.85%
	3 000—5 000元	31.35%		学生	4.53%
	5 000—8 000元	33.66%		自由职业者	3.24%
	8 000—10 000元	10.23%		离退休人员	2.91%
	10 000—20 000元	12.21%		其他从业人员	7.12%
	20 000元以上	1.98%		—	

---

① 杨群.上海经济总量突破2万亿元[N].解放日报,2013-01-22(2).

（一）居民休闲方式的基本状况

1. 休闲伙伴选择：依赖亲情、重视友情

休闲伙伴是居民参与休闲活动过程中个体与群体关系的直接体现。在不同的休闲方式中，同伴选择首先反映出居民在特定的地域和社区休闲生活中个体与群体的关系及其深层次的文化价值取向。上海居民在日常的休闲活动中选择家人和朋友作为休闲伙伴的比例最高。家庭是亲情的代名词，而朋友是友情的象征。可见，上海居民在休闲活动中既依赖亲情，又重视友情。从不同年龄层次看，青年群体在选择休闲伙伴时尤为看重朋友和同事群体。毫无疑问，作为一个最开放、最活跃的社会群体，他们较少受到传统的以家庭为核心血缘关系的束缚。中青年或中老年群体选择家庭成员的比例略高于选择朋友。而在60岁以上的老年群体中，渴望与朋友和同事交往的比例最高，说明减少孤独和渴望沟通的心态成为老年人选择休闲伙伴的重要动因。

2. 休闲活动选择：方式多样化，范围扩大化

在不同的时段，居民参与休闲活动的形式会出现比较大的差异。为了反映居民参与休闲活动的多样性，调查问卷分别设置了平时、周末和黄金周三个时段，列举了13个类别的休闲活动方式，以便揭示居民协调休闲活动方式选择的内在规律性，把握居民选择休闲活动方式的演变特征。调查结论如下：

第一，活动方式和休闲空间随休闲时间的变化而扩大化。在平时，居民主要以家庭为休闲活动空间，看电视、娱乐和上网所占比例最高，为56.53%，其次是逛街、购物和就餐，为9.25%，第三位是体育健身，为8.35%。上海居民最普遍的三大类休闲方式，选择比例约占活动总量的74%以上。在周末，看电视、娱乐和上网仍然是最主要的休闲方式，占41.67%；其次是逛街、购物和就餐，为16.78%。然而，居民选择户外活动、前往娱乐场所或朋友聚会等活动方式比例不断递增，休闲活动多样性开始凸显。在小长假期间，看电视、娱乐和上网（29.53%）、外出进行旅游活动（23.65%）、逛街、购物和就餐（15.85%）三项活动位居前列。可以看出，外出旅游度假的比例得到较大幅度的提升，其他休闲活动也逐渐引起人们的关注，活动方式和休闲空间扩大化的趋势得到进一步彰显。见表3-3。

表3-3

2014年上海市居民休闲活动选择
单位：%

休闲活动	平时	周末	黄金周
旅游度假	6.13	8.80	23.65
参观访问	3.01	3.99	7.44
电视、娱乐、上网	56.53	41.67	29.53
逛街、购物、就餐	9.25	16.78	15.85
吧式消费（酒吧、书吧、氧吧）	2.43	4.11	2.16
养花草宠物	4.86	3.29	2.40
业余爱好（书画、阅读、摄影、收藏等）	3.82	4.34	4.56

（续表）

休 闲 活 动	平 时	周 末	黄金周
美容、家居装饰	—	—	—
体育健身	8.32	7.16	4.92
社会活动（节庆、宗教、公益、走亲访友及各种聚会等）	1.50	4.11	3.60
桌游、棋牌	2.89	3.64	3.72
休闲教育（学习美术、声乐、插花等）	0.58	1.17	1.32
其　他	0.68	0.94	0.85

　　上述城市居民休闲活动方式的变化说明，一方面，我国现阶段形成的"1+2+5+43"休闲时间构成模式基本保证了居民可以自由地安排各自的休闲活动，[①]并能够进行多样化的休闲方式的选择；另一方面，也反映出随着城市社会经济发展水平的提高和公共娱乐设施配置的不断完善，以及休闲活动内容的不断丰富，为居民实现多元化的休闲活动方式提供充足的条件和渠道。具体来讲，体现出如下特征：首先，居民在不同时段中选择休闲活动方式的演变轨迹逐渐与国际接轨。在休闲活动方式选择方面，上海居民选择趋势的演变规律与国外发达国家市民的基本相似，即随着休闲时间的增多，人们选择休闲活动方式的自由度明显增强，导致休闲方式的多样性得到充分体现。其次，居民在不同时段中对休闲活动方式的选择也反映了活动形态和活动心态的变化规律。休闲活动形式由静态方式转向动态方式；休闲活动心态由被动参与转向主动追求。最后，居民在不同时段选择休闲活动，反映了休闲时间与休闲空间互动发展的演变特征，显示出休闲时间愈长，居民休闲活动样式愈加多元，空间愈加扩大的演变趋势。随着居民休闲时间的增多，作为休闲方式所依托的活动空间逐渐由家庭空间转向社会空间，由室内空间转向室外空间，由本地空间转向外地空间，乃至国外空间。

　　第二，日常休闲活动方式选择存在一定的失衡现象。尽管可供选择的休闲活动日益丰富，但是总体而言，居民对于休闲活动的选择仍然表现出了较为明显的不平衡性。以平时的休闲活动为例，在调查问卷所涉及的23种休闲活动类型中，看电视、娱乐和上网所占比例占到56.53%，其余12项活动总和所占比例则不足一半。

　　第三，居民休闲活动的娱乐性大于文化性。从调查数据看，在平时、周末和黄金周等不同时段，教育和文化类休闲活动还没有得到社会的普遍重视和广泛推崇。这从另一个层面上揭示出居民在休闲活动中偏爱娱乐性休闲活动，表明上海居民仅仅在休闲时间的拥有和使用方面已经与国际接轨，而在休闲生活的文化质量以及自我发展的内

---

① 即1个带薪假期；2个黄金周（春节、"十一"）；5个小长假（元旦、"五一"、清明、端午、中秋）和43个周末双休日。关于周末双休日，其中因春节和"十一"两个黄金周连休占用4个周末，元旦、清明、"五一"、端午和中秋因连休用去5个周末，故剩下43个周末双休日。

涵方面与发达国家居民相比还存在不小的差距。[①] 当然，也应该看到，上海尽管拥有各种类型博物馆、纪念馆100余座，但是其中不少在主题演绎、展品布置、市场宣传和内部管理等诸多方面还存在许多问题，从一定程度上讲，对居民也缺乏吸引力。

3. 休闲场所选择：活动场所内外搭配，空间距离动态演变

休闲场所是休闲方式实现的空间载体。在时空二元对应的变化态势中，居民不同的休闲方式所依赖的场所会有所不同；即使相同的休闲方式也会因不同的休闲时段，而在场所空间选择上存在差异。见表3-4。

表 3-4

上海居民对
休闲场所的
选择情况
单位：%

休闲活动场所	平　时	周　末	小长假	黄金周	带薪假期
周边城市旅游景区（点）	3.53	6.00	16.15	29.91	46.42
郊县古镇及农家乐	1.45	8.45	21.99	17.04	13.02
博物馆、科技馆、名人故居	1.61	4.89	5.16	3.13	3.69
影院、剧院、音乐厅	4.66	11.11	6.70	4.52	2.38
体育馆	2.25	2.22	2.41	1.04	1.52
舞厅、歌厅	3.37	3.33	1.38	2.26	1.52
饭店（餐馆）	8.03	16.00	7.22	8.00	4.55
酒吧、茶馆、咖啡馆	2.09	3.33	3.26	2.26	1.74
健身房	6.10	6.89	2.58	1.91	1.09
公园、广场、绿地	16.21	12.22	10.14	6.61	3.69
学校或培训中心	1.12	0.89	0.69	0.52	0.87
美术馆、图书馆	3.37	2.78	2.23	1.74	1.52
商业街区（购物中心）	10.43	11.00	8.08	7.83	5.21
社区活动中心	4.33	1.67	0.86	0.52	0.22
网　吧	1.45	0.33	0.34	0.00	0.22
家　里	29.21	8.11	9.97	10.95	7.81
其　他	0.80	0.78	0.86	1.74	4.55

一是平时休闲场所的选择。上海居民平时的休闲场所选择，与其平时休闲方式的选择之间存在着必然的联系，通过表3-4我们可以发现，上海居民平时最主要的三大休闲场所是：家里、公园广场绿地和商业街区，分别占29.21%、16.21%及10.43%，这与休闲方式的选择是一致的。可见，家里是上海居民平时最主要的休闲场所。

---

① 据有关资料表明，英国居民参观博物馆作为休闲活动重要组成部分，每个人平均每年去博物馆1.5次。// 楼嘉军.休闲新论［M］.上海：立信会计出版社，2005：126.

　　二是周末休闲场所的选择。与平时相比,周末的休闲场所的选择集中性有所降低。排名前三位的分别是:饭店、公园广场绿地和影剧院。可见,在周末,上海居民更喜欢外出进行休闲活动,这与居民进行休闲活动的选择倾向相吻合。从排名最高的饭店这一休闲场所选择来看,随着生活水平的提高,人们更愿意在周末选择外出就餐。但是,由于时间等因素的限制,这些场所的选择仍然分布在住宅场所周边,距离一般都不远。

　　三是小长假休闲场所的选择。首先,从总体上来看,在这一时段,最明显的变化就是旅游目的地所占的比重增加,周边和郊区旅游景点成为最重要的休闲活动场所,其中更以郊区景点为重,所占比例为21.99%。其次,公园广场绿地所占比例超过10%,也是重要的休闲场所。再次,家庭作为平时休闲的主要场所,所占的比重由平时的29.21%下降到9.97%。最后,从所列举的选项来看,居民进行休闲活动的场所呈现了多元化的发展趋势。

　　四是黄金周和带薪假期休闲场所的选择。调查发现,黄金周期间,旅游景点成为居民最重要的休闲场所,所占比例高达46.95%,这表明近年来上海居民对于旅游活动参与表现出更大的兴趣。同黄金周休闲场所的选择趋势相比,带薪假期呈现出基本相同的变化趋势,旅游景点继续作为居民最重要的休闲场所,占59.44%。

　　综上所述,从休闲方式和休闲场所的选择来看,调查结果均表明随着休闲时间增加,休闲空间体现出进一步扩大的规律性。第一,居民对休闲场所的选择,在空间上显示出比较强烈的离开原有居住地的倾向,导致休闲时间的延长和休闲空间的延伸呈现同步扩大的趋势。第二,随着居民休闲时间的增多,作为休闲方式所依托的活动空间逐渐由室内转向室外。家庭作为户内休闲场所的重要性呈现不断下降的趋势,而风景区、公园等户外场所的替代性则明显加强。

三、城市居民休闲方式选择影响因素

　　这里所指的影响因素,是指影响城市居民休闲方式选择的主体性因素与客体性因素的总和。关于影响因素,主要关注休闲方式的性质、休闲设施及服务因素、个人健康及心理因素、个人社会经济因素和社会群体支持因素五大方面。在上海市民休闲方式的调查研究中,具体又将其分为19个子项,并按影响程度大小划分为完全没影响、较没影响、影响一般、较有影响、非常有影响五个档次。研究结果大致如下:

　　第一,调查发现,五大影响因素中,个人兴趣与心情因素起决定性影响(52.7%[①]),健康与心理因素也位居前列(47.6%)。显然,上海居民参与休闲活动具有很强的主观性,个人因素是居民参与休闲活动或选择休闲方式时最先考虑的问题。

　　第二,个人社会经济因素的影响占据比较重要的地位(46.5%)。这主要体现在休闲时间长度和家庭收入水平对于居民进行休闲活动的选择依然具有比较大的影响力。

---

① 本文调查问卷中,影响因素程度分为"完全没影响"、"较没影响"、"影响一般"、"较有影响"、"非常有影响"五个档次。此处的数据为"较有影响"和"非常有影响"两项的选择比率。以下同。

第三,休闲设施及服务因素的影响位列第三(39.9%)。这表明居民在进行休闲娱乐活动时,对于企业所提供的设施设备和服务质量的考虑占据着比较重要的位置,往往对周边的环境和客观条件的好坏提出一定的要求。

第四,社会群体支持因素的影响程度位列第四(38.3%)。这表明居民虽然受主体性因素的影响,但是周边朋友对个人休闲活动的支持与否对其休闲方式的选择和决策的影响不可忽略。

第五,休闲场所的可获得性因素影响程度最低。休闲场所的可获得性主要是指居民在具有进行休闲活动的主观意愿的前提下,到达娱乐场所的便利性和安全性指数。调查中休闲场所可获得性的影响程度最低,表明居民在进行休闲娱乐活动时,受到场所限制的可能性最低。

总之,从居民休闲活动的影响因素分析看,心情、兴趣和健康因素的影响度得到显著体现,充分表明心理和生理因素已经成为影响城市居民休闲活动质量的重要因素。这种现象与欧美发达国家在城市化进程中人均GDP达到10 000美元时出现的休闲活动消费"脱物化"的趋势基本吻合。在这一时期,城市居民进行休闲活动和休闲消费考虑的重点已发生鲜明变化,即由以往关注休闲物质产品的使用价值,逐渐转移到注重休闲活动的精神内涵,特别是关注休闲活动带给自身心理愉悦的体验和生理健康的提高这一综合目标上来。由此预示着上海居民的休闲生活方式正处于转型的临界点。

第四节　休 闲 活 动

一、活动形式

休闲活动是人们在休闲时间内实现休闲目标的具体形式或载体。因此,休闲活动常常被认为是人们身心的放松,是个体活力的恢复,以及对内心冲突的宣泄。同时也为想逃脱日常工作琐事的人们提供了一个积极向上、有益于身心体验的舞台。[1] 人们在日常从事的休闲活动主要形式有游憩活动、娱乐活动、游戏活动、旅游活动和体育休闲活动等。随着社会发展和活动形式深化,各种休闲活动之间的边界出现模糊或重叠的趋势。

(一)游憩活动

游憩活动是休闲活动常见的活动部分。皮格拉姆(Pigram)认为,游憩活动是人们"在闲暇时间自愿产生的活动,主要是希望从中获得愉悦和满足感,这种活动是不需要承担任何责任的,没有人强迫,也不为获取任何经济上的利益"。[2] 根据游憩活动的性质和开展活动所依托的设施类型,可以将游憩活动划分为家庭游憩、社交游憩、文教艺术游憩、运动游憩、非正式户外游憩和过夜游憩六种形式。见表3-5。

---

① (英)史蒂芬·威廉姆斯.旅游休闲[M].杜靖川,等,译.昆明:云南大学出版社,2006:2.
② Pigram, J. (1983) Outdoor Recreation and Resource. Management, London: Croom Helm//(英)史蒂芬·威廉姆斯.旅游休闲[M].杜靖川,等,译.昆明:云南大学出版社,2006:4.

活 动 类 型	示　　　例
家庭游憩	看电视、阅读、听音乐、园艺、业余爱好
社交游憩	文娱、餐馆就餐、酒吧、参加聚会、走亲访友
文教艺术游憩	前往剧院、音乐会、展览会、博物馆,参加非职业性课程
运动游憩(参与或观赏)	高尔夫球、足球、溜冰、网球、保龄球、飞镖、体操
非正式户外游憩	驾车兜风、到海边或乡下一日游、散步、野炊
过夜的休闲旅游	长距离旅行和旅游、周末度假、节日和假期旅游

表3-5

游憩活动分类一览表

资料来源:(英)曼纽尔·鲍德-博拉,弗雷德·劳森.旅游与游憩规划设计手册[M].唐子颖,等,译.北京:中国建筑工业出版社,2004:1.

上表显示游憩活动与旅游、娱乐和运动有较多交叉甚至是重叠的部分。这一现象说明,一方面,休闲活动的具体形式在各自的范围内出现诸多的交叉;另一方面,各种休闲活动的边界存在一定的模糊性。

(二)娱乐活动

一般认为,只要能够给人们带来愉悦快慰的活动,都可以称作娱乐活动。娱乐活动涵盖面比较广,哈维斯和瓦格纳(Hovis and Wagner)指出,娱乐活动通常可以包括如下活动形式:演娱(Amusements)、艺术和手工艺(Arts and Crafts)、舞蹈(Dances)、戏剧(Drama)、游戏和体育(Games and Sport)、业余爱好(Hobbies)、音乐(Music)、户外活动(Outdoor Recreation)、阅读(Reading)、写作(Writing)、谈话(Speaking)、社会娱乐(Social Recreation)、观演(Spectating)、特殊事件(Special Event)以及志愿服务(Voluntary Service)。[①]

(三)游戏活动

游戏活动是休闲活动重要的组成部分。在游戏活动中,人们总是无忧无虑、情绪高昂。《辞海》对"游戏"条目作了如下的解释:"游戏为文化娱乐的一种。有发展智力的游戏和发展体力的游戏两类。前者包括文字游戏、图画游戏、数字游戏等,习称'智力游戏';后者包括活动性游戏(如捉迷藏、搬运接力等)和非竞赛性体育活动(如康乐球等)。另外还有'电子游戏'和'网络游戏'等。"[②] 很显然,辞海对游戏条目的解释主要集中在游戏活动的种类上。而乌丙安则认为:"民间游戏是指流传于广大人民生活中的嬉戏娱乐活动,俗称'玩耍'。游戏是游艺民俗最常见、最普遍、最有趣的娱乐活动。它主要流行于少年儿童中间和节日里成年人的娱乐节目之中。"[③] 这一定义揭示了游戏的历史传承性特征,以及游戏的通俗性、普及性和娱乐性属性。在西方,游戏更强调参与、竞争和规则,更突出玩的内容、玩的方式和玩的感受。罗歇·苏(Roger Sue)指出:"游戏,作为消遣的同义词,是休闲的主要功能,其主要特性概括为:逃避一个以产量和客观结果为重的受约束的世界;在人们控制并自愿接收其规则的娱乐世界中解

① (美)杰弗瑞·戈比.你生命中的休闲[M].康筝,等,译.昆明:云南人民出版社,2000:16.
② 夏征农,陈至立.辞海[M].上海:上海辞书出版社,2010:2772.
③ 乌丙安.中国民俗学[M].沈阳:辽宁大学出版社,1999:373.

除紧张。"① 根据游戏活动的通俗性、普及性和娱乐性属性,可以将游戏活动分为以下九种类型:一是儿童游戏,即只在少年儿童范围内开展的游戏活动。二是斗赛游戏,即利用某些动物好斗的习性,驱使或逗引其相斗以取乐娱人的游戏活动。三是季节游戏,即在一定的季节(包括节日)里集中开展的游戏活动。四是歌舞观赏游戏,即以观赏各种民间文娱表演而取乐的游戏活动。五是杂艺游戏,即以展现某些技艺为娱乐的游戏活动。六是智能游戏,训练开发人们(主要对象是少年儿童)的智力和技能为目的的游戏活动。七是驯化小动物游戏,即以驯化小动物表演为娱乐的游戏活动。八是助兴游戏,主要是指在节日聚会和宴席上进行的以娱乐助兴为目的的游戏活动。九是赌博游戏,即以赌赛输赢为娱乐目的的游戏活动。② 从上述活动构成可以清晰看出,游戏活动基本涵盖了人们日常所从事的传统娱乐活动。

不过,游戏还必须具备如下的特征:一是自愿的行为。二是自主性或是自由。三是游戏的发生地点和时间都有别于平常生活,即与"平常生活"保持距离。四是有时间和空间的规划和限制。五是创作秩序,也就是有规则约束。六是促使参加游戏者形成联谊会或俱乐部形式的组织。③

(四)旅游活动

现代旅游活动从19世纪中叶发展至今,已形成比较完整的旅游活动框架体系,瓦伦斯·L·史密斯(Smith)认为可以分为以下六大活动类型。

第一,民族风貌游。也就是通过旅游来观察异族人的文化形态、生活方式。比较典型的旅游活动就是拜访当地人的家庭;参加他们的舞会或婚丧集会;在可能的情况下,参加他们的宗教仪式。

第二,文化旅游。就是通过旅游去观察,甚至从某种意义上讲,是去亲身体验那种留在人类记忆中的、但已经是消失了的生活方式。比较典型的活动是参观那些乡村客栈、服装展览、传统的工艺美术等。

第三,历史旅游。或叫作博物馆——大教堂巡行,着重于历史上著名的古迹。这种活动之所以收效好,是因为这些吸引人的场所,都设在大城市里,所有的人都可以同时进入,因此深得游客喜爱。

第四,自然风景旅游。这种旅游与民族风貌旅游近似,都是将游客带到远离家乡的地方去。但是这种旅游的重点,在于追求自然美和风景的吸引力,而不在于追求民族风貌。

第五,户外运动旅游。主要指体育运动、矿泉浴、日光浴以及在轻松的环境中进行社交活动等。

第六,公务旅游。其中包括集会、会议、讲学等。公务旅游通常包括一两种以上的旅游活动形式。④

---

① (法)罗歇·苏.休闲[M].姜依群,译.北京:商务出版社,1996:55.

② 郭泮溪.中国民间游戏与民间竞技[M].上海:上海三联书店,1996:7-9.

③ (荷)约翰·赫伊津哈.游戏的人[M].多人,译.杭州:中国美术学院出版社,1996:8-14.

④ (美)瓦伦斯·L·史密斯.主人与客人[M].宾夕法尼亚出版社,1977//(美)罗伯特·麦金托什,夏希肯特·格波特.旅游学——要素·实践·基本原理[M].蒲红,等,译.上海:上海文化出版社,1985:105-107.

尽管进入新世纪以来,旅游活动形式和方式有了进一步的发展,但是旅游活动的基本特征和内涵没有发生根本变化,史密斯有关旅游活动的分类仍然具有非常重要的参考作用。不过,也有学者从传统旅游活动和新兴旅游活动,或者是主流旅游活动与非主流旅游活动角度对旅游活动进行分类,也可以给我们不少启发。见表3-6。

表3-6

旅游活动分类

序号	类 别	具 体 形 式
1	传统的观光旅游	自然观光、城市风光观光游憩、名胜古迹观光
2	升级的观光旅游	微缩景观、外国城(村)、仿古村、主题公园、野生动物园、海洋公园和水族馆、都市旅游
3	传统的文化旅游产品	一般文化旅游、遗产旅游、博物馆(美术馆)、民俗旅游、历史遗迹游、祭祖旅游、宗教旅游、文学旅游
4	传统的商务旅游	一般商务旅游、政务旅游、会议旅游、奖励旅游、节事旅游、购物旅游
5	传统的度假旅游	滨海度假、山地(温泉)度假、乡村度假、野营旅游
6	传统的社会旅游	背包旅游、学生假期旅游、福利旅游
7	新兴的军体旅游	一般体育旅游、高尔夫旅游、滑雪旅游、漂流、汽车旅游、军事旅游、医疗保健旅游、疗养保健旅游
8	新兴的业务旅游	修学旅游、工业旅游、农业旅游、学艺旅游、科考旅游、边境旅游
9	新兴的享受旅游	休闲娱乐旅游、豪华列车(游船)旅游、美食旅游
10	新兴的刺激旅游	特种旅游、保险旅游、赛车旅游、密境旅游、海岛(海地)旅游、沙漠旅游、斗兽旅游、狩猎旅游
11	新兴的替代性旅游	生态性旅游、国家公园(自然旅游)、自然保护区(森林旅游)、摄影旅游、社区旅游
12	新兴的活化旅游	运动、业余爱好、娱乐活动、郊游
13	非主流的旅游	性旅游、博彩旅游

资料来源:根据吴必虎.区域旅游规划原理[M].北京:中国旅游出版社,2001:247-305有关内容整理制作。

(五)体育活动

体育活动作为特殊的休闲活动方式,自19世纪以来得到广泛发展。体育休闲活动从方法上可以分为器械运动项目和徒手运动项目,从活动场所上可以分为室内和室外活动项目。不论是哪一种分类方法都隐含着体育休闲活动所具有的特殊价值趋向,也能满足人们运动与休闲的基本需求。在国外,居民日常参与的体育休闲活动大致可分为四大类,约有35种。见表3-7。

表3-7	类别	项目举例
	竞技类	体操、斯诺克、足球、排球、网球、篮球、羽毛球、乒乓球、板球、曲棍球、橄榄球、滚木球、壁球、高尔夫球、射击、田径、体操、举重
体育休闲活动分类一览表	健身类	散步、爬山、跑步、钓鱼、骑马、游泳、自行车、瑜伽、自我防卫运动
	游戏类	撞柱游戏、掷镖游戏
	拓展类	滑冰、航海、皮划艇、滑雪、摩托车、帆板冲浪

资料来源：根据 Kate Fox、Leicha Rickards.Sport and Leisure. London：TSO，2004：21.table 1的有关内容整理制作。

二、活动分类

休闲应该尽可能地包括我们生活中出现的各种活动或状态。休闲作为一种全新的生活形态，已经成为构成现代社会人们生活节奏平衡机制的重要内容。作为人们在休闲时间实现自我完善和充实提高的载体，休闲活动有其自身的客观性和表现形式。现代休闲活动的根本目的是满足人们日常余暇生活的愉悦、安逸、刺激等心理需求，起到调整和平衡生理活动的作用。

随着休闲时间增多，人们从事休闲活动的欲望也同步增强，从而使休闲活动的形式更趋多样，种类愈加丰富。但是日益多样化的休闲活动，其作用并不是单一的，也具有双重性，即有积极作用和消极作用之分。一方面，人们可以利用积极的休闲活动形式，达到更好地充实自己、完善自己和发展自己的目的；另一方面，人们也可能在消极和堕落的休闲活动中磨灭斗志，甚至毁灭自身。为此，有学者把休闲活动分为以下四种类型：一是堕落型。主要是指人们把大部分的休闲时间用于害人害己的活动。二是消遣型。指把大部分休闲时间用于从事对人无害、对己无益的活动。三是积极型。指人们喜欢干一些对人无害、对己有益的活动。四是发展型。指能够主动从事对己对人对社会都有益的活动。[①] 虽然休闲活动有多种多样的活动类型，划分方法也各有异同，但概括起来，人们日常从事的休闲活动基本可分为如下七大类，约16种：① 消遣娱乐类。主要指人们在家或离家附近的活动中心或娱乐场所参加的各种纯粹的休闲娱乐活动。② 怡情养身类。主要指在休闲时间进行绘画、书法、摄影、篆刻、园艺、烹调、插花等具有一定创作和创造内涵的休闲活动，以满足自己业余兴趣爱好和完善自身素质、发展自我潜能的需要，并按照自己的主观愿望，进行一定程度上的创作和实践。③ 体育健身类。主要指通过经常性地参加各种体育健身活动，以实现强健体魄，提高身体素质的目的。④ 旅游观光类。主要指人们利用节假日和带薪假期到市郊，或到外省市乃至到境外进行的旅游观光、休闲度假、野外露营，以及其他各类形式的娱乐旅游活动。⑤ 社会活动类。主要指人们利用工作和家务活动之余，同外界进行或公共或私人性质的各种交流。⑥ 自我发展类。主要指参加各种教育类的休闲活动，得到某些启示或获得某些感受，以及参加非职业性的技术

---

① 邓伟志.生活的觉醒——漫谈生活方式［M］.上海：上海人民出版社，1985：63.

培训,从而达到陶冶情操或完善自我教育的目的。⑦ 消极堕落类。指人们在余暇时间内所从事的各种危害自身、危及社会的消极和有害的休闲活动。见表3-8。

表3-8

休闲活动分类一览表

活动类别	活动形式	休闲活动项目
消遣娱乐	文化娱乐	电视、上网、唱歌、跳舞、电影、电脑游戏等
	吧式消费	酒吧、咖啡馆、茶馆、陶吧、书吧、迪吧、水吧、氧吧等
	闲逛闲聊	散步、逛街、逛商场、当面闲聊、短信闲聊、电话闲聊等
怡情养身	花草宠物	花、草、树、虫、鱼、鸟、兽及其他宠物等
	业余爱好	琴、棋、书、画、茶、酒、牌、摄影、收藏、写作、设计、发明等
	美容装饰	个人性(美发、美容、化妆、饰物佩戴、裁剪制衣等)
		家庭性(主要指家庭环境或个人居住环境的精细装修、装饰等)
体育健身	体育健身	太极、跳操、游泳、溜冰、桌球、保龄球、高尔夫球、射箭、跑马以及各种需要健身器材的健身运动等
	刺激型	跳伞、蹦极、攀岩、漂流、潜水、滑草、航模、动力伞、水中狩猎、探险等
旅游观光	远足/旅游	欣赏和体会异地自然风光、名胜古迹、历史文化遗产、民族风情、境外度假等
	近郊度假	城市绿地、公园(园林)、广场、动物园、植物园、游乐园(水上乐园)、古镇、岛屿、度假村、农家乐、野炊、田野游玩等
社会活动	私人社交	私人聚会、婚礼、生日、毕业、开业、升职、乔迁、获奖等
	节庆赛事	传统节日、纪念日庆典、旅游节、电影节(电视节)、特色文化节、宗教活动、体育赛事等
	社会公益	社会工作、公益活动、志愿者服务等
自我发展	访问/学习	博物馆、纪念馆、展览馆、科技馆、高校、名人故居、烈士陵园、宗教场所、特色历史街区、特色建筑、创意园区等
	休闲教育	学习乐器、声乐、舞蹈、书法、绘画、插花等,以及参加各种非职业性课程
消极堕落	放纵	破坏公共财物、赌博、吸毒、偷盗、嫖娼等

资料来源:根据楼嘉军.娱乐旅游概论[M].福州:福建人民出版社,2000:13.王雅林,刘耳,徐利亚.城市休闲——上海、天津、哈尔滨城市居民时间分配的考察[M].北京:社会科学文献出版社,2003:50-51的有关内容整理制作。

　　显而易见,现代社会休闲活动内涵丰富、类型众多、特性多元,为现代社会人们在职业劳动和社会必要活动以外,谋求个人兴趣的充分发展,全面提高身体素质,合理完善心理构架,促使人格精神的现代化,乃至促使整个社会群体意识的现代化,提供了必要条件和实施载体。我们可以相信,随着我国经济的进一步发展,人们生活质量的逐步提高,"非本职工作(或退休后)的科学研究、非职业性的文艺创作和表演、非竞技性的体育活动等将成为一些人自我发展的需要"。①这将是现代社会休闲活动发展的必然趋势。从另一个角度看，人们从事休闲活动，还必须具备相应的前提条件，尤其是一些技术含量较高的休闲活动，其要求更高，甚至有些苛刻。从事这种类型的休闲活动，既要有钱，有时间，有兴趣，还要有技术。无论是玩高尔夫球，玩赛马，玩飞机，还是玩游艇，无不如此。这就在无形之中，将休闲活动和休闲活动的参与者划分为各个类型，构成了休闲社会活动的等级差异特征。

三、活动特点
（一）活动层次

休闲活动分类主要是从平面上进行的，显示了各类休闲活动在平面空间上的展开宽度。而休闲活动层次则是从纵向上揭示了人们从事休闲活动的过程中存在的逻辑递进关系。见图3-1。

图 3-1

休闲活动的层级图

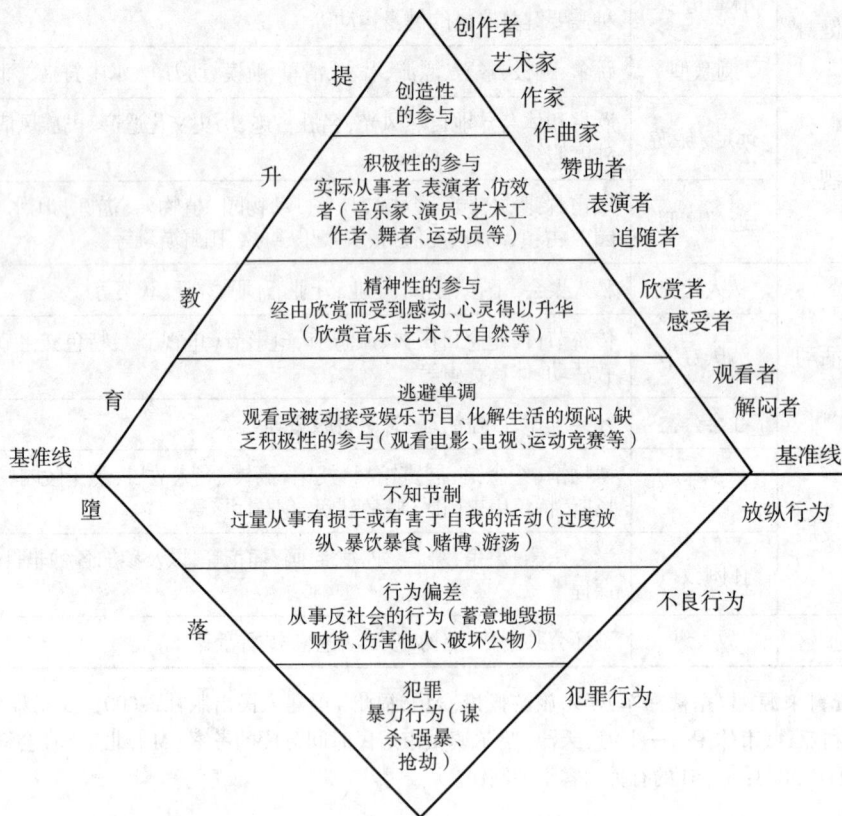

资料来源：根据李明宗.休闲·观光·游憩［M］.台湾：地景企业股份有限公司出版部，4.（美）杰弗瑞·戈比.你生命中的休闲［M］.康筝，等，译.昆明：云南人民出版社，2000：103的有关内容整理制作。

① 朱高峰.产业大观［M］.北京：清华大学出版社，广州：暨南大学出版社，2000：120.

图3-1表明,以基准线作为积极的休闲活动和消极的休闲活动的分界线。位于基准线以下的休闲活动,即表现为消极性的休闲特征,如吃喝嫖赌、整日看电视、嗜睡、纵欲等,不仅对个体无益,会使人颓废堕落,甚至可能还会危害社会。而处在基准线上方的休闲活动,即体现健康、积极和创造性内涵的休闲活动,对于个人及社会都具有良好的作用与价值,而且随着个人参与休闲活动的积极性、主动性和创造性程度的提高,休闲活动的层次也得到同步提升,休闲活动内涵则进一步丰富。与个人发展程度密切相关,体现创造性价值的休闲活动居于所有休闲活动类型的最上端,由此可以说明,创造性价值的休闲活动在人们休闲生活中的重要性不容置疑,发展就是休闲最根本的目标。

参加积极的休闲活动,就个人而言,不仅可促进身心健康、放松身心、稳定情绪、调节身心、扩大生活视野、改善人际关系,亦可丰富精神生活、开发智力、激发创造力、促进自我实现;对社会而言,具有促进经济进步、改善社会风气、增进社会福利、创造和谐进步的社会等作用。

（二）活动特征

关于休闲活动的特点,除了从活动的分类与分层方面进行阐述外,还可以从以下几方面做进一步分析。

第一,从休闲活动的主体性角度分析。休闲活动的本质特征是自主性、自由性、参与性、消遣性和健身性。一是自主性,是指人们拥有策划、安排、参加各种休闲活动的决策权和决定权。二是自由性,一方面,是指参加休闲活动的主体所处的环境是自由的,人们是在自由的、没有压力的状态下参与休闲活动,所从事的休闲活动是自己喜爱的无外在胁迫,即所谓的"以欣然之态做喜爱之事";[①]另一方面,是指人们选择休闲活动的层次和参与休闲活动的方式是自由的,换一句话说,休闲活动的自由性也只有在休闲活动层次的丰富性和休闲活动方式的多样性的前提下,才能得到充分的保障。三是参与性,是指人们从事休闲活动不是被动的旁观者,而是主动的参与者,这是构成休闲活动主体参与活动过程的一个重要特征。四是消遣性,是指休闲活动具有的愉悦成分能够带给人们快乐、轻松和满足。人们参加休闲活动的目的可以多种多样,但是人们参与休闲活动的一个重要目的就是为了获取"愉悦"的心情,获得"畅"(Flow)的感觉。五是健身性,则是指人们通过参加休闲活动能够给自身带来健康的体魄和开朗的心态,从而形成蓬勃向上的精神状态。

第二,从不同的生活空间角度分析。由于城市和乡村是两个完全不同的生活空间,因此,城市居民和乡村居民选择或参与休闲活动也体现出明显的差异性,譬如城市休闲活动的时尚性与乡村的保守性、城市休闲活动的快节奏与乡村的慢悠悠,尽管这种差异多少还只是表面现象而已,但也在一定程度上揭示了处于不同生活空间的居民休闲活动的显著区别。见表3-9。

---

① 潘立勇.以欣然之态做喜爱之事[N/OL].北京:中华读书报,2006-12-06. http://www.gmw.cn/01ds/2006-12/06/content_518403.htm.

表 3-9	乡村（Gemeinschaft）	城市（Gesellschaft）
城市和乡村居民休闲活动的特点	户外： 多宽敞的场地，河流；户外游戏	室内： 多在特殊的建筑或者在家里；室内游戏
	参与： 更多依靠自己的休闲，更多谈话和交流	观察： 更多依靠专业演艺人员，更多大众传媒，更多阅读
	非商业： 很多在学校、家里和公共建筑中的活动	商业： 主动为娱乐场所、剧院、商业机构付钱
	以群体为中心： 家庭活动；教区	以个人为中心： 尊重个性；家庭约束力小
	选项有限： 居民的兴趣范围相对较小	选项丰富： 个人的兴趣爱好和休闲类型非常丰富
	普及性的活动： 很少有机会发展或运用特殊的游戏技巧	专业化的活动： 需要更多的专业训练
	源于实际生活： 休闲是家庭生活和劳动技艺的派生物	源自"文化"： 兴趣在艺术性的活动中迷失
	自发性： 几乎不需要对游戏活动的正式组织	组织性： 依靠娱乐专家
	以身体为主： 体力游戏；从体力劳动中演化出来	以智力为主： 更多阅读，创造性生活
	无阶级性： 与阶级地位无关	阶级性： 休闲是地位的标志
	保守： 游戏方法改变很慢	时尚： 紧跟时尚

资料来源：Kaplan, M.(1960), Leisure in America: A Social Inquiry.New York: John Woley & Sons.//（美）杰弗瑞·戈比.你生命中的休闲[M].康筝,等,译.昆明：云南人民出版社,2000：49.

卡普兰（Kaplan）从十一个方面全面比较和剖析了美国城市与农村居民不同的休闲活动特点，对于我们认识当今时代居住在不同生活空间的人们所从事的休闲活动特点具有十分重要的借鉴作用。

第三，从不同的休闲活动之间的角度分析。我们知道休闲活动包含游憩活动、旅游活动、娱乐活动、游戏活动以及体育活动等多种形式，各种活动之间的边界相对模糊，活动内容和活动设施多有交叉，于是在现实的社会中常常形成你中有我，我中有你的混合型活动现象。以游憩活动为例，如郊外踏访和远途旅游都与传统的旅游活动重合，两者几乎没有差异。见表3-10。

比较事项	旅游活动	户外游憩活动
设　施	由私人部门所开发,商业可行性重要	通常由公共部门投资和参与
目的地选择	目的地选择多样,国际间竞争激烈	受时间距离限制,选择余地不大
环境质量	具有独特风格,目的地形象至关重要	在城郊和乡村地区环境质量很重要
组织者	中介具有重要作用(旅行社、代理商)	俱乐部、社团、协会可能介入
游客数量	受目的地接待容量限制	受腹地人口、可达性和设施容量决定
资源需求	四季不间断使用,对过量需求敏感	在周末和节假日高度集中,对拥挤不敏感
经济效益	资金、就业、旅游消费等流动性大	就业(主要是临时工)和消费有限

表 3-10

游憩活动与
旅游活动比
较一览

资料来源:(英)曼纽尔·鲍德-博拉,弗雷德·劳森.旅游与游憩规划设计手册[M].唐子颖,等,译.北京:中国建筑工业出版社,2004:3.

因此,在休闲活动中,相同和相似、交叉与包容构成了休闲活动的又一个特点。虽然游憩活动和旅游活动彼此共享同样的吸引物和资源,也有不少共同点,但依然存在不少区别。

· ·

思考与练习

1. 从历史角度看,东西方休闲观念有什么异同。

2. 影响休闲态度的因素有哪些。

3. 休闲行为有哪些特点。

4. 休闲动机对休闲行为有何影响。

5. 生活方式与休闲方式的关系。

6. 休闲活动可以分为哪几种类型。

7. 如何认识休闲活动的特点。

内容提要

　　本章主要从多个层面对影响人们从事休闲活动的各种条件进行分析与阐述,共分为六节,第一节分析了休闲时间的构成及其使用特征。第二节讨论了家庭收入对人们休闲活动的影响,着重对我国城市居民休闲消费能力进行了深入分析。第三节划分了休闲需要的类别,叙述了休闲需要的特点。第四节剖析了休闲动机的内在特征。第五节从基础条件角度对休闲娱乐区与休闲设施进行了阐述。第六节主要对影响人们从事休闲活动的约束条件进行了分析。

专业词汇

休闲时间(leisure time)

家庭收入(family income)

休闲需要(leisure needs)

休闲动机(leisure motivation)

休闲娱乐区(recreation area)

约束性条件(constraint condition)

衡山路酒吧一条街：干杯　再见①

平安夜，呼朋唤友去泡吧喝酒，是很多年轻人的选择，而以酒吧街闻名的衡山路自然是第一选择。不过记者走访发现，酒吧一条街昔日的繁华已一去不复返，唯有衡山路东西两端的酒吧依托各自特色开始发展起来，呈现了"中间冷两头热"的新格局，衡山路到底怎么了？

曾经，"买电脑到徐家汇"、"泡吧到衡山路"是上海市民的两大消费习惯，数码和酒吧也成为徐汇区两大标志性业态。而今，经历20年辉煌之后，太平洋数码城率先拆除，衡山路酒吧街也迎来了它的生命周期。旧业态消亡的同时，徐家汇商圈也进入"升级"新时代。

曾是上海特色街之首

衡山路曾因酒吧一条街而闻名，其中紧邻乌鲁木齐路的领馆广场更是黄金地段，沿街酒吧鳞次栉比，吸引了无数客人在此喝酒聊天。公开资料显示，衡山路酒吧街发展于上世纪90年代，1994年起这条街上陆续有几十家酒吧开业。1999年9月，衡山路被列为"上海市十大专业特色街"之首，这也是它最辉煌的年代。

然而，记者日前走访领馆广场却发现，这里的一整排店铺要么是大门紧闭，要么已经被拆除，找不到一家开门营业的酒吧，正在施工的工人称，这里的店铺将全部拆除，之后做什么他也不清楚。

"以前领馆广场是衡山路最繁华的地段，这里的酒吧每天晚上都很热闹，很多出租车司机都会在这里等待客人。"出租车司机老陈说，2000年左右是衡山路最辉煌的时期，客人去任何一家酒吧，都要提前预订位子。生意火爆的时候，一些出租车司机为拉到生意，还要跟保安搞好关系。

酒吧、餐厅已所剩无几

当年的辉煌如今已经不复存在。在领馆广场旁研究所工作的曹小姐感慨良多："我在这里上班快10年了，也算见证了这个片区酒吧生意的兴衰。刚毕业的时候，朋友们都打趣说我以后的夜生活要丰富很多了，但渐渐就明显感觉不一样了，生意慢慢清淡了，然后开始逐渐有酒吧关门。昨天是圣诞夜，以前这个时候酒吧可是一座难求，如今不管什么时候订位，问题都不大。"

曾在衡山路某酒吧工作七八年的Hery说，3年前他就离开衡山路了，主要是生意不好，经营状况每况愈下。白天基本没有人，晚上六七点才有点客流，与鼎盛时期根本没法比。"从高安路到乌鲁木齐路这一段，是以前衡山路酒吧最集中的一段，鼎盛时期大概有几十家酒吧，现在基本上十室九空，所剩无几。生意最火的时候，一家店铺一个月的营业额起码有200万元，现在大部分店铺的日营业额都在千元左右，还要支付租金、员工工资，基本上亏损是常态，很多店铺撑不下去都撤了。"

规划建高端文化创意区

昔日酒吧一条街为何会没落到如此地步？交通制约和业态低端是两大主要原因。

---

① 李晓明,谢瞢.衡山路酒吧一条街:干杯　再见[N].新闻晨报,2015-12-25(A04),有删减。

酒吧街因衡山路而兴,但也因衡山路而衰。徐汇区商务委人士表示,酒吧街衰落的一大原因在于衡山路是一条交通主干道,肩负着通行功能,车流量很大,对于酒吧这种需要开放空间的业态有着天然制约。"酒吧一条街"周边的商家,曾经要求政府在道路交通管理上给予政策倾斜,以促进商业服务能力的提升,但该街及周边地区住宅楼宇的用户状况,使得限制机动车交通的设想没有可行性。近年来,随着新天地、田子坊、铜仁路等地的酒吧兴起后,衡山路人气急剧下滑,再加上周边缺少高端写字楼,餐饮店的生意也举步维艰。

此外,低端的业态与徐家汇的规划产生矛盾。由于特定的经济社会原因,该地区的前期开发集中于餐饮、娱乐等商业服务,与城区历史既定的高雅居住功能,已经自然地形成冲突。而且,收益快的饮食、娱乐、服装、零售等行业,同质化竞争明显,难以寻觅其中的文化韵味。徐汇区商务委人士指出,根据最新规划,以领馆广场为核心的衡山路段,将规划成为高端文化创意区。

休闲条件是制约和影响人们休闲活动实施的内外部因素。一般认为,休闲条件是指影响休闲产生、休闲实施和休闲效果的各种因素,其中比较重要的,如休闲时间、家庭收入、休闲需要、休闲动机以及休闲设施配置等都属于休闲条件的范畴。当然,根据人们从事休闲活动的具体状况,也可以把时间和收入看作客观条件,把休闲需要和休闲动机看作主观条件,把休闲设施看作基础条件,而制约人们参与休闲的条件,则构成约束性条件。通过研究休闲条件,有助于认清与理顺影响人们参与休闲活动的各种因素,以便采取相应措施,改善人们参与休闲活动的有利条件。同时,尽可能降低制约人们参与休闲活动的各种不利因素的影响程度。

第一节 休 闲 时 间

一、休闲时间与空闲时间

所谓休闲时间,也称作可自由支配时间,是指人们用于工作时间,以及满足生理需求和家庭劳动需要等时间之外,人们可自由支配的活动时间。

对休闲时间的认识可以从以下三方面理解。首先,休闲是一个时间概念,可以用时间尺度对人们的休闲活动进行衡量,没有时间也就无所谓休闲。其次,休闲时间是构成人们完整休闲活动的一个制约性条件。一般认为,影响休闲有三类因素,内在制约因素(internal constraints)、人际关系制约因素(interpersonal constraints)和结构性制约因素(structural constraints),[1]其中,休闲时间属于结构性制约因素范畴。最后,休闲时间又不是简单意义上的空闲时间,尽管空闲时间也是一个时间概念,但不能将休闲时间等同于空闲时间。

---

[1] (韩)孙海值,安永冕,曹明焕,等.休闲学[M].朴松爱,等,译.大连:东北财经大学出版社,2005:124.

一般认为,空闲时间是相对于工作而言的一个时间概念。阿尔那德(Arnould)认为,空闲时间是指人们"不用于工作和不负任何责任的时间",[①]展现了人们暂时脱离工作后的一种生活状态或时间方式,所以空闲时间是与工作时间相对应的。因此,从时间尺度上看,空闲时间要大于休闲时间。通常来看,尽管人们拥有空闲时间,但未必能将空闲时间有效地转化为休闲时间。特别是在今天充满激烈竞争的社会里,不少工薪族在完成正规工作以后的空闲时间里,或加班加点,或上夜校进修,这已成为空闲时间使用的一种常态。在当今社会,从名义上讲人们拥有较多的空闲时间,但能够真正被人们自由选择和用于休闲的时间已被极大地压缩。如果转化一个视角,那么对一个失去工作的人来讲,其空闲时间看起来似乎也很多,但事实上,由于缺乏必要的收入来源作为基础,其进行自由的休闲活动必定也会受到很大的制约。于是对他而言,所谓自由的空闲时间转化为休闲时间也只是一种理论上的可能。最有可能的是,为了获得收入,他必须花费大量的空闲时间去寻找工作。因为人们只有满足了基本的温饱,才有可能真正做到自由轻松的休闲。由此可以看出,人们尽管拥有较多的空闲时间,但并不表明拥有同样多的休闲时间。

休闲时间是一个相对独立的时间概念,表明人们在可自由安排的时间里采取的一种自由自在的生活方式。休闲时间可以对应于工作、睡眠或家务活动等时间概念。显然,休闲和空闲并不完全等同。

二、休闲时间划分

根据各国劳动法的规定,工作以后的休息时间大致可分为三种,即工作中的间隙时间、每日的休闲时间和休假。为了说明人们休闲时间的使用特性和规律,这里将各类休闲时间再细分为工作中的间隙休闲时间,每天工作、睡眠和家务活动以后的休闲时间,周末双休日,公共节假日和带薪假期五大部分。见图4-1。

第一,工作中的间隙休闲时间。主要是指企事业单位在每个工作日内,分配给职工用于休息和吃饭的时间。按照各国劳动法规定,间隙休息时间一般不包括在工作时间之内。从国内具体情况看,工作中这段间隙休息时间多在半小时至一小时之间。

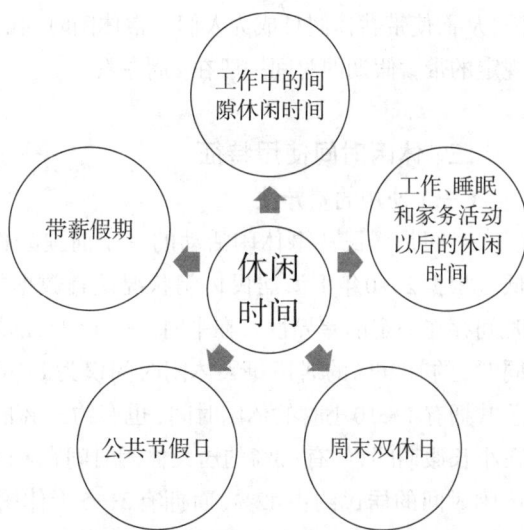

图4-1

休闲时间
划分板块

[①] （美)托马斯·古德尔,杰弗瑞·戈比.人类思想史中的休闲[M].成素梅,等,译.昆明:云南人民出版社,2000:7.

第二，每天工作、睡眠和家务活动后的休闲时间。一般指人们每天用于工作、家务和必要的社会活动以后所剩下的自由活动时间，时间长度在3—5小时左右。总的来看，这段休闲时间被分割成多个部分，显得比较零碎。在这段时间内，人们主要用于阅读书报杂志、看电视、聊天、健身、朋友聚会等室内外休闲娱乐活动。

第三，周末双休日。通常是指每一个工作周后给予职工的法定休假日。在过去实施6天工作制的时代，传统意义上的周末仅仅指周日。自采用5天工作制后，周末实际上从周五就开始了。当今世界上已有150余个国家实行每周5天工作制。当然也有少数国家或地区，仍旧推行5天半工作制或6天工作制。事实上对普通人们来说，拥有双休日意味着从周五晚上一直延续到周日，在时间使用上形成一个相对完整的时间段，使得原来在日常生活中无法实施的休闲计划得以成为现实。

第四，公共节假日。一般是指政府根据有关规定制定每年的公共节假日，也称法定假日。公共节假日是世界各国人民普遍享有的一项基本权利，也是个人生活权利的重要组成部分。目前绝大多数国家和地区都建立了比较完整的公民节假日休假制度，并由法律给予强有力的保障。只是因国情、宗教、民族、民俗等历史文化方面的差异，各国所规定的法定公共节假日长短不一，但一般都在1周至2周的时间幅度内。

第五，带薪假期。专指每个职工每年享有的连续休息时间，其中包括每个职工都应该享有的基本年休假，以及从事一定种类或具备一定条件的职工所享有的除基本休假外的补充休假，而且在休假期间职工依法享有薪金和各种福利待遇。世界上许多国家都对从业人员实行年带薪休假制度。经济发达国家和地区，尤其是欧美国家经过多年的发展和调整，带薪休假制度发展最为完善，并且制定了严密的法律条规给予充分的保障，从而使带薪休假日成为人们日常休闲时间的重要组成部分。从世界范围看，各国所规定的带薪假期的时间一般在4周左右。

三、休闲时间使用特征
（一）使用的差异性

时间是居民从事休闲活动的一个前提条件，直接关系到居民休闲生活质量的高低。根据2010年上海居民休闲状况调查数据的分析表明，居民在不同时段使用休闲时间存在一定的差异性。在平时，有近53%的居民每天休闲时间约为2—3小时，与此同时，约有26%的居民每天休闲时间仅为1小时。在周末两天期间，约有46%的居民总共拥有4—10小时的休闲时间，也有约30%的居民仅有4小时左右的休闲时间总量。在小长假期间，约有63%的居民休闲时间在12小时上下。在黄金周期间，拥有1—3天休闲时间的居民约占42%，而拥有3—5天休闲时间的居民也高达36%左右。在带薪假期里，花费3—5天休闲时间的居民约有37%，能够拥有5天以上休闲时间的居民也接近33%。[①]

从纵向比较来看，上海居民平时和周末拥有的休闲时间与2004年所做的调查相

---

① 华东师范大学,中国致公党上海市委员会.上海居民休闲方式与满意度研究［R］.2010：33-35.

比,在总量上基本没有太大的变化。[①]换句话说,居民休闲时间总量已经进入一个相对稳定的发展周期。不过居民休闲时间使用的自由度却有所增加,这主要得益于休假制度的调整和2009年开始实施的带薪假期制度。与以往相比,长假里居民使用3—5天或以上休闲时间的比例大致增加了10个百分点,一方面,说明带薪假期在一定程度上促进了居民休闲生活质量的提升;另一方面,也显示出居民利用长假从事旅游活动的力度在提升,在一定程度上凸显了带薪假期促进消费的经济功能。

从各个时段的比较来看,总有部分群体拥有的休闲时间量处于较低状态。这部分群体从年龄结构上看,大致分布在中青年群体中;从职业结构上看,较多分布在各种性质的企业管理岗位,此外还包括一部分公务员岗位;从年龄结构和职业结构的叠合上讲,这部分群体是居民家庭和我们整个社会的中坚力量,但恰恰是他们拥有相对较少的休闲时间,并呈现较多的亚健康状态。

(二)分配的失衡性

休闲时间的支配反映了人们利用休闲时间进行休闲活动的一些特点。由于休闲时间分配的差异性,导致人们在各时间段内所从事的休闲活动有所区别。从城市居民日常休闲时间的分配看,有一定的规律性可循。从国内城市看,居民每天休闲时间总量大致在3—5小时左右。而这些休闲时间基本上被24项日常的休闲活动分别占用。[②]据统计,我国城市居民每天的休闲时间总量已达到336.99分钟,按照10个大类的调查看,居民在每天的休闲时间分配中,花费在大众传媒方面的时间最多,约占全部休闲时间总量的一半,而其中用于看电视的时间又占了大部分。虽然看电视仅仅是城市居民24项日常的休闲活动之一,可是每天耗费的时间却高达111.70分钟,约占全部休闲时间的33.15%,[③]体现出休闲时间分配的失衡现象。

在西方发达国家,从20世纪60年代开始,电视开始广泛进入美国人的家庭,并在家庭休闲活动中逐步起着核心作用。家庭中以电视为中心的生活方式,在美国至少已经影响了三代人。据统计,最近几十年来人们同样把越来越多的休闲时间花费在电视上。美国人平均每周休息时间为40小时,约有15个小时都花在看电视上,占每周可自由支配时间的比例高达37%。[④]显然,休闲时间分配的失衡性是一个普遍存在的现状,且已延续多年。近年来,随着网络功能的不断完善,人们在休闲时间里上网娱乐的现象呈现井喷式发展,在时间使用上也正在逼近收看电视的时间。这对于缓解休闲时间分配的失衡性具有一定作用。

---

① 楼嘉军,岳培宇.城市居民休闲方式选择倾向研究——上海、武汉和成都的比较分析[J]//宁泽群,王兵.现代休闲方式与旅游发展[M].北京:中国旅游出版社,2007:213-214.

② 王雅林,刘耳,徐利亚.城市休闲——上海、天津、哈尔滨城市居民时间分配的考察[M].北京:社会科学文献出版社,2003:52-53.

③ 1997年,中科院在对我国北京、西安、沈阳、南京和广州5大城市居民关于生活时间分配的调查中发现,无论经济发达地区,抑或是相对落后地区,在休闲时间的使用方面,反映出一个共同的特征就是收看电视的时间,竟然要占去所有休闲时间的一半以上。在5大城市中,平均每天收看电视占用休闲时间最多的是西安人,为59%,最少的是沈阳人,也有55%,广州人达到58%。可见,收看电视是目前我国城市居民中带有共性的最主要的休闲活动形式。参见:都市人:谁比谁忙[N].文汇报,1998-08-15.

④ (美)杰弗瑞·戈比.21世纪的休闲与休闲服务[M].张春波,等,译.昆明:云南人民出版社,2000:165.

（三）安排的波动性

日常休闲时间的分配会随着人们在工作日、休假日拥有休假时间的长短出现规律性的波动。以日本为例，在工作日，人们花费在电视上的时间最多，约占休闲时间总数的68%；在周末及国定休假日里，这一比例会下降到49%；而到了连续假期的时候，人们花费在电视上的时间比例逐步跌至34%。与此同时，外出从事旅游活动的时间却由日常的1%猛然增加到23%；在外就餐和购物活动所占用的时间也由平时的8%上升至19%。上述现象表明，人们花费在收看电视方面的时间与休闲时间的多少呈负相关，即人们拥有的休闲时间越短，看电视的时间相对较长；反之，则相对较短。又如在美国，人们在长假期间，每天用于看电视的时间会比平常下降20分钟以上，相反，花在阅读上的时间则会成倍增加，与朋友交流的时间也有所递增。由于在假期，人们在放松心情的时候穿着较为随便，因而用于梳妆打扮的时间相应降低。这说明人们在休闲时间内所进行的活动，虽然在表面上具有多元性，但本质上仍然有一定的时间规律性和活动规律性可循。

在我国，近十年来人们在休闲时间的使用方面也发生了比较有趣的变化。本世纪初，根据中央电视台的相关调查，我国电视观众平时（周一至周五）收看时间为121分钟，休息日（周六和周末）的收看时间为142分钟，比平时增加21分钟。又譬如收听广播，根据相关调查，上海听众平时每天平均为66.4分钟，而在双休日平均为84.3分钟，上升了17.9分钟。[①]居民在平时与周末收看电视和收听广播时间的变化轨迹，与发达国家相反，恰恰是当时我国社会经济发展现状在居民休闲活动时间使用上的真实体现。而2010年的调查显示，居民在23项休闲活动的选择中，平时选择收看电视的比例为25.45%，周末为9.72%，到了黄金周为8.86%，与此同时，用于聚会、购物和户外活动的休闲时间大幅度增加，[②]这一变动轨迹基本与发达国家相似。这一现象深刻揭示出，随着居民收入水平的提高，休闲时间使用的波动性将成为一种常态，而且也在一定程度上表明人们从事休闲活动的类型和活动层次的丰富性。

（四）外出活动的规律性

旅游是休闲时间内的一项重要活动。从上海居民从事的旅游活动中可以反映出人们在休闲时间内安排旅游活动的一些特征。

第一，出游时段分布趋于均衡化。首先，从市民外出安排旅游活动的意愿看，在一定程度上体现出全年均衡分布的特点，但主要倾向于春、夏、秋三个季节，而且春天的出游倾向度在全年中最高。

第二，出游假期组合倾向多元化。实施新的休假制度为居民出游时段的选择提供了更加多样化的空间。所谓多样化是指新的休假制度在出游时段长、中、短的配置层次上更加丰富，组合上更加合理。三种时段的有机结合既有利于管理部门从市场层面对居民出游流量和流向进行调控，也有助于居民对假期出游时段的选择进行自我调节。调查数据表明，1995年居民出游时段仅能选择双休日（92%）；[③]2005年居民出游时段选

---

① 张建.有关"双休日节目"的期待[J].上海：东广通讯，2002（12）：41.

② 华东师范大学，中国致公党上海市委员会.上海居民休闲方式与满意度研究[R].2010：33-35.

③ 苏文才，丁芳.上海市民周末度假现状与走势调查[J].旅游学，1996（2）：24.

择意愿前3位依次是双休日（28.7%）、带薪假期（27.5%）和黄金周（21.6%）；[①]2008年依次是带薪假期（25.9%）、"十一"黄金周（16.9%）和双休日（16.6%）。居民出游时段选择倾向的转变表明，带薪假期将是居民未来最钟情的出游时段。伴随带薪假期的重要性逐渐凸显，居民出游市场的产品结构也将发生重大变革，由往年以观光旅游为主，度假旅游为辅，渐渐向以度假旅游为主，观光旅游为辅的产品结构转变。

第三，出游距离递进趋向规则化。一是关于出游空间距离的延伸规律，形成了带薪假期（远程旅游）、黄金周（中程旅游）、小长假和双休日（短程旅游）三种时空叠合的分布结构。就上海居民出游目的地的空间距离而言，与休假时段相对应，大致在国内旅游中表现为：在1—3天时段，短途出游空间距离大致限定在400公里以内的范围；在5—7天时段，中远程出游空间距离主要集中在1 000—2 000公里左右的范围；在7天及以上时段内，出游空间距离集中在2 000—3 000公里及以上区域。从出境旅游角度讲，在5—7天时段及以上时段内，目的地选择意愿由港澳台、日韩和东南亚地区，逐渐转向欧洲、美洲和澳洲地区。比较近十年来居民出游空间距离的演变过程，可以发现在收入水平提高和休假时间延长两大前提条件的有力支撑下，无论是国内游还是出境游，上海居民中远程旅游，特别是远程旅游将进入一个新的发展时期。

二是关于旅游产品内涵与空间距离变化的关系。居民对旅游产品的意愿选择透露出如下的出游规律：短途旅游产品（400公里以内）偏重人文景观；中远程旅游产品（1 000—2 000公里）偏好山水景观；远程旅游产品（2 000—3 000公里及以外）关注异域文化。此外，对于新增的清明、端午、中秋三个法定节假日以及形成的小长假，虽然为居民的出游提供了更丰富的时间自由度，但是调查结果和市场实际都反映出居民选择三个传统节假日出游的意愿十分低下。而调整后的"五一"节时段缩减为3天，也造成居民的出游意愿明显下降，曾经的黄金周效应已不复存在。

第二节　家庭收入

一、恩格尔系数与休闲消费阶段划分

家庭收入是消费的前提，收入水平的高低决定着居民消费能力的高低，并直接影响着居民的消费信心、消费欲望和消费潜能。一方面，家庭收入是消费的来源和基础，是影响消费的最重要因素；另一方面，随着收入的增加，居民的消费水平也会相应提升，消费能力逐步增强。

工业社会以前，由于受社会经济发展条件的制约，人们对休闲消费的要求是微不足道的。进入工业社会以后，特别是自20世纪开始，随着社会经济的快速发展，人们的休闲生活消费逐步由匮乏单一向丰富多彩的阶段过渡，并且表现为休闲消费支出的显著递增。德国学者厄恩斯特·恩格尔发现，一个家庭或个人收入越低，其食品支出在总支出中所占的比重越大，反之，其比重越小；随着家庭收入的增加，食品支出占家庭总收入或总支出的比重逐渐减少。食品支出占全部生活消费支出的比重，被称为恩格

① 仲红梅.上海白领旅游消费偏好研究［D］.上海：华东师范大学，2005：33.

尔系数。

一般地讲,恩格尔系数越小,说明一国或地区人们的生活越富裕;恩格尔系数越大,表明人们的生活越贫困。因此,通过恩格尔系数的分析,基本能反映出一个国家或地区居民生活的贫富水平。为此,联合国将该系数作为判断一个国家人民生活水平高低的量化标准。见表4-1。

恩格尔系数(%)	判断生活水平阶段
30以下	最富裕型
30—40	富裕型
40—50	小康型
50—60	勉强度日型(温饱)
60以上	绝对贫困型

表4-1

联合国粮农组织将恩格尔系数作为判别生活水平的标准

以日本为例,战后日本社会经济经历了较短的恢复期,于50年代中后期就进入了高速发展的增长期,并保持了20余年的发展速度,进而成为世界第二经济大国。伴随这一经济奇迹,日本国民的休闲消费方式开始从生理型消费需求向物质型消费以及更高层次的精神型消费需求方向转化,这种休闲消费方式的发展大致经历四个发展阶段。

第一阶段,20世纪60—70年代。在这一时期,日本国民在基本满足了衣食住的生理型消费的基础上,对提高生活质量的物质产品的消费需求开始逐渐增大。居民家庭可支配收入的增加部分主要用于购买黑白电视机、洗衣机、电冰箱、吸尘器、收录机、彩色电视机等家用电器产品,以及汽车等高档耐用消费品和其他的生活必需品方面。

第二阶段,20世纪70—80年代。在这一阶段,日本国民的消费重点已完全转向与居住有关的高档消费品上面,尤其倾向于在改善物质环境设施方面进行消费。主要表现为追求宽敞舒适的住宅,热衷于室内装饰,添置高级家具,以及购买空调、中心供暖器、微波炉、珍贵观赏动植物等。

第三阶段,20世纪80—90年代。这一时期,对日本国民的休闲消费产生巨大影响的是休闲时间的大幅度增加。在80年代中期以前,日本虽然已经是世界经济大国,人均GDP已达到10 000美元,但是每年出国旅游的人数却不足500万。从80年代中期起,日本政府开始实施新的休假法令,根据规定,日本职工全年享有15天的带薪休假期,从而使日本国民有可能在满足生理型和物质型消费的前提下,注重自我发展的精神性休闲消费活动,使娱乐、旅游、度假成为这一时期人们进行休闲消费的新时尚。因此,到了80年代末期至90年代初期,日本出国旅游人数一举突破1 000万人次,成为亚洲地区出游人数最多、消费层次最高的客源大国。

第四阶段,开始于20世纪90年代中期,目前仍在延续。这一时期,日本政府开始推行建立"生活大国"的发展目标,描绘了改变日本"激励竞争的企业文化,建设生活质量优先于生产量，以消费者为核心的社会"蓝图，[①]即日本社会中的"每个人都能在每天的生活中感到充实和放松，得到实现多种价值观的均等机会，确立在优美的生活环境中的简朴生活方式"。[②]与此同时，日本社会也对因工作和生活压力而导致高比例"过劳死"的社会现象开始进行深刻反思，从而对逐渐形成的"劳动、休息、消费"的生活模式产生高度的社会共识。日本国民休闲消费的精神化含量得到进一步提高，表现为生活中的娱乐需求日益强化，以至到了90年代中晚期，娱乐业成为日本国民经济的基干产业，被看作是新世纪日本经济新的增长领域。

伴随着日本国民休闲消费模式的改变，突出了三个方面的特点。首先，对传统的重工作、轻休闲的生活方式进行反思。进入新世纪，日本人用于工作的总体时间继续减少，人们更愿意合理均衡地使用休闲时间，而不倾向于集中使用，并按照自己的意愿安排休闲时间和进行学习活动。其次，着力提高休闲生活的层次。相当多的日本人开始注意改善自身的休闲生活质量，力图从单一性的休闲娱乐活动方式和注重金钱消费的形态中解脱出来，以获得一种全新的生活方式感受。对此，松田义幸明确指出："消费者的价值观从单一化、一统化转向多样化、个性化，从拥有价值向利用价值转化，从手段性价值向享受性价值转化，从勤劳价值向快乐价值转化。"[③]这种价值观念转化的实质，是追求高质量休闲生活目的的具体体现。再次，利用旅游活动作为精神和体力复原的重要性日渐突出。

二、居民休闲消费阶段划分及演变特征

进入新世纪以后，我国经济的发展正由供给主导的短缺经济，转向需求主导的过剩经济，国内居民的消费需求也由满足生存的温饱型，向追求生活质量的享受型、发展型转变。在此基础上，人们的休闲生活消费水平逐步由低级阶段向小康阶段和中等发达国家的消费阶段过渡。人们表现出来的生活追求，是将生活质量的提高、住房环境的改善、休闲时间的增多、出行的方便、身体健康、愉快娱乐等作为生活的主要需求。从恩格尔系数的变动情况看，我国城镇居民近50年来的休闲消费结构的变化大致可分为以下四个阶段。

第一阶段，1949—1977年。在封闭型的社会主义计划经济体制下，居民的生活消费基本上表现出典型的生存型消费特征。一是居民生活消费种类单一，消费支出主要集中在吃、穿、用等基本的生活资料上，恩格尔系数较高，大体上在56%—60%之间浮动。二是高档耐用消费品支出比重很低，在相当长的时间里，以"手表、自行车和缝纫机"等传统的三大件物品作为家庭高档物品的追求目标。三是用于娱乐、旅游等休闲文化活动的消费极低。四是生活服务消费内容匮乏，支出主要集中在房租、水电、交通等方面。

第二阶段，1978—1994年。这是我国历史上居民消费结构开始酝酿发生重要变化

① （澳）加文·麦考马克.虚幻的乐园［M］.上海人民出版社,1999：90.
② （澳）加文·麦考马克.虚幻的乐园［M］.上海人民出版社,1999：90.
③ 刘红.日本的余暇文化［M］.上海：上海文化出版社,1996：21.

的时期,城镇居民家庭的生活水平有了较大提高,消费开始由生存型向小康型转变。首先,消费支出开始出现多元化倾向,吃、穿、用等家庭生活消费比重由原来的70%以上,降至65%左右,城镇居民的恩格尔系数在历史上第一次下降到50%以下,突破了走向小康社会的临界点,这是具有重大历史意义的划时代标志。其次,传统的生活消费序列习惯开始出现重组,即由原来的吃、穿、用排列,一跃而改变为吃、用、穿的消费排列,从而引起休闲文化娱乐用品消费量出现较大规模的增长趋势,大众旅游活动全面启动。再次,起步于80年代初期的高档耐用品消费开始由较低档次向较高档次转变,家用电器进入了全面进军家庭的辉煌时期。最后,生活中的服务消费比重相应提高。

第三阶段,1995—2000年。这一阶段,随着我国经济持续健康发展,城镇居民中相当数量的家庭消费开始逐渐由小康型向富裕型过渡。到2000年,我国人均国内生产总值首次超过800美元,城镇居民的恩格尔系数在原来的基础上又一次跌破40%的历史大关,预示着我国部分地区开始进入世界富裕国家的消费行列。在这一阶段,居民的消费结构继续发生显著的改变。在居民的全部消费支出中,反映基本生存需要的食品、衣着和基本生活用品的支出所占比重大幅度下降,而体现发展与享受需求的住房、交通通信、医疗保健、文教娱乐等项目的支出比重则迅速上升。购房、室内装饰、家庭第二台彩电、家庭影院设备、钢琴等成为城镇居民家庭生活的重要消费对象,从而导致人们用于各项生活服务活动的费用明显提高。

第四阶段,2000年起,至今还在延续。进入21世纪以来,随着经济体制改革的深入,国民经济的迅速发展,我国城镇居民的消费水平显著提高。2008年,我国人均GDP突破3 000美元,标志着居民休闲消费新时代已经来临。到2014年,我国城镇居民人均可支配收入为28 844元,居民消费从注重量的满足到追求质的提高,从以衣食消费为主的生存型消费到追求生活质量的享受型、发展型消费,消费质量和消费结构都发生了明显的变化。城镇居民在食品、衣着、家庭设备用品方面的支出在消费支出中的比重呈现明显的下降趋势,其中食品类支出比重降幅最大,达到15个百分点,衣着类下降4个百分点。与此同时,医疗保健、交通通讯、文化娱乐教育服务支出在消费支出中的比例均有上升,富裕阶段的消费特征开始显现。

今天的中国消费者,正在摆脱大众化、趋同化的传统消费观念,个性化、年轻化、数字化、品质化、国际化、参与化等诸多特征越加明显。更重要的是,消费市场的结构和行为特征也正在走向融合,无论是线上还是线下,无论是传统还是现代,无论是奢侈还是轻奢侈,无论是土豪还是中产阶级,大家都在不断给自己的休闲消费注入新的元素。

三、居民休闲消费能力测度及影响因素分析
(一)居民休闲消费能力的内涵

随着我国城市居民可支配收入的显著提高,人们的生活方式和消费观念发生了巨大改变,越来越多的居民开始追求高质量的休闲生活,休闲消费在总消费中的比重不断增大。一般而言,生产与消费是一种对应关系。生产越发展,居民生活消费能力越高。

居民休闲消费是指以满足型、享受型和发展型消费为核心内容的消费,是一种知

识限定性消费，是一种体验消费和个性消费，是一种时间约束硬化消费。由于休闲消费的特殊性，居民的休闲消费能力必然不同于一般意义上的生活消费能力。[①]这里所说的居民休闲消费能力，是指一定时期内城市居民为了满足休闲需要而进行消费的能力。休闲消费能力外在表现为休闲产品支付能力和对休闲产品的消化能力。因此，休闲消费能力通常包括两个层次，一是表象休闲消费能力，二是实际休闲消费能力。表象休闲消费能力是指居民可支配收入覆盖居民休闲活动和产品的能力，即居民可支配收入与休闲产品价格水平的对比关系。实际休闲消费能力是指居民愿意并且能够自由支出在休闲产品和服务的可支配收入的能力，因为居民可用于消费的可支配收入还要刨除教育、养老、医疗等计划性支出和意外事件、人情世事等计划外支出（如婚、嫁、丧、娶等）。

（二）评价指标和评价模型

1. 评价指标

衡量城市居民休闲消费能力的指标体系由以下三部分构成：一是城市居民进行休闲消费的宏观条件（地区生产总值、人均生产总值、恩格尔系数），称之为休闲消费环境（Leisure Consumption Environment，简称LCE）；二是城市居民进行休闲消费的潜在能力（消费价格指数、城市居民人均可支配收入、城市居民家庭人均消费性支出），称之为休闲消费潜力（Leisure Consumption Potentiality，简称LCP）；三是家庭或居民的消费水平、构成等（人均家庭设备用品及服务消费支出、人均医疗保健消费支出、人均交通通信消费支出、人均教育文化娱乐服务消费支出、居民出游率、每百户城市居民家庭年末彩色电视机拥有量、每百户城市居民家庭年末家用电脑拥有量），称之为休闲消费结构（Leisure Consumption Structure，简称LCS）。所选指标共计13项，见表4-2。

表4-2　休闲消费能力评价指标体系

一级指标	二级指标	变量	评价标准
休闲消费环境（LCE）	地区生产总值（亿元）	X1	正向
	人均生产总值（元）	X2	正向
	恩格尔系数（%）	X3	负向
休闲消费潜力（LCP）	消费价格指数（以上一年为%）	X4	负向
	城市居民人均可支配收入（元）	X5	正向
	城市居民家庭人均消费性支出（元）	X6	正向
休闲消费结构（LCS）	人均家庭设备用品及服务消费支出（元）	X7	正向
	人均医疗保健消费支出（元）	X8	正向
	人均交通通信消费支出（元）	X9	正向
	人均教育文化娱乐服务消费支出（元）	X10	正向
	居民出游率（%）	X11	正向
	每百户城市居民家庭年末彩色电视机拥有量（台）	X12	正向
	每百户城市居民家庭年末家用电脑拥有量（台）	X13	正向

① 郭鲁芳.休闲消费的经济分析［D］.杭州：浙江大学，2004：14.

城市居民休闲消费能力和消费水平受到城市经济发展水平的影响。城市经济发展水平是反映居民休闲消费能力的基础,由以下三项评价指标构成。其一是城市地区生产总值,即一座城市内所有常住单位在一定时期内生产活动的最终成果,反映一个城市经济发展的总体水平。其二是城市人均国内生产总值。人均国内生产总值作为发展经济学中衡量经济发展状况的指标,是从宏观上衡量一座城市经济发展与居民生活水平的一个标准。其三是恩格尔系数,一般情况下随居民家庭收入和生活水平的提高而下降。

城市居民消费价格指数,反映城市居民家庭所购买的生活消费品价格和服务项目价格变动趋势和程度的相对数。通过价格指数的变化,可以观察价格波动对居民生活的影响程度。居民家庭收入是居民休闲消费能力的基础,通常用城镇居民人均可支配收入进行表示,是指反映居民家庭全部现金收入能用于安排家庭日常生活的那部分收入。城镇居民人均可支配收入是国内外衡量城市居民收入水平和生活水平的最重要和最常用的指标。城市居民家庭人均消费性支出指居民个人用于生活消费以及集体用于个人消费的全部支出,包括购买商品支出以及享受文化服务和生活服务等非商品支出。以上三个指标综合反映了居民进行休闲消费的潜在能力。

有关居民休闲消费的支出和方式主要从三个方面进行分析,一是从居民休闲消费支出的角度出发,选用了城市居民人均家庭设备用品及服务消费支出、城市居民人均医疗保健消费支出、城市居民人均交通通信消费支出、城市居民人均教育文化娱乐服务消费支出等指标,在一定程度上可以反映一座城市居民休闲消费的基本状况。二是从每百户城市居民家庭年末彩色电视机拥有量和每百户城市居民家庭年末家用电脑拥有量的角度进行评价,分析一座城市居民家庭拥有休闲消费设施的能力。三是从城市居民出游率角度进行评价。城市居民出游率是衡量一座城市居民离开常住地到国内外其他地方开展休闲活动的能力。所谓旅游出游率,是指一定时期内一座城市居民外出旅游人数与其总人口数的比率。

2.评价模型

决定一座城市居民休闲消费的能力不仅在于各个独立变量的作用,也在于各变量之间形成的集聚效应。变量集聚是简化城市居民休闲消费能力评价指标体系(Urban Residents' Leisure Consumption Ability,以下简称URLCA)的有效手段。根据柯布道格拉斯函数式构建如下评价模型:

$$URLCA=EE_j^a IL_j^b CS_j^c$$

其中,a、b、c分别表示休闲消费环境(LCE)、休闲消费潜力(LCP)、休闲消费结构(LCS)的偏弹性系数。为了使数据具有可比性,采用最大元素基准法对指标数据进行无量纲处理,将实际能力指标值转化为相对指标。

(三)休闲消费能力评价与相关性分析

1.休闲消费能力评价

根据上述URLCA模型,对我国36座城市居民休闲消费能力进行评价,相关指标如下,见表4-3。

序号	城市	URLCA	序号	城市	URLCA	序号	城市	URLCA
1	广州	90.901 9	13	沈阳	62.067 3	25	太原	51.157 5
2	上海	85.266 0	14	大连	60.898 5	26	南昌	49.928 8
3	北京	79.040 2	15	青岛	60.653 5	27	郑州	49.618 8
4	深圳	76.401 9	16	武汉	60.642 6	28	昆明	47.987 1
5	宁波	73.224 1	17	重庆	59.110 0	29	贵阳	47.379 6
6	南京	68.079 3	18	呼和浩特	58.909 1	30	银川	46.695 3
7	杭州	67.385 4	19	福州	58.466 4	31	石家庄	46.621 6
8	天津	67.201 3	20	成都	57.209 9	32	兰州	45.271 4
9	厦门	66.178 7	21	合肥	54.708 2	33	海口	43.003 4
10	济南	66.088 9	22	长春	54.652 7	34	乌鲁木齐	40.759 5
11	长沙	62.951 7	23	南宁	51.602 1	35	西宁	38.711 0
12	西安	62.361 4	24	哈尔滨	51.476 4	36	拉萨	37.516 2

表4-3

2014年36个城市居民休闲消费能力指标评价

　　从指标分值排序看,首先,城市居民休闲消费能力呈现出一定的由东部向中西部地区逐步减弱的分布特征。排名居前的城市主要分布在东部沿海地区,而这一地区恰恰是中国社会经济比较发达的区域;排名靠后的城市基本分布在中西部地区,这一分布现象也从一个侧面反映居民休闲消费能力高低与城市社会经济发展程度相对应。也就是说,社会经济发展程度是居民休闲消费能力强弱的基础,也是重要的评价尺度。其次,中部地区的长沙,近年来休闲产业发展速度较快,在市民休闲娱乐产品开发、活动方式等方面在全国具有一定的影响;在文化产业发展特色上也独具一格,尤其是电视媒体影响力在全国的渗透力有目共睹,而这种市场休闲消费氛围又与居民比较旺盛的休闲消费能力密不可分。

　　为了进一步分析我国城市居民休闲消费能力质量的分布特征,本文根据36个城市居民休闲消费能力评价分值的高低进行排序,并运用百分制等级划分法进行归类分析,等级A为高(80—100),B为较高(60—80),C为一般(40—60),D为较低(20—40),E为低(0—20)。见表4-4。

等　级	数量(个)	城　市	休闲消费环境	休闲消费潜力	休闲消费结构	权重(%)
A级(80—100)	2	广州	20.400 1	22.422 7	48.079 1	5.56
		上海	22.735 8	21.971 4	40.558 8	
B级(60—80)	14	北京	21.785 5	20.260 5	36.994 3	38.89
		深圳	20.440 9	21.730 9	34.230 1	

表4-4

2014年36个城市居民休闲消费能力等级划分

（续表）

等　级	数量（个）	城　市	休闲消费环境	休闲消费潜力	休闲消费结构	权重（%）
B级（60—80）	14	宁波	15.155 3	20.531 6	37.537 3	38.89
		南京	15.029 7	19.301 1	33.748 6	
		杭州	15.619 9	20.028 9	31.736 7	
		天津	18.463 5	17.855 8	30.882 0	
		厦门	12.634 3	20.536 0	33.008 4	
		济南	13.835 0	18.186 0	34.067 9	
		长沙	14.926 7	17.524 4	30.500 6	
		西安	12.166 0	17.845 6	32.349 8	
		沈阳	15.185 4	16.893 0	29.988 9	
		大连	15.965 0	17.319 8	27.613 6	
		青岛	15.062 9	18.492 2	27.098 4	
		武汉	14.166 4	16.713 0	29.763 2	
C级（40—60）	18	重庆	13.416 7	15.765 3	29.928 1	50.00
		呼和浩特	13.670 1	18.481 7	26.757 3	
		福州	11.507 8	17.482 9	29.475 7	
		成都	13.068 3	16.415 4	27.726 2	
		合肥	11.361 3	15.972 9	27.374 0	
		长春	12.887 6	15.689 3	26.075 8	
		南宁	8.705 0	14.848 1	28.049 1	
		哈尔滨	10.972 0	15.547 9	24.956 5	
		太原	11.195 1	14.689 0	25.273 2	
		南昌	11.509 7	15.464 0	22.955 1	
		郑州	12.876 6	15.465 5	21.276 7	
		昆明	9.826 4	15.436 2	22.724 6	
		贵阳	8.489 5	14.852 2	24.037 9	
		银川	10.103 5	14.982 3	21.609 5	
		石家庄	11.223 0	14.592 7	20.806 0	
		兰州	8.992 2	13.473 9	22.805 3	
		海口	7.837 0	14.746 3	20.420 1	
		乌鲁木齐	10.123 1	13.399 8	17.236 5	

（续表）

等　级	数量 （个）	城　市	休闲消费 环境	休闲消费 潜力	休闲消费 结构	权重（%）
D级 （20—40）	2	西宁	8.083 4	12.911 8	17.715 7	5.56
		拉萨	7.646 7	14.026 5	15.843 0	
E级 （0—20）	—	—	—	—	—	0
合　计	36	—				100

　　上表显示，第一，A级城市仅有广州和上海。广州和上海均是我国最先进行改革开放的特大城市，经济水平发展水平在全国遥遥领先。第二，B级城市有北京、深圳、宁波、南京、杭州和天津等14个城市，其中除长沙/西安和武汉外均为东部省份的城市。第三，C级城市有重庆、呼和浩特、福州、成都和合肥等18个城市，且多为中西部省份的城市。第四，D级的城市有西宁和拉萨，各项指标均较低，表明居民休闲消费能力需要全方位的提高。第五，没有城市处于E级水平，说明经过改革开放三十多年的发展，城市居民的休闲消费能力得到一定程度的提高。

　　2. 休闲消费能力指标相关性分析

　　研究发现，居民休闲消费能力与各指标之间存在一定的相关性（见表4-5）。第一，居民休闲消费能力与居民家庭收入及消费支出之间存在相关性。居民休闲消费能力与居民家庭人均消费性支出相关性最为显著，相关性系数达到了0.960，是13个指标中最高的。休闲消费与家庭消费是一个相关联的整体，只有当居民的家庭人均消费性支出提高之后，其休闲消费能力才能相应得到提高；居民人均教育文化娱乐服务消费支出次之，相关性系数为0.923；休闲消费能力与居民人均家庭设备用品及服务消费支出和居民人均交通通信消费支出的相关性也十分显著，相关性系数分别为0.823、0.830。居民人均可支配收入也是影响休闲消费能力的重要因素，其相关性达到了0.919，较高的人均可支配收入是强大的休闲消费能力的前提。因此，努力提高居民的收入水平，合理配置居民各种消费的比重，是提高居民休闲消费能力的重要途径。

　　第二，居民休闲消费能力指数与地区生产总值、人均生产总值指标之间存在相关性，相关系数分别为0.838、0.817，说明一个地区的经济水平与该地居民休闲消费能力显著相关，地区生产总值和人均生产总值越高，其休闲消费能力越大。当一个城市的生产总值达到一定的量之后，会进行大规模的公园、体育馆和剧院等休闲基础设施建设，丰富的休闲活动促进了居民休闲消费能力的迅速提高。

　　总之，我国城市居民休闲消费能力总体上处在中低水平。从36座城市看，居民平均休闲消费能力指数为58.336 9，休闲消费能力指数得分在60分以下的有20座，所占比例为55.56%。经济发展仍是解决我国居民日益增长的休闲需求与有限的休闲供给和休闲消费能力矛盾的关键。努力促进经济发展，完善休闲产业结构，提高居民的收入水平，丰富居民的休闲消费活动种类，提高居民的休闲消费能力是我国城市休闲化建设

表4-5

城市居民休闲消费能力与各指标相关性一览表

	休闲消费能力指数	地区生产总值	人均生产总值	城镇居民家庭恩格尔系数	城市居民消费价格指数	城市居民人均可支配收入	城市居民家庭人均消费性支出	城市居民人均家庭设备用品及服务消费支出	城市居民人均医疗保健消费支出	城市居民人均交通通信费支出	城市居民人均教育文化娱乐服务消费支出	城市居民出游率（国内）	每百户城市居民家庭年末彩色电视机拥有量	每百户城市居民家庭年末家用电脑拥有量
休闲消费能力指数	1	.838**	.817**	-.493**	.072	.919**	.960**	.823**	.420*	.830**	.923**	.523**	.576**	.836**
地区生产总值	.838**	1	.660**	-.296	-.018	.692**	.748**	.694**	.332	.593**	.729**	.371*	.497**	.666**
人均生产总值	.817**	.660**	1	-.407*	-.132	.831**	.828**	.667**	.396*	.723**	.712**	.200	.319	.648**
城镇居民家庭恩格尔系数	-.493**	-.296	-.407*	1	-.224	-.434*	-.434*	-.493**	-.740**	-.279	-.479**	-.159	-.038	-.258
城市居民消费价格指数	.072	-.018	-.132	-.224	1	-.036	.013	.069	.271	-.050	.157	.307	-.221	-.075
城市居民人均可支配收入	.919**	.692**	.831**	-.434*	-.036	1	.939**	.774**	.289	.883**	.832**	.317	.585**	.852**
城市居民家庭人均消费性支出	.960**	.748**	.828**	-.434*	.013	.939**	1	.826**	.353	.889**	.892**	.401*	.562**	.830**
城市居民人均家庭设备用品及服务消费支出	.823**	.694**	.667**	-.493**	.069	.774**	.826**	1	.329	.688**	.793**	.185	.485**	.755**
城市居民人均医疗保健消费支出	.420*	.332	.396*	-.740**	.271	.289	.353	.329	1	.139	.416*	.144	-.089	.059
城市居民人均交通通信费支出	.830**	.593**	.723**	-.279	-.050	.883**	.889**	.688**	.139	1	.746**	.255	.567**	.835**
城市居民人均教育文化娱乐服务消费支出	.923**	.729**	.712**	-.479**	.157	.832**	.892**	.793**	.416*	.746**	1	.446**	.540**	.773**
城市居民出游率（国内）	.523**	.371*	.200	-.159	.307	.317	.401*	.185	.144	.255	.446**	1	.219	.295
每百户城市居民家庭年末彩色电视机拥有量	.576**	.497**	.319	-.038	-.221	.585**	.562**	.485**	-.089	.567**	.540**	.219	1	.706**
每百户城市居民家庭年末家用电脑拥有量	.836**	.666**	.648**	-.258	-.075	.852**	.830**	.755**	.059	.835**	.773**	.295	.706**	1

注：**. 在0.01水平（双侧）上显著相关；*. 在0.05水平（双侧）上显著相关。

的重点。东部与中西部地区之间居民休闲消费能力存在比较大的差距,其中广州、上海消费能力指数最高,分别达到了90.901 9和85.266 0,而西宁和拉萨分别仅为38.711 0和37.516 2。坚持西部大开发战略,进一步提高西部城市居民的休闲消费能力,缩小与东部的差距仍是西部地区城市休闲化建设的重要内容。

第三节　休闲需要

一、休闲需要及其分类

需要是一个十分复杂的概念。从社会心理学的角度看,需要是人们对影响生活的物质条件和精神条件的主观反映,并在人们心理上呈现出来的一种紧张状态或是一种缺乏状态,而人的行为就是为了满足这种需要而产生的。由此可以认为,所谓休闲需要,就是引发人们从事休闲活动的最基本的心理因素,是人们产生休闲行为最基本的驱动力,也是人们通过休闲活动寻求心理和生理满足的基本需要。关于休闲需要分类有很多种方法,下面仅选择比较具有代表性的观点作简单叙述。

第一,以马克思主义有关人类三个最基本的需要为基础,进而延伸为对休闲需要的三个层次的划分:即满足于生存的休闲需要、满足于享受的休闲需要、满足于发展的休闲需要。尽管三分法在有关休闲需要层次的分类方面看似比较简单,但仔细分析,不难发现其仍然包含了人们追求休闲需要的层次性递进、逻辑性关联和多元性综合的特征。

第二,悌尔曼(Tilman)认为,人们休闲需要可以分为以下十大类:追求像冒险那样的新的体验;休息、逃脱和幻想;社会认同;安全需要;在饥饿或痛苦中得到自由;优越感——支配别人或统治自己的领域;联系或感谢别人的社会相互交往;知觉和理解的精神活动;为别人服务;身体活动和健康等。[①]

第三,卡帕诺夫(Kabanoff)对休闲需要分类的贡献在于不仅对相关的休闲需要进行了排列,更重要的是根据实证研究的数据,对各种休闲需要进行了赋值,使得休闲需要不再抽象和模糊,而是一目了然,有助于厘清人们在满足各种休闲需要时的顺序。见表4-6。

序号	休闲需要等级	等级组成要素	要素平均值
1	自主权	组织自己的项目和活动 从事自己认为有意义的事情	2.78 3.39
2	放松	放松、不紧张 身心松弛	3.20 2.94
3	家庭活动	家庭成员关系更融洽 享受家庭生活	2.81 3.30

表4-6

休闲需要等级与要素一览表

① （韩）孙海值,安永晃,曹明焕,等.休闲学［M］.朴松爱,等,译.大连:东北财经大学出版社,2005:89.

（续表）

序号	休闲需要等级	等级组成要素	要素平均值
4	逃离日常事务	逃离日常生活的责任 改变日常生活	2.85 3.12
5	相互作用	结交新朋友 享受与他人在一起	2.35 2.55
6	寻求刺激	寻求新的不一样的体验 寻求兴奋与刺激感受	2.66 2.89
7	发挥技能	发挥技术与能力 培养新的技能	2.61 2.47
8	健　康	保持体形健美 健康原因	2.47 2.46
9	尊　重	赢得他人的尊重或羡慕 向他人展示自己的才能	2.11 2.15
10	挑战／竞争	参与竞争 在困难或严酷环境中检验自己	1.87 2.31
11	领导／社会权力	组织团体活动 取得领导职位	1.79 1.48

资料来源：（英）C.米歇尔·霍尔，斯蒂芬·J.佩奇.旅游休闲地理学——环境·地点·空间[M].周昌军,等,译.北京：旅游教育出版社,2007：45.

第四，以马斯洛（Maslow）需要层次理论为依据的休闲需要五分法，具体表现为生理需要、安全需要、爱与归属需要、尊重需要和自我实现需要。显然，从生理需要到自我实现需要，形成了人们由低到高的满足休闲需要的层次结构。从需要层次演变的角度看，驱使人类的是若干始终不变的、遗传的、本能的需要，当这些基本需要被满足后，人类自我实现的需要就会出现，这种需要在于一个人想要变得越来越像人的本来样子以及实现人的全部潜力的欲望。

马斯洛认为，虽然人们的需要层次是逐级提升的，但并不是严格遵守这种层次结构，有时候人们的需要是跨层次产生的，而且驱动人们产生行为的需要也不是单一的，往往是多种需要重叠在一起，共同促进的。此外，各层次需要满足的程度也有较大的差异，且需要层次越高，满足的人群规模越低。据估计，在一般的美国人中，85%的生理需要、70%的安全需要、50%的爱与归属需要、40%的尊重需要和10%的自我实现需要得到了满足。[①]尽管因为休闲需要具有自身的特殊性和内在的规律性，与马斯洛所分析的人类一般生活需要的模式有差异，但是马斯洛等级需要理论对于我们分析现代社会人们的休闲需要动机，仍具有极其重要的指导作用。休闲需要是人的一般需要在日常活

---

① （美）杰瑞·伯格.人格心理学[M].陈会昌,等,译.北京：中国机械工业出版社,2000：226.

动中的一种延伸反映或深化体现。从休闲需要的终极意义上讲,人们进行休闲无不是为了满足自我发展和精神享受的需要。

借助于马斯洛的需要层次理论,可以把休闲需要分为直接满足和间接满足两种类型。前者是指人们依赖休闲活动本身以及在休闲过程中形成的人与人之间关系的基础上所直接获取的满足;后者是指人们参加休闲活动后间接获得的满足。见表4-7。

类 别	直 接 满 足	间 接 满 足
生理需要	休息、放松	消除疲劳、身体健康
安全需要	休闲环境和活动过程安全	享受服务、饱尝美景、大饱口福
爱与归属需要	社交活动圈、群体归属感	亲情和睦、友情深化、爱情甜美
尊重需要	海外度假	获得称赞、显示优越、引领时尚
自我实现需要	掌握休闲技能、周游世界、探险经历	发挥潜力、体现价值、实现目标

表4-7

休闲需要的直接满足和间接满足

资料来源:根据马斯洛需要层次理论调整制作。

需要注意的是,在人们进行休闲活动的过程中,休闲需要的具体性和层次性表现得非常清晰,互相的关联性也十分鲜明。以人们外出休闲度假为例,有关宾馆或酒店的选择在度假旅游中占有重要作用,这不仅关系到满足旅游者的住宿需要,实际上还要满足品尝美食和愉悦心情等相关的需要。

此外,也可以从人们实际的休闲活动中来观察需要的不断变化和提升的趋势。以旅游活动为例,在罗贝尔·朗卡尔(Robert Lanquar)看来,游客在进入宾馆住宿的过程中,会产生五种逐级提升的需要。通常情况下,价格优惠和舒适程度仅仅是游客考虑的最基础的休闲需要,而服务加美食对游客而言才是最高等级的需要。见图4-2。

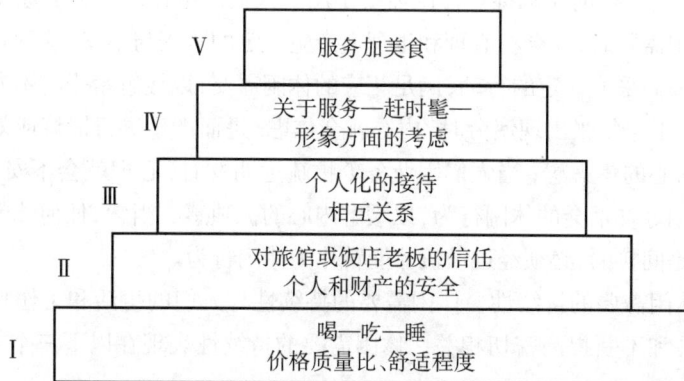

图4-2

旅馆或饭店顾客的需求等级

资料来源:(法)罗贝尔·朗卡尔.旅游和旅行社会学[M].蔡若明,译.北京:商务印书馆,1997:28.

显而易见,只有处理好旅游者产生的各种相关需要及其关系,并给予充分满足,人们对休闲度假的过程才会感到满足和满意。

二、休闲需要特点

第一,休闲需要的对象性。人们从事任何休闲活动都指向一定的对象。听音乐是陶冶情操,跑步是锻炼身体。显然,没有对象的休闲活动是不存在的,而且需要也会随着对象的变化而发展和深化。当前,人们休闲需要多样性的存在和实现,依靠的是多元化的休闲产品和配套齐全的休闲服务设施。对普通的上海居民来讲,利用周末到近郊或100公里范围内的邻近省市进行短途旅游已成为休闲需要的一种常态。然而,倘如居民希望前往300公里远的南京汤山去泡一次温泉浴,且当天来回,这种需要的产生与满足,除了满足需要的费用等其他因素外,还有赖于时速350公里的高铁开通。从这一意义上讲,高铁已经成为满足人们更大空间距离休闲需要的有效交通工具。事实上,自高铁开通以来,上海居民外出从事休闲活动的空间得以大大拓展。

第二,休闲需要的制约性。对人而言,休闲需要总是层出不穷地产生,但是并不总是能够得到满足,影响休闲需要实现的因素称作需要的制约性。休闲需要的制约性大致可分成三种类型:内在制约因素、人际关系制约因素和结构性制约因素。从近期调查数据看,影响上海居民休闲需要的主要因素是心情、健康和收入,[①]大致与上述三大制约因素类别相对应。当然,不同的发展阶段,不同收入群体,影响休闲需要实现的制约性因素存在较大的差异性。

第三,休闲需要的独特性。人们常说天底下没有完全相同的两片树叶。事实上,由于人们心理、生理和所从事的职业以及生活背景的差异,造成人们的休闲需要也存在很大不同,体现出各自的独特性。从满足休闲需要的方法来讲,人们的选择同样存在差异。同样是散步,有人喜欢慢行,有人则爱疾走;有人偏爱走热闹的大街,有人钟情于清静的小巷。即使是采用相同的方法,满足人们休闲需要的程度也存在差别,难以统一。

第四,休闲需要的驱动性。休闲需要是激发人们产生休闲行为的原动力。当人们产生某种休闲需要时,就会在心理和生理上产生一定的紧张与不安,这种紧张与不安的状态将促使人们采取一定的行动,满足相应的休闲需要,以缓解紧张与不安的状态。例如,当人们因工作紧张出现疲劳时,内心就会焦虑,进而产生进行锻炼或郊游的休闲行为,以平息内心的焦虑感;当人们因业务繁忙疏远朋友时,心理就会不安,从而刺激出强烈的与亲朋好友聚会的休闲行为,以缓解内心的孤独感。当然,任何休闲需要对休闲行为的驱动是间接的,必须经过动机才能转化为休闲行为。

第五,休闲需要的持续性。休闲需要的持续性与人们的生活和工作状态的周而复始、不断发展和不断提高密切相关。休闲需要的持续性表现在以下三个方面:一是日

---

① 华东师范大学,中国致公党上海市委员会.上海居民休闲方式与满意度研究[R].2011:33-35.

常性重复出现的休闲需要,如每天看电视、饭后散步等。二是在一定时期内周期性反复出现的休闲需要,如垂钓爱好者每逢周末去郊外垂钓、滑雪爱好者冬季到雪场滑雪度假等。三是在原有的休闲需要满足的基础上,形成了新的休闲需要,推动人们产生新的休闲行为;新的休闲需要得到满足后,又出现了更新的休闲需要,如此循环往复,使人们不断追求自身的满足。可以说,只要人们的生命不终结,休闲需要的持续性永远不会停止。[①]

第四节　休 闲 动 机

一、休闲动机及特征

从现有的研究文献看,动机是一种非常普通又十分复杂的心理现象,从动物的本能行为到人类的决策行为都离不开动机。动机在人们的社会生活中起着十分重要的作用,因为"动机是直接推动个体活动以达到一定目的的内部动力"。[②]在今天休闲已经成为人们生活常态的社会里,休闲动机对休闲生活的影响力与日俱增,因而愈发引起人们的关注。

所谓休闲动机,是指在休闲需要的激发下,引导和整合个人休闲活动,并导致该休闲活动指向某一目标的内在心理过程与个体行为。一方面,休闲动机产生于休闲需要,无论这种需要是主动产生的,还是被迫形成的;另一方面,人们为了满足休闲需要而行动,而休闲动机不仅是产生休闲行为最直接的驱动力,而且也决定了人们休闲行为的方向性和目标性。概括起来说,人们因主观或客观原因产生了休闲需要,但是如果没有形成相应的休闲动机,那么就不会产生具体的休闲行为,休闲需要也就无法得到真正的满足。其次,休闲的产生与人们的需要密不可分,休闲表现为人们改善或调节心理和生理的一种生活愿望,休闲动机就成为一种内在力量或推力,是形成休闲行为的驱动力。再次,动机的产生是综合因素的结果,从社会学和心理学角度观察,通常与态度、文化、认知和准则相关,因而会使人们形成独具特点的动机模式。最后,生活节奏快,工作压力大,以及层出不穷的休闲活动方式,都会对人们的休闲动机产生影响,并体现在人们的休闲行为过程中。

休闲动机是为了解决因休闲需要引起的内心紧张,促使人们为满足需要以及解除或缓解心理紧张而产生休闲行为。一方面,休闲需要的满足,取决于人们在休闲动机的驱使下,采取休闲行为的方式和选择目标的过程。从休闲需要的产生到目标实现的过程也可以看作是一个认识过程和学习过程;另一方面从休闲需要的产生到满足,须经过多个环节。一旦原有的休闲需要得到满足则又会引起新的休闲需要,进而引起新的内心紧张或焦虑,从而促使产生新的休闲行为,以实现新的满足。在如此循环往复的基础上,推动人们的休闲生活不断丰富,生活质量不断提高。见图4-3。

① 邱扶东.旅游心理学[M].上海:立信会计出版社,2003:65-66.
② 时蓉华.现代社会心理学[M].上海:华东师范大学出版社,1989:156.

图 4-3

动机诱发
过程模型

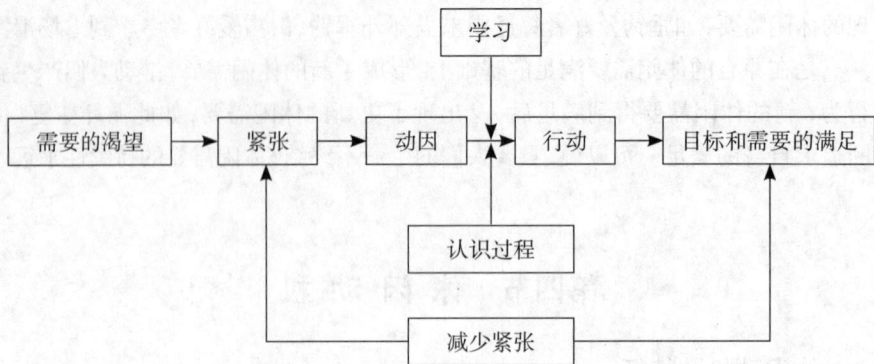

资料来源：（韩）孙海值，安永冕，曹明焕，等.休闲学［M］.朴松爱，等，译.大连：东北财经大学出版社，2005：90.

从动机与行为的关系角度来看，休闲动机的特征主要表现在以下几个方面。

第一，动力性。休闲动机是驱动休闲行为的原动力。休闲动机具有激发休闲行为产生的驱动性，能积极推动个体产生具体的休闲活动行为。如人们笃信"饭后百步走，活到九十九"的理念，所以不少人喜爱饭后散步。这种普遍化的休闲行为的产生就是动机存在的有力证据。

第二，方向性。休闲动机使个体的休闲行为指向一定的目标或对象。例如，在学习动机的支配下，人们会去图书馆看书或博物馆参观；在娱乐动机的引导下，人们会去影院、游乐场或高尔夫球场等处活动。当然，休闲动机性质的不同，个体休闲行为显示的方向或所追求的目标也不尽相同。不过，也应看到，在人们休闲生活中出现许多项目或方式可供选择时，个体的偏好又往往起着决定性作用。譬如，同样是锻炼身体，有人喜欢户外的公园，有人则喜爱在室内的健身房。人们的这种偏好就是动机方向性的最好证明。

第三，持久性。当个体的休闲行为发生以后，能否有效坚持进行这种休闲行为，同样受到动机的调节和支配。当人们坚持的休闲行为的结果指向自身所追求的目标时，相应的休闲动机便获得强化，于是这种休闲行为便能够维持继续进行下去。如近年来不少人对中国共产党人二万五千里长征的历程感兴趣，产生了重走长征路的动机，不畏路途艰辛，不惧风餐露宿，直至抵达目的地。相反，当行为的结果背离个体所追求的目标时，相应的休闲动机便会弱化，自然就会降低个体继续推进这种活动的积极性，甚至导致个体放弃这种休闲行为。

第四，隐蔽性。由于动机是一种内部的心理过程，不能直接观察，因此具有一定的隐蔽性。人们只能根据个体采取的休闲行为以及行为方式的结果推断个体行为产生的原因。例如，一名喜欢在健身房锻炼的人，我们观察不到他的锻炼动机，但我们可以通过他参加锻炼的行为表现、活动态度、锻炼时间、努力程度进行分析和推断。同时，结合他参加锻炼的一贯表现、锻炼结果等作进一步地考察和分析，在此基础上，就有可能对他参加健身房锻炼的真正动机进行比较准确的推理性解释。

第五，可变性。休闲动机是休闲需要与其他诱导因素共同作用的产物。在现实社会中，人们的休闲需要和诱导因素总是处于动态化的变化之中，从此造成休闲动机具有可变性特点。首先，原有的休闲动机指向的目标已经实现，休闲需求得到满足，动机消失，休闲行为自然停止。其次，个体在寻求休闲满足的过程中，发现了新的更有价值的休闲需求，导致休闲动机的更替和转换；或者是在休闲活动中遇到了一时难以克服的困难，不得不做出改变，进而产生新的动机，追逐新的目标。譬如，近年来由于人们对频发的皮肤癌产生的恐惧，以及频繁的度假活动对脆弱的海滨环境的破坏，发达国家居民休闲度假旅游的动机发生了明显的变化，从沉迷于3S（Sun、Sea、Sand）到逐渐热衷于3N（Nature、Nostalgia、Nirvana），这一休闲旅游动机的转变比较典型地反映了动机可变性所包含的内容。

二、休闲动机类别

休闲动机是直接驱动人们采取形式多样的休闲行为的内在动力，从而通过产生休闲行为满足人们多样化的休闲需要。正是在不断发展的休闲动机的影响和驱动下，休闲才成为人们生活的重要组成部分。根据动机分类的基本原则，大致可以从以下三方面对休闲动机进行分类。首先，从动机的起源角度看，可分为生理动机和社会动机。其次，从动机指向对象的角度看，可分为物质动机和精神动机。最后，从诱导动机产生的原因角度看，可分为内部动机和外部动机。但在现实中，由于出发点不同，有关休闲动机类型的划分存在较大差异。不过，大都包含了上述三方面的内容。

克兰德（Crandall）综合了有关休闲动机研究的相关成果，经过梳理将休闲动机归纳为17个类别，比较全面地反映了20世纪80年代发达国家居民休闲动机构成的基本状况，对我们正确把握休闲动机具有重要的指导意义。见表4-8。

序号	类 别	序号	类 别
1	享受大自然,逃离现代文明	10	认可、身份
2	逃离日常事务和责任	11	社会权力的显示
3	锻炼身体	12	利他主义
4	创造性	13	寻求刺激
5	放 松	14	自我实现（反馈、自我提高、能力利用）
6	接触社会	15	成就感、挑战与竞争
7	接触新朋友	16	打发时间,消除无聊
8	接触异性	17	理性审美
9	家庭接触	合计	17类

表4-8

休闲动机的分类

资料来源：（英）C.米歇尔·霍尔，斯蒂芬·J.佩奇.旅游休闲地理学——环境·地点·空间[M].周昌军,等,译.北京：旅游教育出版社,2007：44.

事实上，由于每个人进行休闲需要的动机受到具体的主观和客观两方面因素的影响，因而彼此之间会形成诸多差异。下面主要从六个方面对休闲动机进行简单分析。

第一，健康动机。这是指从事各种与身体保养、康复、治疗有关的休闲健身活动的动机。当民众的基本生存需要得到满足后，人们自然而然地就会追求生活得更好、更久、更健康的人生目标。在我国，越来越多的人也已经形成一个基本共识，身体健康是人生的最大财富。因此，进行个人健康投资已成为人们满足休闲需要的一个出发点。与此相适应的是，医疗保健业、营养保健品制造业、健身娱乐业蓬勃发展，同时又使得医疗保险、意外伤害保险等个人投保业务变得兴旺起来。我国城市居民产生的健康保健的休闲需要在一定程度上，已经表现出与世界发达国家相似的发展趋势。据2009年宁波市消保委开展的一次保健食品消费状况的调查显示，有17.6%的被调查人表示购买保健食品自己用，有23.5%的被调查人表示给家人用，有48.3%的被调查人表示作礼品送人，调查表明过半数的消费者有购买保健食品作为礼品送给家人或亲朋好友的习惯。①

第二，归属动机。这是一种十分复杂的情感型休闲需要动机，满足的是自己情感世界发展的根本需要。寻求情感归属是现代人最显著的特征之一。人们通过与家庭、社会群体交往或其他形式的沟通，达到满足自己物质生活和精神生活的情感发展需要。因情感归属引起的休闲需要活动渗透在社会的许多方面，包括亲情、友情、爱情等方面，也体现在家庭、社区、公共娱乐场所的人际交往形式中。长久以来人们受制于血缘、地缘、业缘等因素的影响，情感交流和情感消费仅在家庭、社区和公共娱乐活动场馆等传统的空间展开。而今，电脑网络构筑了另一个无穷大的交往空间，成为进行情感寄托和情感消费的新天地，这是值得关注的新趋势。

第三，价值动机。这指的是通过休闲活动渴望被人承认、引人注目、受人尊敬和赏识，以及为获得良好的社会声望等目的共同引起的休闲动机。关于价值动机可以分为以下几种形式。一是追求时尚，紧跟时装潮流，热衷于收藏，青睐温泉旅游和SPA等养颜和美容活动，通过个性化和时尚性活动，显示与众不同的活动价值。二是更换环境，喜欢外出就餐和参加聚会，喜爱从事旅游和度假活动，在感受异质生活和活动环境的同时，既能享受美食和山水带来的满足感，又可丰富自己的人生阅历。三是注重名声，喜欢使用名品与名牌，乐于参加各种形式的会员俱乐部以及能够显示社会地位的公益活动，扩大社会影响或提高关注度。

第四，娱乐动机。产生该动机的人们喜欢各种形式的娱乐活动，崇尚体验理念，尤其是喜爱参加各种野外的极限娱乐活动和探险旅游活动。

第五，享受动机。这指的是人们为了提高休闲生活质量而产生的消费动机，包括生理享受和精神享受两方面。一方面，人们追求舒适的生活方式，注重物质生活环境和物质条件的优化；另一方面，人们开始关注精神享受的内涵。这里所讲的追求精神享受，

---

① 宁波市消保委.保健食品消费状况问卷调查报告［R/OL］.中国消费者协会网.http://www.cca.org.cn/web/dcjd/newsShow.jsp?id=45440.

是指人们利用休闲时间为满足自身精神文化的需要而出现的享用文化商品和文化服务的动机,包括参加各种了解和欣赏国内外文化、艺术、风俗、音乐、宗教、书画等活动。今天,享受型消费越来越成为促进人们消费的强大动力。

第六,发展动机。发展和再发展是人们提高素养、完善人格、健全心理、提高技能的终极目标。人们通过各种业余教育和培训活动形式,以提高自我的素养和动手能力,最终实现自我再发展的目标。

第五节　休闲区域/设施

一、休闲娱乐区
(一)休闲娱乐区类型与层次

休闲娱乐区是城市休闲功能在空间的投射,也是休闲娱乐产业在空间的集聚形式,还是人们从事休闲活动的空间载体。这里所讲的城市娱乐区,一般是指以满足休闲娱乐活动和提供商业服务为主的各种设施(购物、饮食、娱乐、文化、交往、健身等)集聚的街区。[①]对休闲娱乐区可以从以下几个层面进行理解,一是休闲娱乐区不是传统意义上的旅游景区,而是体现和展示城市特色、城市风情和城市文化的综合性场所。二是休闲娱乐区所面对的消费市场具有双重性,既能适应本地居民从事日常休闲娱乐活动的需求,又可满足外来游客观光游览的要求。三是休闲娱乐区由于自身功能、服务对象以及设施构成的差异,会具有不同的特点及形成不同的形式。

1.游憩商务区和旅游商务区

近年来,随着我国不少大中城市加快了由旅游城市向休闲城市转型的步伐,围绕城市娱乐区的建设进入了一个新的发展阶段。由于不同城市娱乐区的功能并不一致,导致目前有关城市娱乐区的概念并不统一,提法很多。从国内外研究文献看,比较集中的概念有"RBD"、"CRBD"、"CTD"或者"TBD"等。下面略作简单分析。

第一,游憩商务区,也称作游憩商业区或旅游商务区。游憩商务区是由英文"Recreational Business District"翻译而来,简称"RBD",是由史坦菲尔德(Stansfield)和里克特(Rickert)于1970年在研究城市旅游区游客购物的问题过程中,为了描述城市内这一类旅游地的结构和功能特性时首次提出。他们认为所谓的"RBD"就是为满足季节性涌入城市的游客的需要,城市内集中布置饭店、娱乐业、新奇物和礼品商店的街区。[②]

第二,中央旅游区,或称作中心旅游。中央旅游区是由英文"Central Tourist District"翻译而来,简称"CTD"。伯坦肖(Burtenshaw,1991)在对欧洲多个城市的观光与游憩活动进行开创性研究的基础上,提出了CTD的概念,认为在城市中央旅游区集

---

① 古诗韵,保继刚.广州城市游憩商业区(RBD)对城市发展的影响[J].地理科学,2002(4):489.
② Stansfield C.A., Rickert J. E. The Recreational Business District[J]. Journal of Leisure Research, 1970, 2: 213-225.

中了城市大部分的旅游活动。[①]

第三，旅游商务区。旅游商务区是由英文"Tourism Business District"翻译而来，简称为"TBD"，是由盖茨（Getz, 1993）提出的。他认为这是一个游客导向型吸引物和服务十分集中的区域，与城市中央商务区（CBD）邻近。

事实上，在欧洲不少国家一些古老的城市里，TBD和CBD通常会重叠，并分布在具有历史特色的街道区域内。[②]同时，盖茨又从时间指向、空间分布和区域功能角度比较了TBD和RBD之间的不同之处。见表4-9。

表4-9 TBD与RBD 的比较	旅游商务区（TBD）	游憩商务区（RBD）
	全年指向	季节指向
	集中形式（团状）	线形或丁字形
	吸引物可能为完全文化型或有意人工建造	吸引物通常是原赋资源
	可以与传统CBD合作或单独进行建设	与居住区导向型的CBD分开开发，随时间变化可能与CBD融合或影响
	功能包括：	功能包括：
	写字楼	餐　饮
	商业服务	娱乐文娱
	吸引物	礼品和纪念品
	游客服务	一些接待设施
	政府	——
	文化	——
	主要购物场所	——
	交通系统	——
	形象及意义以文化型、都市型占统治地位	文化与自然形象及意义通常融为一体

资料来源：根据Getz D. Planning for Tourism Business District［J］. Annals of Tourism Research, 1993, 20: 583-600的有关材料整理制作。

第四，中心游憩商业区。中心游憩商业区的英文是"Central Recreational Business District"，简称"CRBD"。在RBD概念的基础上，吴必虎又进一步提出中心游憩商业区的概念，认为CRBD必须以游憩中心地为基础形成，具有一定规模的门槛人口和吸引范围，不仅要有旅游资源、游憩设施、游憩活动较集中的区位，更要求有较大的游客

---

① Colin Michael Hall & Stephen John Page. The geography of tourism and recreation: environment place and space［M］. Routledge, 1999: 104.

② Getz D. Planning for Tourism Business District［J］. Annals of Tourism Research, 1993, 20: 583-600.

流量。^①需要指出的是,国内许多学者在对 CBD、RBD、CRBD、TBD 等理论的研究中取得了较多的研究成果。保继刚(1995)提出以旅游业(主题公园)带动城区全面发展,使该区域发展成为一个游憩商业区(RBD)。^②黄震方、侯国林(2001)探讨了大城市商业游憩区的形成机制和空间结构,认为其主要特点是与商业设施和商业活动有着高度的产业、空间共生性,^③并且勾勒了城市商业游憩产品的分类体系。见表4-10。

表 4-10

城市商业游憩产品体系

游憩类型	游憩设施、场所(介质)	游憩活动(产品)
观　光	商业建筑、公园、园林、博物馆、商品柜台、橱窗等	风景欣赏、逛街、商品展示、商业促销表演、街头绿化、街道雕塑小品等
购　物	百货商场、购物中心、专卖店、专业店、超市、小商品街、夜市等	选购精品名牌、个性商品、特色商品、参与商业活动等
康体健身	康体养生设施、美容院、减肥中心、休闲体育中心、体育场馆、保龄球馆、健身俱乐部、室内高尔夫球模拟练习场、武术馆、垂钓设施、溜冰场、赛车场等	养生、健康诊断和咨询、美容、减肥、气功、瑜伽、健美、跑步、游泳、篮球、排球、足球、乒乓球、台球、网球、保龄球、高尔夫、垂钓、卡丁车等
娱乐休闲	电影院、录像室、棋牌室、休闲浴室、电子游戏室、夜总会、KTV、卡拉OK室、歌舞厅等	电影、录像、下棋、打牌、打麻将、桑拿浴、温泉浴、打电子游戏、唱歌、跳舞等
少儿活动	少年宫、儿童乐园、儿童康体训练中心等	游戏、求知、康体训练等
餐　饮	酒店、餐馆、茶馆、咖啡馆、酒吧等	美食、饮茶、品酒、休闲食品等
文化资讯	学校、书店、图书馆、网吧、博物馆、展览馆、剧院、教堂等	购书、阅读书报杂志、报告会、上网、参观博物馆、艺术展览、看戏、听音乐会、艺术实践、节庆活动等
科　普	科技宫馆、专题博物馆	科技产品展示、科学实验、科普讲座等
工　艺	陶吧、泥吧、布吧等	制陶、捏泥人、织布等

资料来源:根据侯国林,黄震方.城市商业游憩区旅游开发的原则与产品体系[J].城市问题,2001(1):20有关内容整理制作。

　　显然,学者们对研究对象的命名存在差异,切入点也各有不同,但是研究对象在空间上和功能上具有的相似性和重叠性则是毋庸置疑的。因此,在城市空间对娱乐区或游憩区的各种研究和探索,对深化城市娱乐区布局结构的研究提供了必要的理论指导和经验借鉴。从理论上讲,我国大中城市正处于由城市旅游向城市休闲的转变进程中,在这一大背景下,探究城市休闲娱乐区的布局结构,将有助于推进城市休闲理论研究的深入,有利于认识和把握城市娱乐区布局的内在规律性及其基本特征。从实践上看,一

---

① 吴必虎.以滨水旅游区建设为中心推动武汉城市旅游开发进程[EB/OL]. http://www.cotsa.com/ guihuazhongxin.files/xueshukeyan/fabiaolunwen/Hy7.htm.
② 保继刚.主题公园的发展及其影响研究——以深圳市为例[D].广州:中山大学,1995:66.
③ 黄震方,侯国林.大城市商业游憩区形成机制研究[J].地理学与国土研究,2001(4):44.

方面,通过研究城市休闲娱乐区的布局结构,实现市民休闲与游客观光的互动,推进和谐城市建设的深入发展。另一方面,通过对典型城市娱乐区布局结构的实证研究,为国内其他大中城市娱乐区的建设提供经验借鉴,以便实现城市休闲娱乐资源在空间上的优化配置。

2. 中央休闲娱乐区

从近年来的研究文献看,虽然针对中央娱乐区的专项研究数量不多,但是中央娱乐区、中央游憩区、中央游憩商业区等提法已经见诸报端。成都地产业人士提出要建立"大规模、集中多种娱乐项目消费的综合性娱乐中心(CED)"。[①] 广州荔湾区则提出建设中央游憩区,将荔湾区定位为广州的 Central Recreation District。[②] 中央游憩区同样也成为 2003 年北京西城区旅游局对什刹海未来发展的产业定位。[③] 与此同时,魏小安将中央游憩区建设作为城市旅游发展的两大重点之一,认为"中央游憩区,国外也叫商业游憩区,就是每一个城市应该有自己最具吸引力的一片街区,这个地方不是旅游景区景点,而是最全面体现和展示城市生活、城市文化的场所,这也是构建功能化城市的内容"。[④] 同样,国家旅游局何力认为"在城市的中心地带或旅游者相对集中的集散地,应当设置一个规模适当的区域,成为旅游者到达城市的第一站,可称之为'中央游憩区'。旅游者在此可以进行短暂的休整,获取旅游信息,购买旅游纪念品,然后继续旅游行程"。[⑤] 这些观点和措施都从一个侧面反映出城市娱乐设施的集聚性布局特征已经引起相当程度的重视。目前来说,史萍(2004)关于《上海中央娱乐区(CED)研究》是国内比较系统研究城市中央娱乐区的论文之一。论文在比较深入地研究了上海城市娱乐区发展变化的基础上,对中央娱乐区提出了见解,认为所谓中央娱乐区(Central Entertainment District,简称 CED),是"城市功能发展到一定阶段的产物,是在城市中与中央商务区(CBD)相对应,集聚城市一流娱乐设施、娱乐活动,满足城市居民以及外来游客娱乐的需要,并且吸引较大客流量,在城市中具有最大影响辐射范围的特定区域"。[⑥] 在这一概念界定中,娱乐设施以及借助娱乐设施所展开的娱乐活动是中央娱乐区依托的基础,城市居民和外来游客(包括一般旅游者以及商务客人)是中央娱乐区的服务对象,客流量与影响力辐射范围是表征中央娱乐区的两大指标。对于中央休闲娱乐区而言,其"中央性"反映在区位上的中央性以及业态布局上的中央性。中央娱乐区作为与中央商务区相对应的概念,不仅其发展的过程与中央商务区息息相关,而且在空间布局中也与中央商务区关系密切,往往位于城市空间的中心地带。在城市娱乐业态的整体布局中,中央娱乐区的等级必然位于首位,并体现在娱乐设施的

① 佘书文.娱乐地产火城南 成都 CED 时代来临[EB/OL]. http://www.scol.com.cn/dsfc/fcxw/20030808/20038895701_tf.htm.

② 广州荔湾将建五大旅游区,打造世界最长的骑楼街[EB/OL].(2002-09-23) http://news.xinhuanet.com/newscenter/ 2002-09/23/content_570534.htm.

③ 光炜.北京什刹海准确定位中央游憩区 不再开新酒吧[N/OL].北京晚报,2003-09-28. http://www.china.com.cn/chinese/TR-c/413171.htm.

④ 魏小安.旅游城市与城市旅游——另一种眼光看城市[J].旅游学刊,2001(6):11.

⑤ 何力.城市旅游业"航空母舰"式"立体化"发展思路[EB/OL]. http://www.cnta.com/cyzl/4-yjyd/yj-3.htm.

⑥ 史萍.上海中央娱乐区研究[D].上海:华东师范大学,2004:8.

质量等级,对本地居民与外来游客的吸引力等级,以及对城市整体形象的影响力等级三大方面。

3. 休闲娱乐区层次结构

在现代城市发展过程中,每个城市应该配备多少数量的休闲娱乐区,最终取决于城市的人口规模、空间规模、经济规模、消费市场规模等因素的协调和整合。根据对休闲娱乐区内所属的休闲娱乐设施的数量规模、质量等级、娱乐产品影响力和市场对象及占有率等要素的综合分析,大致可以分为三个层次,第一层次是中央休闲娱乐区,第二层次是次级休闲娱乐区,第三层次是社区级休闲娱乐区。

对上海而言,与改革开放以后高速发展的社会经济步伐相同步,与市民日益增长的休闲消费需求相呼应,与快速增长的都市旅游产业相配套,在上海中心城区逐步形成了30余个具有一定空间分布规模和产业聚合规模的娱乐区。上海中央娱乐区位于南京路和西藏路交汇处的人民广场及其周边一带,这是一个与城市中央商务区(陆家嘴—外滩商务区)和中央商业区(南京路商业区)相对应的城市休闲娱乐核心功能区,构成了上海休闲娱乐文化活动的中心地标,且在国内外具有相当大的市场影响力和认知度。第二层次是次级娱乐区。如以旅游观光娱乐为主的豫园老城隍庙地区,或以商业服务和休闲娱乐为特色的徐家汇地区,还有以体育健身为内容的上海体育场地区等。第三层次是社区娱乐区,主要满足周边地区居民日常的休闲娱乐活动,如上海长宁区天山路和娄山关路一带的天山地区娱乐社区,又如普陀区兰溪路和枣阳路一带的曹杨地区娱乐社区等。

从国内城市横向比较看,上海中心城区范围内娱乐区数量相对较多,这也符合了上海社会经济高度发达的特殊市情,即表现为生产资料集中、金融资本集约、服务产业发达、市民数量集聚和游客人数庞大等现代国际大都市的综合特征。总体上看,上海中央娱乐区和次级娱乐区在城市功能上互相补充,在休闲娱乐市场上互为依靠,在产业结构上各有侧重,共同构成一个以中央娱乐区为核心,以次级娱乐区为依托,在市场消费层面上既具有逻辑连接内涵,在空间层面上又表现为由中央向四周梯度延伸的城市娱乐区的空间布局网络结构。

(二)中央娱乐区的中央性

在城市娱乐区的布局结构中,根据市场最优、交通最优和管理最优的基本原则,中央娱乐区在空间上应建立在城市中心地带。同时,中央娱乐区应该依赖于能够聚集各种休闲娱乐场所、配套各种休闲娱乐产品,能够向周围地区的居民提供各种所需的休闲娱乐服务和精神产品而存在,并有能力为外来的游客与商人提供相应的旅游观光与休闲娱乐服务需求。在上海,中央娱乐区与其他娱乐区相比,具有鲜明的中央性特征。

第一,空间区位的中心。就空间区位而言,中央娱乐区恰恰位于上海城市空间分布的几何中心。[①]中央娱乐区的空间区位与上海城市的自然中心相吻合,突出了中央娱乐区作为上海城市居民与外来游客共享的户外休闲活动中心地的基本特征,即满足了在

---

① 上海城市的原点位于西藏路和南京路交界处的国际饭店大堂内,这里建有上海城市原点坐标。

空间上向区内外提供综合休闲服务的基本要求,有利于提升中央娱乐区在空间上的辐射能力和影响能力。

第二,管理和服务的中心。一是从城市管理的角度看,中央娱乐区是上海市政府办公楼的所在地,是上海城市的行政管理中心。二是从现代服务经济的角度讲,本区域是上海城市商业活动中心所在地。中央娱乐区与城市行政管理中心和商业服务中心等城市功能的重叠,形成了上海城市社会、文化和商业等公共活动中心区域。这种城市多功能中心区域的格局,使中央娱乐区具有了更强的资源吸引力、市场竞争力和形象感召力。

第三,观念上的中心。本区域独特的地理区位和功能复合中心的态势,早已在城市历史的发展过程中沉淀为一种固定的文化观念符号,并得到了普遍的社会认同。以本区所辖的人民广场来讲,作为上海城市中心的具体表征,无论是上海本地居民,还是外来旅游者,只有到了人民广场,才真正走进了上海城市的中心,触摸到了上海城市的心脏。这种将自然中心内化为观念中心的文化积淀优势和市场吸引优势,从根本上讲是上海其他城市娱乐区所无法比拟的。这就是为什么人民广场的游客到访率一直位于上海各旅游景点前列的原因所在。

第四,市场区位的核心。中央娱乐区的市场优势地位可以从客源承载力、目的地吸引力和市场渗透力三个方面进行分析。首先,客源承载力。从城市居民的基本存量角度讲,上海是我国城市人口密度最高的城市,常住人口已接近2 400万,尤其是内环线以内集中了50%以上的城市居民,人口密度是纽约曼哈顿的1.93倍、巴黎市区的1.91倍、东京市区的2.83倍。而作为中央娱乐区主要管辖地的黄浦区又是上海市人口集聚密度最高的区域之一。高密度的居民存量为中央娱乐区提供了极为丰富的本地居民的消费者资源。从游客流量角度看,与中央娱乐区相衔接的南京路和淮海路商业街,每天接待市内外游客总数约为200—300万人次,不仅在上海,乃至在全国都可以说是游人最为集中的综合性休闲活动区域。因此,无论是从城市人口的存量角度,抑或是从游客的流量角度讲,中央娱乐区都具备了巨大的现实和潜在的市场消费容量。其次,游客吸引力。中央娱乐区面对的市场消费群体由本地市民和外来游客两部分组成。对本地居民来讲,闲暇时间内可选择的消费娱乐场所和活动区域固然很多,但是,南京路、人民广场和淮海路在市民休闲消费的选择中多年来一直位居前列。从外来游客的市场流向分析,中央娱乐区同样是人们进行观光、游览、娱乐和消费的主要目的地。根据上海旅游事业委员会多年的市场调查统计,南京路、外滩、人民广场和新天地连续多年一直成为来沪旅游者欲访率和到访率最高的旅游景点。以2013年"十一"黄金周上海游客接待量为例,南京路步行街、外滩、豫园累计接待游客分别为970万人次、510万人次、290万人次,[①]有力显示了中央娱乐区所具有的强大的市场向心力作用。最后,市场渗透力。上海是我国重要的国际性城市旅游目的地,2014年接待中外游客数量超过2亿人次,其中约有80%以上都会前往中央娱乐区。中央娱乐区内的上海博物馆、大剧院、音乐厅、城市规划馆、大光明电影院、逸夫舞台等都是上海著名的休闲娱乐场所,每年接待成千上万的国内外游客。

第五,交通集散的枢纽。交通条件直接决定了娱乐区的可进入性和游客集散的便捷性程度,是构成娱乐区市场持久吸引力的重要因素。上海中央娱乐区具有极其方便的城市公共交通网络。人民广场是上海市内最大的公共交通换乘中心。以人民广场为依托,地铁1号、2号和8号线,以及50余条公交线路在此换乘。凭借快速通畅的轨道交通优势,居住在上海内环线以内大部分地区的居民和游客,都可以在30分钟以内抵达中央娱乐区。不论是传统的地面公共交通工具,还是现代轨道交通工具,中央娱乐区都是上海城市公共交通的枢纽中心。

第六,业态分布的重心。作为上海的中央娱乐区,应是"游憩者休闲、购物、娱乐、游憩、餐饮、交往的核心区域"。[①] 从城市休闲文化娱乐业的场所分布与设施配置看,这里是上海休闲娱乐产业和休闲文化活动的汇聚点。一是设施集聚密度最大。从博物馆、纪念馆到城市规划馆,从电影院、大舞台到大剧院,多样式、大容量和高密度是中央娱乐区休闲娱乐设施整体布局的主要特点。二是设施分布等级最高。中央娱乐区内的许多休闲娱乐场所不仅是上海地区一流,而且在国内都是名列前茅,如上海博物馆、上海大剧院在国际上也都享有声誉。像上海中央娱乐区那样集中了一批顶级休闲娱乐设施的娱乐区,在国内其他大城市也是比较罕见。与此相吻合的是,在上海举行的音乐演奏、歌剧表演、戏曲演出、藏品展览等文化艺术活动不仅规模大、频度高,而且活动质量和品位在国内均属一流。三是城市休闲娱乐文化积淀深厚。文化因素在人们的游憩行为中具有十分重要的导向性作用,中央娱乐区内许多休闲娱乐场所的品牌所拥有的文化内涵在上海地区独树一帜。诞生于1917年的大世界游乐场,是中国历史最悠久的现代综合性游乐场;诞生于1930年的上海音乐厅(原名南京大戏院)是中国最负盛名的音乐厅;诞生于1930年的逸夫舞台(原名天蟾舞台)是30年代上海四大舞台之一;诞生于1933年的大光明电影院则在当时被誉为"远东第一影院"。其他还有30年代远东地区最高的大楼——上海国际饭店,上海跑马总会俱乐部大楼(原上海美术馆)等。如此深厚的娱乐文化积淀成为中央娱乐区在上海独具魅力的产业品牌感召力。

二、休闲设施分类及分布

休闲设施是构成城市功能完整性必不可少的组成部分。从一般意义上讲,休闲设施主要是指由政府管理部门或者社会力量建设的,用于满足人们休闲娱乐活动需求的经营性和公益性的场馆、场地、景区、设备(器材)等。显而易见,休闲设施是由一定的空间要素与设施要素共同构成的一个可供人们从事休闲活动的物质空间,[②] 这也是保证人们休闲活动得以实现的物质基础。城市休闲设施主要满足本地居民日常休闲活动

---

① 秦学.城市游憩空间结构系统分析——以宁波市为例[J].经济地理,2003(2):270.
② 也有学者把场地+设施+氛围称作休闲环境。马建业.城市闲暇环境研究与设计[M].北京:机械工业出版社,2002:19.

需要,也为外来游客提供服务。从目前看,有关休闲设施的分类并没有统一的规定。这里主要从功能属性、市场属性和空间属性三个方面对休闲设施分类进行简单归纳。

(一)休闲设施分类

1. 按照功能属性划分

城市休闲功能主要是通过各种形式的休闲设施来满足本地市民和外来游客各种休闲活动的需要。按照功能划分,城市休闲设施大致可以分为以下五大类,文化艺术类设施、体育类设施、休闲类设施、科学技术知识类设施以及新闻媒体传播类设施。见表4-11。

表4-11 休闲设施功能属性分类	类别	设施	作用
	文化艺术	电影院、音乐厅、大剧院、戏院、博物馆、美术馆、展览馆、文化活动中心	精神享受、陶冶情操、完善自我
	体育	体育场、体育馆、游泳馆、球馆、健身馆	观看体育赛事、健身锻炼
	休闲	公园、广场、绿地、旅游景区(点)、酒吧、咖啡馆、茶馆、卡拉OK、舞厅、网吧	放松心情、交流沟通、自娱自乐、回归自然
	科技	科技馆、科普中心、图书馆、社区阅览室、休闲技能培训中心	开阔眼界、提高休闲活动能力
	新闻媒体传播	电视、网络、广播、报纸、杂志	传播信息、娱乐

资料来源:纪晓岚.论城市本质[M].北京:中国社会科学出版社,2002:175.

由上表可知,每类设施的功能组合有较大差异,作用体现也各不相同,但是基本上涵盖了人们休闲需求的各个层面。

2. 按照市场属性划分

一是公共服务性设施。公共服务性设施通常是由政府或社会团体及其他社会力量出资兴建,主要满足本地居民日常的户内外休闲活动需求,并兼顾外来游客的旅游观光或休闲度假活动需求。公共服务性设施大多作为市政工程建设项目的组成部分或居民小区的配套项目,具有鲜明的公益性和福利性。

二是商业服务性设施。商业服务性设施既有政府管理部门出资兴建,也有企业或个人投资建设,往往以市场为导向,以盈利为目的,居民和游客支付了相应的费用以后才能获得一定的使用权,享受一定的服务。

三是非营利性服务设施。大致是指由非政府组织或非营利性机构出资建设和管理的设施,主要用于满足社会群体中间部分特定人群的休闲需求。譬如,娱乐康疗中心就是专门针对部分因智力障碍、情感伤害、身体残疾或其他原因所致而不能正常参加休闲活动的特殊群体而提供的专项服务。见表4-12。

3. 按照空间属性划分

人们休闲活动的形式多种多样,基本上可分为两大类,户内活动和户外活动。因此,休闲设施也可以划分为室内休闲设施和室外休闲设施两类。见表4-13。

大类	类型	具 体 内 容	资金来源	服务目标	
公共服务性	基础设施类	城市公园、地质公园、自然保护区、森林公园、城市街道、公共绿地、休闲广场、休闲街区、社区绿地	来自税收、捐赠、资助、信托基金、少量收费	向居民提供有益处的娱乐机会	表4-12 休闲设施市场属性分类
	活动设施类	图书馆、艺术馆、文化馆、文化站、博物馆、展览馆、少年宫、科技馆、工人文化宫			
休闲场所与设施 商业服务性	旅游类	名胜古迹、主题公园、古民居、观光农业园和牧场、度假宿营地、野炊场所、汽车旅馆、都市观光场所、海岸游乐场、植物园、动物园	来自企业、用户、收费、会费	提供能够吸引顾客的服务项目,为了提高竞争力,提高利润	
	文化类	图书馆、书店、电影院、剧院、剧场、画廊、文化俱乐部、音乐厅			
	健身类	体育比赛场馆、健身俱乐部,高尔夫球场、保龄球场、台球厅、赛马场、游泳馆、划船俱乐部、马术场、射击场、滑雪场、溜冰场、旱冰场、网球俱乐部			
	娱乐类	综合娱乐场所、棋牌室、洗浴中心、网吧、酒吧、氧吧、陶吧、艺吧、舞厅、歌厅、卡拉OK厅、录像厅、电子游戏室、美容中心、茶馆、赛狗场、垂钓园、狩猎场			
非营利性服务	综合类	娱乐康疗中心、中途之家、庇护车间、教堂、俱乐部、野营地	来自捐赠、资助、赞助、会员费	服务特殊群体,提供公民平等权利	

资料来源:根据王寿春.城市休闲经济的规模与产业结构构建研究[J].财经论坛,2005(5):27,表2;李仲广,卢昌崇.基础休闲学[M].北京:社会科学文献出版社,2004:326-327等有关材料整理制作。

类别	娱 乐 类	运动/健身类	水 上 类	
户内	电影院、歌剧院、多功能厅、夜总会、歌舞厅、图书馆、赌场	室内运动场、健身中心、保龄球馆	水疗中心、室内游泳池	表4-13 休闲设施空间属性分类
户外	休闲/旅游街区、广场、城市公园、公共绿地	高尔夫球场、足球场等球类运动场	水上乐园、海滨浴场、游轮码头	

　　此外,还可以根据资源性质、活动主体或地形特征进行多种样式的划分。不过由于休闲活动内涵不断延伸,休闲活动样式不断扩大,使得休闲设施的涵盖面也随之发生变化。譬如在今天,富裕起来的人们把前往商场购物或亲朋好友在外聚餐也看作是一项休闲活动。于是商场和餐馆在某种程度上也就具有了特殊的休闲功能,也可以归入休闲设施行列。

（二）休闲设施分布

1. 配置原则

第一，人本性。首先，城市休闲设施配置的基本出发点是提高居民的生活质量，根本任务是满足本地居民的休闲娱乐需求。人们之所以渴望居住在城市，正是因为城市可以更多地满足人的发展需要。通过在一定的区域内设立相应的休闲设施，可以"满足人的休闲需要、美感需要和情感需要"。[①] 当然，随着城市的发展，城市休闲设施不仅满足本地居民的需求，也在很大程度上满足了外来人和游客的需求。其次，城市休闲设施具有以人为服务对象的主体性。从一定程度上讲，城市休闲设施承担着"让人民生活得更加幸福、更有尊严"[②] 的重要职责，因此配置人性化的休闲服务设施、建立柔性化的休闲管理制度、开发亲民化的休闲服务产品、制定低廉化的休闲消费价格，必然成为体现城市休闲设施人本化特征的重要内容。最后，城市休闲设施配置环境也要以人文生态关系的和谐性为衡量尺度，具体表现为人与自然的和谐相处，人与人的和睦交往。

第二，系统性。一是从休闲设施整体性角度认知城市休闲功能与城市其他功能的关系。休闲设施是城市功能系统中不可或缺的部分，也是推动城市发展的重要动力来源。放眼国际，如今的伦敦、巴黎和纽约，无不在各自经济发展的基础上形成强大的城市休闲功能，发展起了与城市地位和声望相吻合的休闲文化产业。享誉全球的纽约百老汇大街汇聚了全球最密集的演出场所，就是城市休闲设施促进城市发展的经典体现。[③] 二是从系统的角度认识休闲设施的各个组成部分在相互联系、相互作用的基础上形成一个有机的整体。一方面，休闲设施的各个组成部分作为整体功能的一部分，如酒吧、茶馆、咖啡馆、剧场、电影院、体育场、博物馆等休闲活动设施各自的性质和作用是由其在功能体系中的地位和特征所决定的；另一方面，又必须从城市休闲功能的系统性角度来看待休闲设施中每一组成要素所具有的独特作用。

第三，层次性。一是从休闲市场消费的角度讲，依托不同设施形成的休闲服务产品的价格是有层次性的，以满足不同消费人群的需要。二是从休闲设施（设备）使用的角度讲，不同的休闲活动对休闲技术能力的要求是不一样的，[④] 从事保龄球和高尔夫球活动就需要不同层次的技术要求。三是从休闲活动布局的结构上讲，形成家庭空间、社区空间、社会公共场馆空间和网络虚拟空间四个空间层次。[⑤] 相比于以往传统的空间分布层次，当前的城市由于纳入了网络虚拟休闲空间，从而为当代的人们构筑了无限宽广的休闲文化活动空间层次，使得21世纪城市休闲设施配备层次具有极其鲜明的立体化、

---

① 纪晓岚.论城市本质［M］.北京：中国社会科学出版社,2002：194.

② 温家宝.在2010年春节团拜会上的讲话［EB/OL］.（2012-02-12）http://www.gov.cn/ldhd/2010-02/12/content_1534612.htm.

③ 百老汇起源于19世纪中叶，是当时美国的戏剧艺术中心。20世纪初，已有剧院20多家，1925年发展到85家。目前有200余家，被称为"百老汇产业"（Broadway Industry）。黄发玉.纽约文化探微［M］.北京：中央编译出版社,2003：160-161.

④ （美）提勃尔·西托夫斯基.无快乐的经济：人类获得满足的心理学［M］.高永平，译.北京：中国人民大学出版社,2008：200.

⑤ 楼嘉军.休闲新论［M］.上海：立信会计出版社,2005：126.

多元化和虚拟化的时代特征。①

第四，互动性。从广义上讲，互动性是指城市休闲设施的各种组成部分在物流、人流、资金流、信息流等方面与外部进行的交换过程和交换方式。从狭义上讲，可以指城市各种休闲服务设施在本地居民外出旅游和接待外来游客的过程中所进行的交换过程和交换方式，具体可以体现在作为休闲活动目的地、休闲活动客源地以及休闲活动中转地三个层面休闲设施的互动性功能上。② 以上海为例，在城市旅游目的地层面，上海每年接待国内外游客2亿人次以上；在旅游客源地层面，上海游客是长三角地区各旅游城市或旅游景区（点）主要招待对象；在游客中转地层面，上海是国内重要的交通枢纽中心。

2. 分布规律

城市往往是人口高度集中的区域，也是开展休闲活动最广泛的地区，而且，由于城市的性质决定了城市的休闲设施通常必须满足本地居民和外来游客两类群体休闲活动的需求。因此在城市里，休闲设施配备的数量和种类也最为齐全。当然，城市休闲设施的配置总要在空间上落地，形成一定的聚居点或聚集区域。从历史经验和现实状况看，这种聚集程度的高低和规模，会因城市的大小和功能的差异而变化，也会随着城市的发展而演变。

第一，休闲设施分布与人口密度有关。城市休闲设施的空间分布体现了一定的规律性，即休闲设施的空间聚集规模和密度，随着人口的密度而波动。以广州市为例，根据城市常住人口居住密度（人/km²），可以将广州市分为常住人口高密集带（>30 000人/km²）、常住人口密集带（10 000—30 000人/km²）和常住人口稀疏带（<10 000人/km²）三种类型。这三种区域分别对应城市的中心区、次中心区和边缘区。研究发现，一是在休闲设施聚集密度上，人口密度愈高设施集中度愈高；反之，则愈低。二是在休闲设施类型上，可以从两个层面上分析，一方面，由于居民日常休闲活动所需，各种类型的普通型休闲设施在各个区域分布相对均匀。另一方面，一些消费层次较高的文化娱乐性设施，如酒吧、咖啡馆、俱乐部和酒店等，或是高档的购物场所，基本集中在人口高密度集聚的中心城区。三是在休闲设施自身的空间规模上，大中型的休闲设施主要分布在人口集聚相对稀疏的城市边缘地带。③ 此外，还需要注意的是，对北京、上海等国内特大城市而言，本身又是旅游目的地，每年游客接待量高达数千万乃至上亿人次。为了满足外来游客的需要，自然也形成了一些与游客接待活动相关的休闲娱乐服务设施的分布区域。

第二，休闲设施分布与城市地域类型划分有关。根据地域类型特征可将休闲设施按空间分布形态划分为商业地型、居民地型和低集聚型（单独集聚型）三大类。商业地型主要是指休闲设施与城市商业中心或区域商业中心混合相处，互相依赖。居民地型指休闲设施主要位于一个社区或若干大型社区内。低集聚型指介于商业地型与居民地型之间的一种类型，休闲设施处于相对独立的环境中，没有依托主要商业街区或大型的居民社区。④ 首先，从东部地区或是长三角地区城市发展的实际状况看，城市商业中心

① 楼嘉军.休闲文化结构及作用浅析[J].北京第二外国语学院学报,2002(1):79.
② 金世胜,汪宇民.大都市旅游功能及其规模影响的测度[J].旅游学刊,2008(4):73.
③ 徐秀玉,陈忠暖,朱孟珏.广州市中心城区休闲服务设施区位类型特征的研究[J].人文地理,2010(2):91-94.
④ 柳英华,白光润.城市娱乐休闲设施的空间结构特征——以上海市为例[J].人文地理,2006(5):6-9.

和次中心地区往往是各类休闲设施分布最为集中的区域。商业地型休闲设施配置的优越性可以说是城市休闲设施分布的一种常态。其次，近年来，随着城市旧区的改建和大型居民社区的兴起，作为社区居民日常休闲活动配套的休闲设施基本同步到位，此外，政府管理部门还会根据人口条件以及交通可达性等因素，相应设置若干大型或特大型休闲活动场馆作为市政配套项目，由此使得居民地型休闲设施集聚成为城市发展的一大亮点。再次，由于城市地价攀升过快，造成一些休闲服务经营企业不堪重负，于是纷纷从商业中心地搬迁，寻找地价较低地区，形成了休闲设施集聚度较低的分布状态。

第三，休闲设施分布与空间区位有关。如果以城市中心为出发点，那么可以根据离城市中心距离的远近，将城市划分为中心城区、次中心城区、城郊和城市边缘地区四个部分。由于受地价、人口、占地面积等因素的影响，不同城市区位空间休闲设施的配置也会出现不少变化，形成一定的特点。此外，城市休闲设施的空间设置特点也会"随着空间、时间以及所设置的休闲娱乐空间是以公共使用（与私人场合相对）程度的变化而变化的"。① 威廉姆斯对英国城市休闲设施分布与城市空间演变关系进行了深入的梳理与分析，为我们提供了可供参考和借鉴的实证。见表4-14。

表4-14 休闲娱乐设施及其空间分布的一个典型模式	区域与地点	可能的休闲空间与设施
	中部地区	小型公园、有些地方是大型公园、公共广场和街道空间 零售地 电影院和夜总会、餐厅和酒吧、室内休闲中心 文化设施（如博物馆、画廊、音乐厅、历史建筑）
	城市以内的地区	公园（属于19世纪特色公园）、一些私人家庭花园 休闲娱乐场地和运动场 公用地、公共剧场、社区中心、工作俱乐部和机构 露天大型体育运动场（尤其是专业俱乐部的足球运动场） 重建的工业/运输场地（例如邻近码头的车站，或许包括零售地、消遣娱乐或者郊区遗产胜地）
	城　郊	郊区公园（20世纪源于战争期间和1945年战后特色公园）休闲场地和运动场、体育场、投掷运动场 家庭公园 公用地、社区中心、学校设施 街区 当地服务中心（公共场所和图书馆、在大城市包括室内外运动中心）
	城市边缘	家庭花园和街区 城外零售地、消遣娱乐和电影的开发区 运动场地、高尔夫球场 大型露天体育运动场（从城市中心迁移出来） 准乡村开放空间（包括城市森林地和公用地） 人行道和马道

资料来源：根据（英）史蒂芬·威廉姆斯.旅游休闲［M］.杜靖川，等，译.昆明：云南大学出版社，2006：97-98，表4-2材料略作调整。

---

① 〔英〕史蒂芬·威廉姆斯.旅游休闲［M］.杜靖川，等，译.昆明：云南大学出版社，2006：94.

第六节　休 闲 约 束

一、休闲障碍和休闲约束

（一）障碍与约束

第一，关于休闲参与障碍。在现实社会中，每个人都曾经遭遇到这样一种困境，由于各种原因而无法以自己喜欢的方式享受休闲。人们在休闲动机的作用下产生某种休闲行为，可能会因为某种因素的限制而无法去做本来想做的事，于是便形成了所谓的休闲参与障碍。比如，一个人想去散散步，但突然下了一场雷阵雨，或忧虑周边每况愈下的治安环境会导致出门不太安全，因此，宁可待在家里。杰弗瑞·戈比（Geoffrey Godbey）在充分研究的基础上，将休闲参与障碍归纳为三种类型，即内在心理性的、人际关系性的和结构性的，并认为三种休闲参与障碍要按照一定的顺序依次克服，才有可能使休闲活动得以实现。首先需要克服的是心理障碍，确信自己做这件事是正当的。只有在克服了心理障碍之后，人际障碍才有考虑的必要。在此基础上，最后才是克服结构性障碍。[①]

第二，关于休闲约束。人们在休闲需要的引导下，会根据具体目标采取相应的休闲行为以满足休闲需要。然而，总有一些因素会制约人们从休闲活动中或是通过休闲活动获得休闲需要的满足。依利斯和拉特马赫（Ellis and Rademacher）把限制人们获得休闲需要满足的约束因素定义为"任何预先决定或限制个体参与休闲活动的频率、强度、持续时间或质量的因素"。[②]

第三，从关注休闲参与障碍到重视休闲约束的转变。学术界一般认为，在20世纪80—90年代以前，研究的重点主要集中在人们休闲参与障碍方面。此后，随着人们参与休闲活动范围的不断扩大以及学术界研究的不断深入，研究焦点逐渐转向休闲约束方面。对这一转变，杰克逊（Jackson）作了仔细研究，并进行了深刻阐述，指出这一变化代表的不只是语义的不同，而且表明了在关注重心和概念上的三个重要的转变。首先，在这里"约束"（constraint）这个词比"障碍"（barriers）更恰当，如今含义更为广泛的"约束"代替了"障碍"，因为后者不能涵盖对于制约休闲行为所作出的种种解释，而且，"障碍"一词往往会将研究人员的注意力引向一种制约，即介于偏好和参与之间的障碍。现在人们已认识到了更加广泛、更加复杂的制约因素。其次，用"休闲"来代替"娱乐"一词，既代表研究重点的拓展，也代表与休闲学主流思想建立了更加紧密的联系。最后一个变化是废弃了"参与"这一词。这是基于以下认识：制约因素不仅仅影响人们选择参与还是不参与，这与休闲学定义的演化相一致，即以活动和时间为出发点进行思考演变到由参与者体验而不是研究这一定义的休闲意义。[③]

---

① （美）杰弗瑞·戈比.你生命中的休闲［M］.康筝,等,译.昆明:云南人民出版社,2000: 91-94.
② （美）克里斯多夫·R.埃廷顿,德波若·乔顿,多纳德·G.道格拉夫,等.休闲与生活满意度［M］.杜永明,译.北京:中国经济出版社,2009: 25.
③ （加）埃德加·杰克逊.休闲的制约［M］.凌平,等,译.杭州:浙江大学出版社,2009: 5.

值得注意的是,第一,不能把约束与保证秩序、安全和稳定的限定混为一谈,尽管有些人认为许多社会规则和管理规定就是限制他们在休闲活动自由的约束因素。例如,考虑到行人的安全,政府可能出台有关限定在公众场所进行滑板或轮滑运动范围的规章制度,而对于热衷于轮滑运动的爱好者来说,这些规定的出台毫无疑问破坏了他们的兴致。①

第二,尽管存在约束因素,人们还是能够设法参与并享受休闲。因为人们能否参与休闲并非取决于约束因素的有无,而是取决于同这些约束因素进行的协商,这样的协商结果常常是修改而不是取消休闲。见图4-4。

图4-4

等级/协商
模型

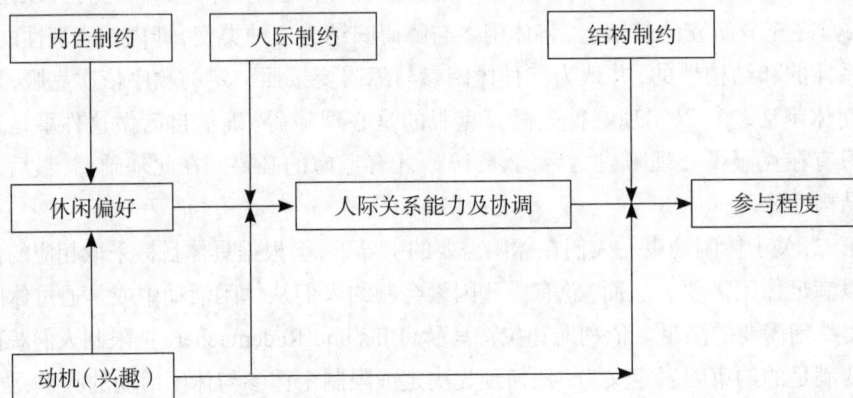

资料来源:(加)埃德加·杰克逊.休闲的制约[M].凌平,等,译.杭州:浙江大学出版社,2009:7.

上图中有几点需要注意:一是不可逾越的人际间或结构性因素出现一个以上,人们便会打消参与休闲的愿望。二是对约束因素的预期不只是指它的存在和强弱,还包括对约束因素进行协商能力的预期。三是协商过程的启动及其结果取决于约束参与一项活动因素的相对强度与参与活动之间的相互作用。②

(二)休闲约束因素

一般认为,休闲约束因素可以分为两类,其一是先验因素,这些因素影响人们对某些休闲活动的偏好与喜爱。具体包括对休闲机会和休闲活动方面的知识不完整的了解、个人对休闲权力的观点以及社会性别角色等。其二是干预因素,是指那些影响个体由倾向于某一种休闲活动向实际参与的休闲活动过渡的因素,具体可以分解为以下6个方面:可接近性、社会隔绝、个人原因、花销、时间保证和设施准备。见表4-15。

---

① (美)克里斯多弗·R.埃廷顿,德波若·乔顿,多纳德·G.道格拉夫,等.休闲与生活满意度[M].杜永明,译.北京:中国经济出版社,2009:26.

② (加)埃德加·杰克逊.休闲的制约[M].凌平,等,译.杭州:浙江大学出版社,2009:7.

项　目	约　束　方　面	
可接近性	交通费用	**表 4-15**
	交通是否方便	
社会隔绝	没有机会参加住处附近的活动	与休闲约束因素有关的六项指标
	缺乏可参加的活动方面的信息	
	较难找到他人一起参加活动	
个人原因	缺乏必要技能	
	自律太强	
	体力、精力有限	
	没有兴趣	
花　销	装备、材料和供给用品的花销	
	入场费、租金以及其他设备设施的花销	
时间保证	工作负担	
	家庭负担	
	由于参与其他休闲项目而无法分身	
设施装备	设施设备或场所供不应求，人满为患	
	设施设备或场所缺乏维修保养	

资料来源：W. Hultsman, "Recognizing Pattern of Leisure Constraints: An Extension of Dimensionality" in Journal of Leisure Research, 27(3), p.229, 1995. Reprinted by permission of National Park and Recreation Association, Alexandria, VA.// 克里斯多弗·R.埃廷顿，德波若·乔顿，多纳德·G.道格拉夫，等．休闲与生活满意度［M］．杜永明，译．北京：中国经济出版社，2009：27．

二、休闲约束因素的影响

从我国居民满足休闲需要和参与休闲活动的实际过程看，各种约束因素的存在以及对人们参与休闲活动需要的影响，是引起各方关注的一个重要议题。目前，国内研究影响居民休闲活动的约束因素，从内容上可以概括为以下五个方面，即休闲方式本身的性质、休闲设施及服务因素、个人健康及心理因素、个人社会经济因素和社会群体支持因素。根据五类因素的基本结构，可以具体列出与居民休闲活动相关的19项影响因素，具体如下。

第一，休闲方式本身的性质是对休闲活动内在形式和内容的概括，主要包括休闲方式的趣味性、娱乐性、健身性、时尚性、知识性和易参与性六种因素。

第二，休闲设施及服务因素是对休闲活动的载体及其管理、服务、产品宣传和可达性的概括，主要包括休闲设施的质量、休闲服务的水平、休闲产品的宣传和推荐、休闲场所的管理水平以及休闲场所与居住地的距离五种因素。

第三，个人健康及心理因素是对休闲活动参加者的自身素质及个性偏好的概括，主要包括个人身体健康状况、个人心情和个人兴趣爱好三种因素。

第四，个人社会经济因素是对休闲活动参加者客观上被允许进行休闲活动条件的概括，主要包括个人收入水平、个人闲暇时间和休闲花费三种因素。

第五，社会群体支持因素是对休闲活动参加者在休闲方式选择中得到的支持性力量的概括，主要包括周围人参与休闲活动的状况和家人朋友对本人参与休闲活动的支持两种因素。

在五大类因素中，前两类因素是有关休闲方式选择的客体性因素，主要从客观上影响着城市居民参与休闲活动的范围、频次和深度；后三类是影响休闲方式选择的主体性因素，从主观上影响着城市居民参与休闲活动的层次、消费档次和愉悦程度。根据2004—2005年对上海、武汉和成都三地居民休闲状况开展的一项研究，其中有关居民休闲活动约束因素的调查情况如下。见表4-16。

表4-16

三地居民参与休闲活动影响因素平均值一览表① 单位：%

休闲方式选择的影响因素	完全无影响	影响比较小	影响比较大	影响非常大
休闲方式的趣味性	9.90	28.52	47.75	13.82
休闲方式的娱乐性	11.06	30.00	46.58	12.19
休闲方式的健身性	11.32	40.29	36.68	11.70
休闲方式的时尚性	21.83	49.59	23.70	6.54
休闲方式的知识性	9.94	36.99	40.42	12.65
休闲方式的易参与性	10.47	37.02	42.14	10.37
休闲方式性质因素平均值	**12.42**	**37.07**	**39.54**	**11.21**
休闲设施的质量	5.48	22.66	54.68	17.18
休闲服务的水平	5.22	22.12	50.01	22.66
休闲产品的宣传、推荐	10.85	48.32	34.24	6.58
休闲场所的管理水平	5.13	27.81	49.13	17.93
休闲场所离居住地的距离	10.54	36.07	37.04	16.36
休闲设施及服务因素平均值	**7.44**	**31.40**	**45.02**	**16.14**
自己的身体健康状况	7.78	26.01	51.05	15.15
自己的心情	5.13	17.60	50.90	26.37

① 表4-16的数据为三地居民在各项因素选择上的百分比的平均值，例如：认为"休闲方式的趣味性""完全无影响"的百分比为9.90，即为上海、武汉、成都三地居民分别认为该项因素"完全无影响"的比例的算术平均值。而各类别因素总的平均值则为该类各项因素选择比例的算术平均值。如"休闲方式性质因素平均值"则为休闲方式性质类六项因素比例的算术平均值。下同。

（续表）

休闲方式选择的影响因素	完全无影响	影响比较小	影响比较大	影响非常大
自己的兴趣爱好	5.11	18.05	48.82	28.03
个人健康及心理因素平均值	**6.01**	**20.55**	**50.26**	**23.18**
个人收入水平的高低	6.21	24.19	44.88	24.72
休闲花费的多少	5.15	28.82	47.16	18.86
个人闲暇时间的多少	6.61	22.62	50.55	20.23
个人社会经济因素平均值	**5.99**	**25.21**	**47.53**	**21.27**
周围人参与休闲活动多少	17.49	45.78	29.29	7.44
家人朋友的支持	14.22	43.06	30.69	16.24
社会群体支持因素平均值	**15.86**	**44.42**	**29.99**	**11.84**

资料来源：岳培宇.长江流域城市居民休闲方式及影响因素研究——以上海、武汉和成都为例［D］.上海：华东师范大学，2006：70.

从五大类19项影响因素的分析看，可以发现以下特点：

第一，个人健康和心理因素起决定性影响。该类因素在影响较大和影响非常大两列数据中都高居第一，表明主观和精神方面的因素在影响三地居民参与休闲活动时约束性最大。

第二，个人社会经济因素的影响性居次。经过改革开放二十余年的发展，城市居民家庭收入水平有了明显提高，闲暇时间也不断增加，但是在满足居民自由休闲方面还存在不足，因此，也成为影响居民休闲重要的约束性因素。

第三，休闲设施质量和服务水平在影响居民休闲需要方面的作用不可低估。随着居民休闲需要层次的提升和需要满足的多元化趋势，相比于主观性因素，作为客观性因素的重要性比重虽然在下降，但是对居民休闲活动的约束性作用仍然比较明显。

第四，休闲方式性质因素的影响程度较低。数据表明，居民对休闲活动内容是否有趣或时尚，关注度比较低。

第五，社会群体支持因素的影响性最小。三地居民在是否参与休闲活动时，对于他人的主观推荐和影响并不持附和态度，大多数人不会因他人支持而改变自己的休闲方式。

总之，通过此次调查可以发现，一是影响居民休闲方式选择的因素很多，但从受访者对所调查的19项影响因素的排序来看，兴趣、心情、休闲服务水平这三项因素正在成为影响居民休闲方式选择的重要因素。从影响因素重要性排列态势来看，三地居民休闲方式正处在转型的关键阶段，即由注重物质形态消费的休闲方式向追求精神形态消费的阶段过渡。目前三地社会经济的发展现状也与休闲消费的转型进程相吻合。二是三地经济发展程度的差异也对居民从事休闲活动产生相应的影响。从本次调查来看，三地中,上海位于东部沿海发达地区,武汉和成都位于中西部欠发达省份,彼此之间社会经济发展水平有一定差距,因而也就直接影响到当地居民休闲生活频度、活动档次和消费层次。首先,从活动频度看,上海市民参与休闲生活频度较高,一旦拥有闲暇,则会选择多种多样的休闲方式来放松身心。相对而言,武汉和成都市民在工作节奏上稍慢,在闲暇活动频度和方式的多样性方面明显不及上海。其次,从活动档次看,上海城市休闲娱乐设施相对完善,不仅在硬件上与国际水准全面接轨,而且在休闲服务质量的保障和休闲产品的供给上也更具有国际性水准和国际化理念。而武汉和成都居民的休闲活动更体现本土化和大众化特点,在活动档次方面与上海存在不小差距。再次,从消费层次看,上海作为国内经济中心城市,2004年人均GDP已达到6 680美元,形成了比较庞大和稳定的中产阶层群体,在休闲消费水平上逐步青睐中高档休闲产品。而武汉和成都市民由于受到收入水平制约,休闲消费支出额相对较低。①

三、应对休闲约束的措施

第一,根据一定的程序克服或降低休闲约束对休闲活动参与的影响。按照休闲约束对休闲行为产生的影响程度的高低,依次克服对人们参与休闲活动有影响的相关约束因素,才有可能使休闲活动得以实现。首先需要克服的是心理制约,要确信自己所做的是正当的。只有克服了心理制约之后,人际交往制约才有考虑的必要。也就是说,只有在认定自己有足够正当的理由去做某事时,人们才会把寻找同伴提上议事日程。如果心理制约克服了,那么结构性制约就一定能够克服。当然,人们是否会着手克服在参与某项休闲活动时所遇到的制约,不仅取决于他们所遇到的是什么制约,还要取决于他们是否有能力去克服这些制约。我们期盼所有人都能够得到某种最低限度的帮助以克服结构性的制约。我们不仅需要适合于休闲活动的场所和设备,而且需要工作和收入的合理分配,从而能使每个人都有许多选择的机会。鼓励人们发挥自己潜能并实现抱负的人际关系,也有助于克服那些社会性的制约。②

第二,调整休闲供给的结构。调整休闲供给的结构,旨在解决休闲消费制约,扩大休闲消费的容量。为此,要提供个性化的休闲服务和产品,以满足要求日益提高的新消费者的情感需求。因为休闲消费是基本生活消费满足之后产生的高层次消费,主要是一种精神消费,是一种体验消费,要赋予休闲产品和服务以丰富的文化和精神内涵,确保休闲产品和服务既具备质量等基本品质,又具备个性、情感等品质。同时,还要加大休闲设施和休闲项目的开发力度,为休闲消费者提供多样化选择,并积极地推进休闲供给的创新,引导休闲消费的升级。

第三,消除非结构性制约,旨在释放休闲消费的潜能。首先,有效增加社会成员的收入,有助于增强休闲消费的容量。其次,全面实施带薪休假制度,可为休闲消费的有效扩大创造体制性条件。实施带薪休假后,人们可自由选择旅游观光、度假、体育健身、

① 楼嘉军.城市居民休闲方式选择倾向研究——上海、武汉和成都的比较研究[J]//宁泽群,王兵.现代休闲方式与旅游发展[A].北京:中国旅游出版社,2007:218-219.
② 〔美〕杰弗瑞·戈比.你生命中的休闲[M].康筝,等,译.昆明:云南人民出版社,2000:94-96.

康复、文化、艺术、购物、美食、社交等各种休闲方式。因此,实施带薪休假制度既有利于中国休假制度与国际接轨,更有利于缓解节假日期间休闲需求剧增的压力,使休闲消费真正成为人们生活中的重要组成部分。最后,完善休闲消费的社会支持系统。休闲消费水平的提高有赖于休闲产业的发展,而休闲产业涉及商业、旅游、公安、医疗、通讯、交通、文化等部门,因此必须完善休闲消费的社会支持系统,才能为休闲消费创造良好的环境。可以发展信用支持型的休闲消费,使有稳定收入、有一定支付能力的居民,通过分期付款提前消费高价值的休闲品,促进中长期休闲消费转化为即期休闲消费。同时,进一步完善社会保障制度,增强就业者和失业者对未来的安全感,消除公众谨慎休闲消费的后顾之忧,提高平均消费倾向和边际消费倾向。[①]

思考与练习

1. 如何认识休闲时间的使用特征。

2. 收入对休闲消费能力有什么影响。

3. 休闲需要划分及特点分析。

4. 结合社会现状分析休闲动机类别。

5. 简述城市休闲娱乐区的分布与休闲服务设施的配置。

---

① 陈来成.休闲学[M].广州:中山大学出版社,2009:178.

内容提要

　　本章主要从发展、文化、社会化、健康与经济等多个方面对休闲功能进行了探讨与分析。本章共分为五节，第一节主要从放松、娱乐与发展三方面对休闲功能进行阐述。第二节重点分析了休闲文化功能。第三节探讨了休闲的社会化和象征性功能。第四节结合亚健康等现象剖析了休闲的康复与健身功能。第五节叙述了休闲的经济功能。

专业词汇

休闲功能（leisure function）

休闲文化（leisure culture）

休闲象征性（symbolic of leisure）

亚健康（sub-health）

休闲经济（leisure economy）

全民休闲（universal leisure）

"吃相难看"引起的国人焦虑①

　　最近,中国游客在泰国"铲虾"的视频引发国内网民热议。尽管对事情的经过和原委还存在不少争议,但这些游客蜂拥抢虾的形象不得体、不适当还是相当明显的。

　　"抢吃自助"引发社会焦虑不足为奇。经济高速发展时期,开始变得富裕的国民外出旅游,常常被媒体曝出形象不佳。炫富、声音大、做事不顾场合、不尊重当地习俗等行为常会受到其他社会的负面评价。

　　吃相难看最为直观,乃最焦虑所在。它是中等收入群体急剧扩大,整个社会从物资匮乏快速走向丰裕时的常态,各国在发展过程中都会经历这样的阶段。出境旅游规模的极速扩大,会让个人修养的不足和匮乏时代养成的习惯暴露在外人面前:有的行为在一些地方不足为怪,在另一些地方就不可接受;有些问题明明谁都知道不恰当,但到了现场依然会情不自禁地表现出来。

　　19世纪末20世纪初,美国刚崛起时也遇到过类似情况。美国知名作家马克·吐温曾撰文批评游轮上的美国人吃相不堪入目,称赞欧洲人吃相显得高雅,对巴黎人更是推崇有加。生活在那个时代的一批美国作家、知识分子,包括亨利·詹姆斯、海明威等,都到欧洲寻找精神归宿,对美国人的一些粗俗行为非常蔑视,甚至有些自卑。事实上,当时美国发展已比肩甚至超过欧洲。直到二战后,美国真正成为世界霸主,美国人的自信心才开始大涨并最终确立起来,欧洲人则开始被美国化,无奈接受了不少美国习惯。上述过程大概用了50年。

　　日本游客20世纪60年代开始涌入欧洲时,也曾受过很多诟病和非议。上世纪80年代,来自韩国和我国台湾地区的游客在欧美也遭遇了类似的数落,同样在当地社会引起热烈讨论和激烈反应。比如,当时被认为相当有国际经验的台湾作家三毛就对台湾游客出境游的表现提出过很尖锐的批评。

　　在对"吃相难看"的讨论中,我们常会混淆两个层面的问题。一是国民素质低下问题。"吃相难看"的社会显然需要提升自身文明水平,对一些不得体的举止多展开反思,但整个社会文明程度的提升往往需要很长时间。二是文化差异的问题。比如,由于中国人吃饭的社交功能较强,相互交流时声音比很多西方人大可以理解,不一定要简单地被视为陋习。

　　事实证明,在社会发展过程中,上述两个问题的解决可以相互促进、相得益彰。一方面,随着社会整体文明程度的提升,不文明行为会逐渐减少。另一方面,对于一些文化和风俗习惯上的差异,随着更高频度的跨文化沟通和国民整体素质相对较低一方的国家软实力的逐步强大,有助于提升相互之间的理解。

　　一个急剧发展的国家不仅应对外出国民进行国民素质教育,更应加大力度普及国际常识,让国民对文化差异有更多的体认。既要认识到消除不文明行为的紧迫性,也要有些耐心,做好"打持久战"的准备。至于如何提高国民文明水准,新加坡有许多值得借鉴的经验。

---

① 张颐武."吃相难看"引起的国人焦虑[N].环球时报,2016-03-21(15).

在当代,休闲已无处不在。休闲的影响力和渗透力正在与日俱增。而休闲功能则是休闲对个人及社会发展影响的具体表现。所谓休闲功能,是指休闲对个人或社会所发挥的作用,具体可以包括休闲的娱乐功能、休闲的发展功能、休闲的文化功能、休闲的社会化功能、休闲的经济功能,以及休闲的修复功能等。通过研究休闲功能,就个人层面而言,有助于人们充分认识休闲对于自身的重要性,从而树立正确的休闲观念,积极从事有意义的休闲活动,进而提高生活质量和主观幸福感。从国家层面来讲,有助于休闲政策的尽快颁布和实施,在充分发挥休闲产业对国民经济拉动作用的同时,减轻过度工业化对于环境的巨大压力,有利于社会经济可持续发展目标的达成。

第一节　放松与发展功能

休闲承担着调整人们生理和心理活动的功能。人们体力疲劳的恢复,心理疲惫的调节,精神需求的满足,乃至知识匮乏的补充,几乎都与休闲活动有关。因此,休闲能带给人们轻松,唤起人们快乐的感觉,并促进人们的发展。作为西方休闲社会学的代表人物,杜马兹迪埃曾指出,休闲包括放松、娱乐和个性发展三个层次,其中个性发展最重要。[①]这一论点对于深刻认识休闲的基本功能具有极为重要的意义。

一、放松功能

所谓放松,一般是指人们对事物的注意或控制由紧张变松弛。千百年来,人类之所以能够在各种压力下成功生存,得益于人们想方设法,以各种方式来缓解源自于工作和生活的多重压力。相比于以往,现代社会人们的劳动强度已得到很大程度上的减轻。不过,就目前而言,劳动依旧是人们谋生的第一需要。为了谋生,为了养家糊口,人们必须在各种环境中顶着各种压力工作,谋取赖以生存的基本生活资料。体力和精神的疲惫是与劳动过程相伴而产生的。当人们完成相应的劳动任务以后,就会及时寻找生理和心理上放松的渠道,形成工作之外的社会活动方式,这种生活方式就是休闲。《小康》杂志曾经做过一个调查,请受访者将休闲时最先想到的字或者词写出来,结果写下"放松"、"轻松"这两个关键词的人最多,还有人想到"彻底放松"、"出去放松"、"舒适放松"等。[②]显然,在工作外的休闲时间中,人们最直接的想法就是放松自我。

放松是休闲最基本和最必要的功能。这里所说的放松,对工作而言是一种积极的调节,而不是消极的躲避。所谓积极的调节,就是通过休闲,把造成体力劳累和精神疲惫的工作压力进行有效释放,是享受生活的一种表现形式;而消极的躲避,则是对现实中不甚满意的工作环境的无理性屈服及其对生活状态的无休止抱怨,使得放松的渠道

① Dumazedier, J., Toward a Sociat of Leisure, Trans by S. McClure. New York, NY: The Free Press, 1967// 郭鲁芳.休闲经济学——休闲消费的经济分析[M].杭州:浙江大学出版社,2005:45.
② 鄂璠.国民休闲观念三变:长见识、减压力、变方式[EB/OL]. http://www.chinaxiaokang.com/html/lyxw/2014-10/189043.htm.

被紧紧关闭,人们的体力和精力得不到有效缓解,最终造成生活进一步疲惫。

　　放松意味着休息。通常情况下,人们所从事的工作,尤其是为谋生而工作,无不带有一定程度的强迫性和压迫感。因此,人们一天工作后积累的体力上的劳累和精神上的紧张,需要及时通过休息进行调节,并加以恢复,从而为明天的工作打下基础。而放松最普遍或最基础的形式就是休息。

　　休闲的放松功能在现代社会显得尤为重要。因为现代社会快节奏和超高压的工作是造成人们体力疲惫和精神紧张的主要根源。社会的发展似乎造就了一个十分奇特的社会现象,从前由于生产技术条件的限制,工作造成的主要是体力上的劳累,精神压力尚小;而今,生产环境大为改善,虽然工作造成直接的体力消耗大大下降,但是带给精神上的疲惫却日益加重。近年来,随着我国社会经济发展速度的不断加快,工作节奏得到同步加速,生活压力不断递增,由此形成的精神健康问题已经成为影响广泛的社会性问题。据相关研究资料显示,早在几年前,我国精神病患者就已经超过1亿,重症人数逾1 600万。[1] 而今,这一现象愈趋严重。另据中国企业员工健康状况调查数据显示,城市上班族中仅有1%表示吃得好。记忆力下降、头痛、脱发、便秘、胃疼等也是上班族常见问题。[2] 许多人往往因长期积累的生理和心理压力得不到缓解和松弛,因而造成体力下降,精力衰竭,工作效率降低,生活情绪低落,并最终危害人的精神健康,摧毁人的意志,导致悲观厌世的现象发生。

　　学会放松是人类与生俱来的生存本能,是人类保护自身并得以繁衍的重要手段。虽说消除疲劳,恢复生活的常态,主要是靠休息时各种放松活动来实现的,但是采用的放松方式不同,消除疲劳的效果也大不一样。譬如平时工作十分紧张,一到休息天就蒙头大睡,希望把不足的睡眠时间补回来,结果仍然无法真正去除疲劳感,原因就在于过多的睡眠是一种"消极的放松",达不到消除疲劳的根本目的。积极的放松应该是换一种其他形式的、适度的活动方式,会比单纯躺下来嗜睡更能有效地消除工作带来的疲劳。放松的方法有很多,只要能够缓解精神压力或消除体力疲劳都可以试一下,如哼哼曲、散散步、发发呆,或者做做家务,看看花草都是一种选择。放松应经常化,平时多放松,才会收到很好的效果。当今世界上,也有许多国家和地区以法律的形式给予职工每年的带薪休假权,实际上是将每天短暂休息的形式进行延伸和深化,目的就是通过一段较长时间的放松,使职工获得比较彻底的休息。

二、娱乐功能

　　娱乐是相对于工作而言的一种生活方式,也是人们为摆脱工作疲劳,试图恢复生理和心理健康状态的一种活动方式。相比于放松功能,娱乐功能则赋予人们更为积极的主题性特色和更加主动的参与者角色,并体现出非常明确的活动期望值。对个人而言,娱乐有其自身的客观需求和内在魅力,它驱使人扮演着与工作完全不同的社会角色,体

---

[1]　李志强.研究显示我国精神病患超1亿,重症人数逾1 600万［EB/OL］.(2010-05-29)http://news. xinhuanet.com/legal/2010 - 05/29/c_12155254.htm.

[2]　杨彦.城市上班族仅1%吃得好,近半白领认为自己亚健康［N/OL］.扬子晚报,2011-08-13. http:// news.eastday.com/s/20110813/u1a6051009.html.

验着不同的活动乐趣。大部分的人为了谋生而工作,这种情形下,人是被动的,在一定程度上情绪、情感被压抑;而从事娱乐活动,人是主动的,是活动的主人,追求的是体验与释放,体验的是愉悦和满足,释放的是紧张与焦虑,因此娱乐的过程是人性自然流露的过程,其实际的含义往往隐喻了人们对焦虑、失望和烦扰的现实世界的回避和超越。参加娱乐活动被认为是一种积极健康的生活态度,是一种对活动的愉悦感受和审美体验,是一种产生互动回应的生活方式。娱乐表现的是人们对现实的短暂的忘却,娱乐追求的是人们对未来的热切的渴望。

显然,娱乐提供了这样一个原则,只要做自己想做的事情,并能获得快乐的感受,就具有娱乐的内涵。从某种意义上讲,"几乎所有的人类活动都有可能成为娱乐"。① 譬如,一些人以种田为生,另一些人则以节假日体验种田为娱乐;又如,一些人将自行车作为上下班的代步工具,而另一些人则将骑自行车作为一种娱乐的方式。

娱乐的前提是工作,工作使人疲劳,而通过娱乐可使人能够恢复常态,重新投入工作。换个角度看,娱乐不管就其形式抑或就其内涵看,都来源于劳动,并依赖于劳动而存在。正是由于劳动,才使人类的娱乐形式不断从最初的原始状态逐渐走向成熟,同时不断丰富活动的内涵。在远古时期,我们的祖先获得猎物后手舞足蹈的姿态,演变成了优美的舞蹈;艰辛劳动过程中痛苦的呐喊,发展成了动听的歌曲;为了生存而在水中猎鱼的劳动,成为岸边垂钓的娱乐。凡此种种,无一不是由劳动蜕变而来,后来又成为人们解除疲劳获得愉快和满足的娱乐方式。

从娱乐的本意上讲,娱乐活动并无贵贱之分,但从娱乐活动发展的历史过程看,娱乐活动仍然受到一定的社会制度和经济基础的制约,使得娱乐活动只被少数人、少数阶级所享有。自20世纪五六十年代起,伴随着社会物质产品日益丰富,娱乐活动在全球范围内才逐步走向平民化、普及化,娱乐活动才得以成为广大劳动人民精神生活的组成部分。

从活动功能的角度看,娱乐将人带入到运用不同法则的世界里。在娱乐法则的规定下,人们可以毫无顾忌地解除所有的戒备,使自己成为自由自在和具有主宰活动能力的人,并随时准备在令人惊异和惊喜的感受中完成对日常传统的物质生活和精神生活的超越。人往往在娱乐中趋向最悠闲的境界,"在这种境界中,甚至连身体都脱离了世俗的负担,它合着天堂之舞的节拍轻松晃动"。② 凡是参加过娱乐活动的人都会发现,不只是孩子,包括成年人或是老年人,在娱乐中焕发出来的年轻化的精神现象,表现出的童心未泯的天真举止,都是在精神极度放松的娱乐环境中展现出来的面貌。那是人们真实的内心世界的袒露,是娱乐将人们解放出来,将一个全新的时空展现在人们眼前。娱乐的时光是一段无拘无束的时光,是一段宣泄和快乐并行的时光,是一段平等和自由共存的时光。

参与娱乐是人的天性,而好玩是娱乐的灵魂。从现代社会心理学的角度分析,现代

① (美)杰弗瑞·戈比.你生命中的休闲[M].康筝,等,译.昆明:云南人民出版社,2000:16.
② (美)托马斯·古德尔,杰弗瑞·戈比.人类思想史中的休闲[M].成素梅,等,译.昆明:云南人民出版社,2000:187.

社会成人工作、生活的压力比较大，需要借助某种形式松弛紧张的神经，而娱乐则不失为一种宣泄情绪，达到生活减压目的的好方式。过去人们常说，人要活到老，学到老，而今还要加上一句话，那就是也要娱乐到老。娱乐可以和人相伴一生。娱乐是人生的拐杖，也是人们打开长寿大门的钥匙。

三、发展功能

发展功能是休闲调节功能中的高级阶段，也是人们在休闲时间内寻求自我发展的重要手段和最终目的。这里所说的发展，是指人们通过一系列的休闲活动，使得人们个性、人格得到完善，素质得到提高的过程。法国社会学家罗歇·苏把休闲的发展功能称为"最具野心"的功能。[①] 当然，休闲的发展功能具有不同的层次，也有多个侧面，全凭人们的兴趣爱好和自我选择加以逐步实现。

人的一生中，常常会怀揣着诸多梦想和愿望，但受制于现实等原因，很多梦想和愿望是难以实现的。一个人也不可能在工作或生活中发挥出所有的潜力，哪怕是面对一项自己十分喜爱的工作。客观地说，从事任何一项工作只能是部分地发展了人们某些方面的才能，同时也或多或少地限制了其他方面才能的发展。因此，人们就希望在工作之余进行某种程度的补偿，以实现那些被安置在内心深处虽有一些模糊，但是却十分强烈的梦想或者愿望。一些具有创造性、想象力和发展空间的休闲活动，经常使人们在活动的过程中，不仅得到快乐的满足，而且还获得激活梦想的快乐与感受创造的喜悦。也就是在这个层面上，那些喜爱摄影、书法、绘画、收藏、烹饪、园艺、健美等休闲活动的人们，在职业以外找到适合自己个性和创造力补充发展的机会，从休闲活动中获得了自我发展，为休闲的发展功能进行了详尽和全面的诠释。

研究表明，"最好的休闲不是躺在那里不动——实际上睡在床上是最低级的休闲，最高级的休闲是动手休闲"。[②] 如今知识经济、信息经济、网络经济的浪潮席卷全球，但越来越多的人们并不为之陶醉，也并不渴望等待实现"饭来张口，衣来伸手"的生活模式，而是愈加重视在新的历史关口，在更高的时代层次上，利用愈来愈丰富的休闲时间强化对个人生活能力和创造能力的培养，从而形成自我动手、自我满足的DIY（Do It Yourself）休闲生活方式。人们可亲自为新买的居室描绘一幅装潢的图纸，甚至按捺不住跃跃欲试的创造性冲动而亲自动手装修房屋。这显现出人们在休闲中创造性需求在不断放大，而且这种需求不只是表现在家庭生活中，在社会生活的其他场合也愈发表现出来。利用休闲时间，约上三五知己，到陶吧去烧制一个亲手制作的陶具，到玻璃吧去吹一个玻璃器皿，到酒吧去喝一杯自酿的红酒，无不是时下人们实现自我价值诉求的一种尝试。

由于经济生活的全方位发展，导致人们要耗费更多的休闲时间用于学习，以适应日新月异的社会生活。这种学习的急迫性，并不等同于以往只是为了寻找一份比较满意的工作而已，眼下的学习，其动力来源于使自身的生活质量进一步得到提高。进入新世

---

① （法）罗歇·苏.休闲［M］.姜依群,译.北京:商务印书馆,1996:57.
② 顾玉东.动动你的手,练练你的脑［N］.文汇报,2002-07-28(3).

纪以来,全民学习已成为我国城市居民休闲活动的常态。以上海为例,"每一层次、每一年龄阶段的人,都有适合自己需要的学校或学习组织,任何一个人,从出生、到成长、到退休,都始终处于一种学习状态中"。① 据媒体报道,上海一位77岁的老人,经过20余载的努力,成为复旦大学百年历史上获得本科文凭年纪最大的人,已成大街小巷人们热议的一段佳话。② 近年来,一个值得关注的现象是,遍布各地的社区学校,其学习主体已经从过去的离退休老人,发展成为男女老少皆宜的社区继续教育大学。远程网络教学、电视教学、函授教学等教育手段的推广,使得自愿职业培训、生活技能培训、科技知识普及、文化艺术课程等教育内容在基层社区广泛开展,自觉接受社会教育和继续教育正在成为人们的一种共识。而这一切都是人们在自身的休闲时间内完成的,这充分说明,通过接受教育和自我学习成为完善和发展自己的重要途径,因而也被纳入了现代社会休闲的范畴。对学习的重视,对发展的关注,无疑是我们逐渐走向现代大众休闲社会的重要标志,也是中国人素质整体提升的重要象征。

第二节 休闲的文化功能

一、休闲文化

(一)休闲文化界定

所谓休闲文化一般是指人们在工作、睡眠和其他必要的社会活动时间以外,将休闲时间自由用于自我享受、调整和发展的观念、态度、方法和手段的总和。休闲文化与人们自由支配休闲时间的强度和方法密切相关,并反映在个人、家庭与社会群体在社会价值认同、文化素质培养、文化品位追求、文化消费倾向等诸方面。休闲文化概念的提出,不仅表明现代休闲活动已延伸到社会生活的各个角落,而且揭示了休闲的多侧面使用与人类文化的交融又生成了新的文化层面,休闲文化成为21世纪高效的社会生活和优质的个人生活的重要标志。

(二)休闲文化与主流文化的关系

每个社会的文化都有主文化和亚文化之分。一个社会的主文化通常是指构成总体文化的物质和精神要素的总和。那么亚文化是什么呢? 从文化社会学的角度看,"当在社会的某一群体中形成一种既包括一些主文化的特征,也包括某些独特的文化要素的生活方式时,他们这种群体的文化就叫作'亚文化'"。③ 休闲文化从文化分类角度看就是一种亚文化。这是因为休闲文化可以围绕人们的职业、社会等级、社区等形成诸多休闲群体文化样式,所以现代社会中的个人往往会将自己置身于一个以上的休闲亚文化区域中,并发挥其应有的作用,而且他们常常会在一个时期或是一生中经历不同的休闲亚文化环境。休闲文化作为一种亚文化类型,其明显的特征就是经常将自身的文化特点和要素传播到一个文化群体之外,并从一个亚文化群体扩散到另一个亚文化群体,

---

① 唐燕.解读上海[M].上海:上海人民出版社,2000:298.
② 张炯强,陈杰.七旬老翁坚持27载获自考本科文凭[N].新民晚报,2010-09-15(2).
③ (美)戴维·波普诺.社会学[M].刘云德,等,译.沈阳:辽宁人民出版社,1987:122.

也可从一个亚文化区域渗透到另一个亚文化区域,乃至影响社会主流文化的发展和变化的轨迹。在世界文化的发展历史上,一个典型的例子就是作为亚文化代表的迪斯科文化突破国家界限和民族隔阂的束缚在世界范围内的流行和扩散。迪斯科最初于20世纪60年代在美国纽约同性恋者中间流行,当时并不为社会公众所注意,但是到了70年代,逐渐开始盛行于美国社会。在短短的10余年时间里,迪斯科凭借着对个人表现、异常欢快、性感刺激、空想离奇、社会聚会和怪诞服饰的追求,迎合了美国青年的文化需求,使迪斯科这种亚文化的休闲娱乐方式很快跻身于美国社会的主流文化中去。自80年代以后,迪斯科文化作为全新的休闲文化样式随着美国经济和文化在全球的扩张而在世界范围内得到广泛传播,并在改革开放以后的80年代和90年代登陆中国。强烈的音乐节奏、炽热的现场氛围、夸张的形体动作,给人带来宣泄后的快乐,中国人从此结识了迪斯科这种新颖的休闲娱乐方式。随后迪斯科迅速为广大的人们所接受,并成为许多青年人娱乐生活的既定选择方式。

休闲亚文化与主流文化在价值观、风俗习惯等各方面往往会出现相对立的现象,所以,有时人们又将亚文化称作对立文化。例如,在我国,以美国肯德基为代表的西式快餐亚文化是从80年代起逐步影响人们的饮食习惯,特别是对青少年的影响。西式快餐从根本上讲与传统中式饮食文化相对立,但是,如今在上海市中心的热闹地段,我们随处都能看见肯德基红白相间的醒目标志,据统计,附近现已建立了100余家分店。每当饭点肯德基大多是顾客满堂,上校汉堡包、土豆泥、可口可乐,如同大米饭、白开水等传统食品和饮品一样,融入了人们的日常生活之中,以致使上海成为除美国本土城市以外国际上经营效益最好的城市。可以说,以西式快餐为代表的时尚餐饮亚文化已经完全被上海人所接受,并成为众多城市居民外出就餐的选择。

二、休闲文化结构

休闲文化结构可以从两个角度进行理解,一是从休闲文化层次上进行理解,可分为社会公共休闲文化、高雅休闲文化和大众休闲文化三个层次。二是从休闲文化空间上进行把握,可分为家庭空间、社区空间、社会公共场馆空间和网络虚拟空间四个空间区域。休闲文化层次和休闲文化空间形成彼此呼应和相辅相成的逻辑发展关系。在休闲文化层次结构上,对一座城市来讲,如果仅有发育完善的大众休闲娱乐文化,而社会公共休闲文化、高雅休闲文化发展相对滞后,那么这座城市会被认为是一座没有档次、缺少魅力的粗放型城市;如果反之,大众休闲娱乐文化欠发达,同样也会被认为是一座没有色彩、缺乏吸引力的单调城市。从休闲文化的空间结构讲,传统的家庭休闲空间、社区休闲和社会公共娱乐场所休闲空间,由于纳入了网络虚拟休闲空间,从而为当代的人们构筑了无限宽广的休闲文化活动空间。相比于以往,21世纪城市休闲文化结构具有极其鲜明的立体化、多元化和虚拟化的时代特征。

(一)休闲文化层次结构

由社会公共休闲文化、高雅休闲文化和大众休闲娱乐文化共同构成一个城市或地区的休闲文化系统,其中社会公共文化和高雅文化代表着一个城市或地区休闲文化的品位和档次,而大众休闲娱乐文化体现的则是城市休闲文化的活力和特色。

第一，社会公共休闲文化。社会公共休闲文化通常是指城市或地区中的博物馆、图书馆、美术馆、文化馆、纪念馆等场馆为代表的城市公共休闲文化样式。社会公共休闲文化在休闲文化层次中占主导地位，是政府和社会为人们提供日常休闲文化活动的主要渠道，也是21世纪国际休闲文化发展的重要特征。从国际上看，发达国家或地区都十分注重社会公共休闲文化在人们日常休闲活动中的作用。在英国，国民早已将参观博物馆作为假日休闲活动的主要形式，全年人均参观次数2次以上，其中尚不包括有组织的参观活动。从某种程度上讲，城市休闲活动已进入"博物馆的年代"，人们能够从这里汲取更多的知识养分，了解更多的时代发展趋势，有助于完善自身的知识结构。从国内看，随着社会经济的不断发展，城市公共休闲文化设施的建设水平也同步提升。当然，与世界发达国家的大城市相比，我们的博物馆数量还很少，特别是有关自然科学和科技性的展馆更加缺乏，这成为我们城市公共休闲文化发展过程中的软肋。

第二，高雅休闲文化。所谓高雅休闲文化是指"那些具有实验性、示范性、民族代表性的艺术精品；那些表现重大题材，具有较高思想性和艺术性的文艺创作；那些传播科学文化知识的影片、著作"。[1] 判断高雅休闲文化的标准是相对的，通常要具有可比性，譬如作为典型的高雅休闲艺术表现样式歌剧、交响乐、芭蕾舞，以及具有民族特色的京剧、昆剧等均属于高雅休闲文化。高雅休闲文化在城市休闲文化体系中占据重要地位，具有以下几个特点：一是高雅休闲文化主要满足人们高层次的精神文化享受。二是高雅休闲文化具有精致性、经典性、规范性的文化内涵。三是高雅休闲文化的欣赏者应具备较高的文化素养和艺术修养。四是高雅休闲文化由于自身的特殊性，有时候表现出"曲高和寡"的文化现状，在休闲文化市场竞争中处于不利地位。高雅休闲文化是休闲文化中的精品，伴随我国物质文明建设程度的不断提高，高雅休闲文化艺术的发展水平必将进一步提升。

第三，大众休闲娱乐文化。大众休闲娱乐文化一般是指通俗的读物、音乐、舞蹈、影视作品等通俗的艺术表现样式和文化活动方式。大众休闲娱乐文化突出的表现形式是"快餐文化"和"流行文化"的兴起，这与大众休闲娱乐文化主要满足人们浅层的感官享受和精神慰藉密切相关。大众休闲娱乐文化虽不如社会公共休闲文化和高雅休闲文化那样高档、深刻和精致，但它是构成城市休闲文化体系的基础，也是人们获得普遍的精神感受的主要渠道，在重视接受者消遣、娱乐和宣泄方面具有独特的社会作用。

（二）休闲文化的空间结构

现代社会休闲文化空间结构主要由家庭休闲空间、社区休闲空间、社会公共休闲活动场所空间和网络虚拟休闲空间四大部分组成。从目前来看，人们所有的休闲文化活动都不可能超越这个空间结构，人们在这个休闲文化的空间结构上的任何一个节点的活动，都在不同的时间和空间范围内，实现了与他人的交流和沟通，从而满足了休闲活动的基本需求。

第一，家庭——休闲活动的基本空间。家庭是社会的细胞，也是现代社会人们从事

---

[1] 郑欣淼.社会主义文化新论[M].北京：中国青年出版社，1996：174.

休闲文化活动的基本空间。人们每天日常的休闲活动及大部分的休闲时间都在这一空间区域完成。因此，在物质生活水平不断改善的今天，人们越来越注重家庭休闲文化的质量，改善和优化家庭休闲文化环境。倘若一个家庭缺乏休闲文化氛围，那么即使物质生活条件再优越，也好像是缺少生活的灵魂一样。家庭休闲文化环境的构筑包括三个方面的内容：一是休闲文化设施的准备。一个现代社会的家庭，除了拥有一般生活的物质设施以外，还应有相应的书籍，订阅一定种类的报纸杂志，配备能够进行家庭休闲文化活动的音响设施、健身器材，以及其他休闲文化硬件设施。二是休闲文化精神的确立。家庭成员之间要造就一种轻松、愉悦、宽容的交流环境，形成一种民主、平等、互信和坦率的融洽气氛，塑造一种积极参与、互相激励的休闲精神状态。三是休闲文化情趣的培养。通过家庭成员参与养花、植草、书法、绘画、烹饪、收藏等多样化自娱自乐的休闲活动途径，达到陶冶休闲文化情趣的目的。

第二，社区——休闲活动的拓展空间。从社会学的角度看，社区就是在一定的空间区域范围内，"围绕着其日常互相作用的方式而组织起来的人群，这些日常相互作用的方式包括像住房、工作、购物、学校、教堂、政府和娱乐活动这样的行为和机构"。[①] 社区休闲文化的功能就是通过一系列休闲文化活动，着力于提高人们的社区意识，培养人们参与社会公益活动的精神，帮助人们确立社区互助的观念，改善居住区域的生活环境质量，使个人、家庭和社区的休闲活动能够得到有效的协调。从国际上社区建设的过程来看，社区的休闲娱乐功能主要是向社区居民提供音乐、舞蹈、戏剧等文艺活动，也有阅读、讨论、讲座等活动，还有举办各种地区性的文化狂欢活动等。在国内，社区文化建设在近年来取得较大发展，形成了各种特色的社区休闲文化模式。在上海社区的休闲文化建设中，涌现了一大批诸如曹杨、甘泉、五里桥、潍坊街道等社区休闲文化建设的标兵单位，创造了许多独特的休闲文化活动方式。通过这些休闲文化活动，社区正在逐渐成为人们值得信赖的休闲文化精神家园。

第三，社会公共活动场馆——休闲活动的枢纽空间。社会公共休闲活动场馆主要是指能够提供人们进行各种休闲娱乐活动的酒吧、咖啡馆、茶馆、影剧院、保龄球馆、高尔夫球场等场所。由于受到城市化过程的影响，在原来意义上形成的社会人际行为和交往关系已经变得越来越支离破碎。也就是说，人们日常的休闲行为和交往关系已经从传统的生活模式中分离出来了。譬如，生活在城市中的现代白领，可能在一个地区上班，在另一个地区从事休闲娱乐活动，而在第三个地区吃饭和睡觉。这就说明了现代社会的人们早已脱离了家庭—单位之间两点一线的生活轨迹。在日本和韩国的一些城市里，许多公司的白领，下班以后并不急于回家，而是到酒吧、咖啡馆等娱乐场所消磨时间，直至深夜方才回家。因此社会公共休闲活动场馆也就成为人们进行休闲文化活动的第三空间。近年来，这一现象也在上海一些外企公司职员身上体现出来。显然，酒吧已成为上海市民个人休闲活动的主要场所，"最早的是酒吧，最多的是茶吧，最少的是玩具吧，最前卫的是氧吧，最女性主义的是布吧，最现代主义的

---

① （美）戴维·波普诺.社会学［M］.刘云德，等，译.沈阳：辽宁人民出版社，1988：521.

是陶吧,最实惠的享乐主义是浴吧",① 其他还有钢琴吧、网吧等。吧类娱乐场所的迅速发展,从一个侧面反映出社会公共休闲娱乐场馆在人们休闲文化活动中的作用日趋重要。人们需要社交圈,需要交往,需要倾诉,需要与亲朋好友一起欢乐地消磨时光。也许每个人的休闲生活不一定都非常有意义,但是都可以富有情趣,让人感到充实。各式酒吧的大量涌现,也许就可以看作是现代城市社会公共休闲活动场馆发展的缩影。

第四,网络——休闲活动的虚拟空间。长久以来,人们受制于血缘、地缘、业缘等因素的影响,休闲娱乐活动仅能够在家庭、社区和公共娱乐活动场馆等多个平面的空间展开,而今,依靠现代的高科技手段,以电脑网络为依托,构筑了一个无穷大的立体休闲空间,并从原来仅仅是作为单纯的交流方式和沟通手段,迅速演变成为人们寄存理性、寻求安慰的心灵休闲栖息地。在这完全以高科技技术虚拟构成的休闲空间里,形成了虚拟权威、虚拟尊严、虚拟情感乃至虚拟生命的休闲活动,从而使人类的休闲活动理念和方式产生了革命性的变化,并且极大地丰富了休闲文化的内涵。无论在何处,人们只要通过网络,就能随时在多维和无限宽广的网络空间里,无拘无束地自由翱翔和随意地进行休闲娱乐。网络休闲空间为当代人们提供了一系列前所未有的休闲活动方式:一是网络联系。借助电子邮件(E-mail),使人们能够真正感受到"海内存知己,天涯若比邻"的网络时代沟通渠道的畅通和联系的便捷。二是网上聊天。通过网络,人们可以与相识或不相识的网友,男性或女性的网友,国内或国外的网友,进行坦率和无拘束地交谈,甚至可以与远在太空里飞行的宇航员进行直接交流。这种交流方式打破了传统社交方式的固有缺陷和限制,无限制地扩大了人们的社会交流范围。三是网络情爱。互联网的发展,衍生出眼下十分流行的网恋情爱。它是一种典型的虚拟情爱,是一种新型的休闲活动方式,现正在以几何级增长的速度在互联网上传播和发展。由于在互联网的世界里,人们可以采用匿名的方式,在无拘无束的状态中寻找自己的梦中情人,既浪漫、神秘、随意、无序、隐蔽,又有安全感,即使在现实社会贫瘠的情爱土壤中难以根植的爱情之树也能够在互联网的虚拟空间里得到生长。网恋和网婚这一互联网时代孕育的婚恋方式,正在全球数亿男女网民的精心呵护下,在虚拟娱乐空间里蓬勃发展。无论是现实社会中"柏拉图式"的精神恋爱,还是网络世界的"虚拟情爱",其实质都是为了寻找所谓的"梦中情人",只是在网络空间里,更容易在合法婚姻的掩饰下,演绎出一段信誓旦旦,然而却充满虚情假意的现代"爱情故事"。我们应该看到网络情爱的蔓延,对现实社会公民道德重建存在负面的影响,对家庭夫妻之间的婚姻关系、道德责任和法律责任同样会带来难以预料的冲击。不过,也有人预言,50年后,网恋将是男女之间爱情发生的必然方式之一。结果究竟如何,人们只能拭目以待了。四是网上影视。通过采用最新的数字化技术,可以极大地改善影视传播的画面和音质效果,提高人们观看网络影视的质量。而运用网络宽带技术,采用双向互动的方式,则强化了人们在网络影视文化休闲活动中的主动性和兴趣性。五是网上游戏。网上游戏是一种虚拟休闲娱乐活动,又被称为新纬度空间的游戏活动。它不同于

① 李大伟.上海休闲 Bar[N].新民晚报,2000-07-15(21).

传统的游戏活动,人物或事件的发展过程和结局都是事先锁定的,玩者在整个游戏过程中是被动的。而在网络游戏中,人们可以根据自己的需要和理解,对人物、事件进行重新设置。同一角色,在不同的转折时期选择不同的行动模式,其后的发展结局也会发生相当大的变化。人们在这虚拟的游戏世界里,可以使自己成为号令三军、参与争霸天下的英雄,从而成为改变历史进程的风云人物。这对任何上网游戏的人来讲,都是一个充满魅力的诱惑和挑战。

网络虚拟空间在某种意义上讲是现实世界的延伸和拓展,网络休闲活动之所以受到人们喜爱,就是因为人们在不能改变的现实世界里遭遇太多失望,受到太大压力,而网络虚拟世界,却能在相当大的程度上为人们转移沉重的精神压力,抚慰其受伤的心灵,为实现多年的夙愿提供一种替代性满足,以此缓和人们内心的冲突,并将不满的情绪发泄。当然,网络空间毕竟是虚拟世界,在网络世界里大展身手,也仅仅是一种娱乐行为,绝不能将网络虚拟人格转化为现实世界的人格参照值,或是取代现实世界的人格位置。否则,人们便会在真实的世界里迷失真正的自我,对自己的现实世界感到失落。因此,走在现实世界与虚拟世界之间,现代人娱乐时要留意。

三、休闲文化作用

休闲文化功能是休闲文化的一个重要特征。休闲文化功能对个人(个体)、团体(群体)和社会等不同层面发挥出不同的作用。就个人而言,休闲文化起着塑造个人人格,提升自身文化修养的功能;就团体而言,休闲文化起着目标、规范、意见和行为整合的作用;对于整个社会而言,休闲文化起着社会整合和社会导向的作用。从整体上看,休闲文化在以上三个层面的作用是互相联系和互为补充的。

(一)休闲文化的传播

休闲文化具有可传递性,而且这种传递的速度和范围,借助于现代传媒技术的发展,在进入全球化时代后变得愈加迅速。在我国改革开放之初,由于毗邻港澳地区等原因,广东省因而能得改革开放风气之先,讲广东话在国内也就成为一种时尚,并进而使演唱粤语歌曲也随之成为80年代到90年代中期国内流行乐坛的时尚,许多非广东籍的歌手,甚至包括不少中央和地方电视节目主持人在各种大型的文化娱乐活动场合都会尝试用粤语对观众进行感谢。虽然这种现象屡屡受到媒体的批评,但是难以杜绝,足见这种流行文化传播的影响之深刻、范围之广泛。随着改革开放的深入,国外各种休闲文化对我国的影响力度也不断加强。90年代以前,法国巴黎时装界发布的服装流行趋势,一般相隔3—6个月才能在我国的服装市场上显现出来,而目前,我国的服装界与世界其他国家的服装界能大致在同一时刻感受到休闲服饰文化的冲击,从而做出相应的市场反应。在电影市场上,美国的电影文化现在也能在第一时间对我国的观众产生影响。虽然,由于我国的文化价值观与美国相比存在较大差异,在对剧中人物设置、情景编排和社会伦理的认知方面也有距离,但是也难以掩饰我国观众对美国好莱坞娱乐影片产生的极大兴趣。电影《廊桥遗梦》、《拯救大兵雷恩》、《泰坦尼克号》等巨片,在我国同样受到千百万观众的广泛欢迎,致使票房收入屡创新高。承载休闲文化传播主体功能的是报纸、电影、广播、电视和互联网。美国学者丹尼尔·杰·切特罗姆曾经指出:"文化和传媒的范畴不可避免地会重合,现代传媒已成为文化,特别是大众文化的观念和现实这一整体的组成部分。"① 随着电脑互联网的发展和广泛应用,已在最大程度上缩小了国家之间的距离,缩短了城市与乡村的距离,从而使休闲文化能够在全国范围,乃至全球范围内更迅速地辐射、扩散和传播。此外,在休闲文化的传播中,国内外的大城市也都十分关注采取"无声媒介"的传递方式,作为休闲文化主流传播途径的补充,在我国上海的南京路、淮海路以及深圳的华侨城旅游区等城市街头,出现了一大批独具风采的城市休闲雕塑,用一种独特的休闲文化的象征性和符号性的传播方式,诠释一个时代的都市生活形态,或是表述一种人们对未来生活方式的追求倾向,成为当地市民和外来游客接受城市休闲文明的新途径。

(二)休闲文化的塑造

休闲文化对人的塑造往往通过有形和无形的方式体现出来,通常是一个潜移默化的渐进的影响过程。休闲文化的塑造功能其实是一个对人社会化的整合过程。这种文化的整合功能是指在特定的社会背景中,个体形成适合于社会和文化系统标准的人格特征,掌握社会所认同的行为规范,采用社会所默许的生活方式,以及遵循社会所接受的价值尺度。当然,休闲文化的社会化塑造功能,并不抹煞人的个性化发展过程。人的个性化发展过程是大众休闲时代竭力倡导的重要社会特征,个性化和休闲文化的社会化是并行不悖的两个发展过程,又是互相交融和影响的两个过程。只有实现自我认同,才有独立的个性化可言;同样道理,只有在休闲文化的社会化过程中,才能最终体现自我认同的价值,并使个性化逐渐完善和成熟起来。在我国社会主义市场经济条件下,休闲文化的塑造作用自然要积极强调社会主义的价值导向。但是,在现实的社会发展过程中,由于种种原因,还将遇到不少新的问题,有待思考和解决。在当今对外开放的时代下,美国的好莱坞影视文化正将西方社会的生活方式、价值标准、休闲活动形态,推向中国的千家万户,并在逐步冲击甚至瓦解中国人的固有文化传统,以致引起不可忽略的生活形态和价值观的裂变。与此同时,美国的快餐文化也正通过各种强有力的手段,在中国大地上悄悄培养起美国饮食文化的消费者。《经济学家》杂志曾刊文认为,中国的消费者正被"凯伯瑞巧克力、美国饼干、麦氏咖啡、美国CPC公司的可诺尔鸡汤所诱惑;烟民们也正被万宝路、沙龙和幸运财的香烟广告所陶醉;至于那些喜爱杯中物的人,则应邀去打开一罐罐澳大利亚弗斯特、丹麦卡尔斯伯格或菲律宾圣米果等品牌的啤酒;而百货公司在贩卖雅诗兰黛化妆品、伦敦吉福斯-霍克斯牌鞋,以及路易威登皮包"。② 当然,外来休闲物品的影响尽管从表面上看是属于技术性层面,然而在本质上也是休闲文化对人的生活方式和社会价值的塑造和渗透。在此,我们确实不能忽视,也无法回避外来休闲文化对我们国家众多消费者以及下一代休闲消费行为的影响。除了这种物质性休闲文化的影响外,还不能忽视大众媒体在传播休闲文化的过程中对人产生的消极影响。当前,我国正处在社会的转型期,休闲文化对人们意识

---

① (美)丹尼尔·杰·切特罗姆.传播媒介与美国人的思想[M].曹静生,等,译.北京:中国广播出版社,1991:2.
② (美)约翰·奈斯比特.亚洲大趋势[M].林荫庭,译.北京:外文出版社,1996:100.

的影响和行为的塑造显得尤为重要，从某种意义上讲，休闲文化起着一种社会价值的导向作用。影视作品、文学作品、流行歌曲，乃至美式的快餐文化，都在悄然无声地影响我们的意识和行为。因此，借助于休闲文化的塑造作用，推进我国当代社会文明价值体系的重建，使我们的民族成为既继承传统的优秀文化，又能吸纳外来进步文化的现代化群体。

（三）休闲文化的凝聚

在现代社会，人如果不属于一定的群体或集团，就无法参加社会活动。人们只有根据自身所属群体或集团的社会规范与自身所扮演的社会角色开展社会活动，并显示自己的行为倾向，才能保持群体或集团成员的地位，形成群体和集团的社会认同特征，掌握约束社会群体或集团成员行为的重要因素，这就是休闲文化的凝聚作用。福塞尔认为"从经济上说，毫无疑问只有两种等级，富人和穷人。但从社会等级角度看，有一整个由各种阶层组成的等级制度。每一个等级的成员从各自的童年时代习得的风范和传统不但大相径庭——这一点非常重要——而且，他们终其一生都很难改变这些东西。要从一个人出生的等级逃离，从文化意义上讲，非常困难"。[①] 休闲文化对社会群体的凝聚作用不是抽象的，而是以观念、行为、活动方式为表现方式和影响渠道。通常情况下，休闲文化对群体的影响往往是以社会阶层、年龄阶层或是心理阶层等为范围进行划分的，所谓"物以类聚、人以群分"的说法，也可以理解为从一个侧面反映出休闲文化对群体的凝聚力作用。

对同一种休闲活动方式，不同的阶层或群体有各自相应的选择倾向，表面上看，不同群体的选择态度仅仅表现为单纯行为的差异，而在实质上，选择的倾向性受到主体文化的影响和制约，是对各自的文化与相应社会群体和集团的强烈吸引所至，从而造成群体之间活动表现方式的差异性。例如在我国，同样是在空闲时间打牌，白领阶层喜欢打桥牌的人比较多，鉴于打桥牌对环境有一定的要求，他们很自然地会选择清静优雅的场所。即便是打麻将或玩扑克牌，白领人士也喜爱显示其从事高雅休闲活动的感觉，找一些主题酒吧或是茶馆作为休闲活动的场所，以显示其与众不同的活动方式。而工薪族虽说更喜欢打麻将和玩扑克牌，但通常都会就近选择普通的棋牌室进行，抑或就在马路边摆开桌子玩。虽然这些活动场所环境条件差些，声音也相当嘈杂，但是，却丝毫无损于他们的半点玩兴。群体和阶层对休闲文化的凝聚作用都有明确的归属感和认同感。因此，在一定程度上可以说，休闲文化对群体吸引力的最终表现结果就是这种差异性，这是不以人的意志为转移的客观现实。

（四）休闲文化的陶冶

无论在东方，或是西方，人们都十分注重休闲文化对自我精神的陶冶作用。只是由于东西方社会观念和文化传统的不同，导致人们选择休闲活动的途径不同。在英国，人们在周末时间习惯于去各种类型的博物馆，徜徉在人文、自然和科技知识的海洋里，感受人类知识的浸染和哺育。在俄罗斯，人们则把观看歌剧和芭蕾舞表演看作是

---

① 〔美〕保罗·福塞尔.格调：社会等级与生活品味［M］.梁丽真，等，译.北京：中国社会科学出版社，1998：22.

在休闲时间接受传统文化熏陶的重要途径。在中国,当人们利用休闲时间纷纷投身于自然,游历名山大川时,我们会发现在很多情形下,许多人已经自觉或不自觉地继承了中国传统的文化审美心态,并将这种心态融入到人们对人生境界的演绎中去。如由山的高大雄伟引申出人格的崇高完美,从大海的浩瀚无垠联想到人胸襟的坦荡博大,从青松翠柏的不畏严寒推导出人应该具有的高风亮节的品德,进而挖掘出其所蕴含的人文精神和人格意味。显然,人们在旅游途中尽情赞美自然山水的同时,也赋予了自然以人格化的内涵,这就典型地透视出传统人文精神与自然之物互化和渗透的休闲娱乐理念,在当代人身上得以反映和延续,从中不难看出传统文化对当代人寄情于山水,寓志于自然的休闲娱乐意识的影响。由此可见,无论国内还是国外,休闲文化对人的陶冶作用是一致的。

第三节　社会化与象征性功能

一、社会化功能

(一)休闲的社会化功能

所谓社会化通常是指人们获得个性和学习社会或群体习惯的过程。在当代,随着社会流动速度的加快,社会交往范围的扩大,大众传播形式的丰富,人们受到外部环境的影响越来越大,人的社会心理、社会性格和社会活动方式,也必将会发生或多或少的变化。

第一,休闲影响人的社会行为规范。一个人要想成为社会成员,并在社会中生存和活动,就必须进行相应的学习,使自己的行为符合一定阶段内约定俗成的社会行为规范,这种学习的过程除了在学校接受正式的课堂教育活动以外,还可通过休闲活动的社会化过程来完成。任何一个孩子从来到世上开始,就在各种形式的休闲环境中接受各类教育。父母在各种场合里喜怒哀乐的表现方式,从小就对孩子幼小的心灵产生潜移默化的影响。当孩子稍稍懂事起,就能够活灵活现地模仿大人的行为方式。当孩子可以独自外出与街坊邻里的孩子们一起玩耍和娱乐的时候,各种风俗、习惯、伦理、道德和礼仪就在不知不觉中渗入到孩子的脑海里去了。中国古时候传诵的"孟母三迁"的故事,说的就是不同的环境会让孩子接受不同的社会教化。只有当人们能够自觉地接受各种符合社会认可的规范行为时,才能成为共享一个休闲环境的社会群体的成员,才能在一种彼此心照不宣的社会共识中,从事各种休闲活动。

第二,休闲培养人的社会地位的认同感。人是一定社会群体中的一员,个人在群体中拥有何种身份、地位,遵行怎样的行为规范,取决于一定的社会环境和休闲活动氛围。出生在富裕家庭和贫困家庭的孩子,其在社会休闲活动中不同的身份认同感,并不是由个人素质的差异造成的,而是由经济条件的不同导致家庭在社会关系、社会生活中不同的地位所决定的。在美国,来自贫民窟黑人家庭的孩子,通常会在大街上与别人玩耍,长大一点还会到喧闹阴暗的酒吧去狂饮。而生长在富裕家庭的孩子,则会在自家的农场里骑马、打球,或跟随父母驾着自家的游艇出海。这种休闲活动的差异性是得到社会公认的,也是家庭的社会经济条件赋予人们在休闲活动过程中相应的地位和身份的认同。虽然，经过不懈努力，家庭的经济条件可以改善，人在社会休闲活动中的身份和地位也会改变，但是，即使发生了这样的变化，也必须由相应的休闲活动规范来指导个人的休闲行为，帮助人们逐渐确立在另一个社会群体中的角色地位，维护其已经改变的社会身份。

第三，休闲塑造人的心理和人格模式。随着休闲时间的延伸和休闲活动数量的增加，休闲活动对人的心理、性格、行为的影响力越来越大。尽管人的心理机能也可能受到其他遗传因素的影响，但是作为社会的人，是社会教化的产物；离开休闲活动教化的环境，从一定的社会意义上讲，人也就难以成为一个心理健康、人格完善的社会人。在一个相对较长的时期内，一个人参与的休闲活动或高尚或庸俗，身处的休闲环境或文明有序或杂乱无章，对其今后心理和人格的发展都会形成深深的烙印。这是因为，对于成长而言，愈是高尚的休闲活动，愈是文明的休闲环境，人的生物属性就趋向于愈小，而社会属性就趋向于愈大。这也就意味着，愈有利于人们形成健康的心理，愈有助于塑造高尚的人格特征。无数事实证明：在赌场里泡大的人，形成的是赌徒式的投机、侥幸、贪婪的心理特征和畸形的人格症状；在竞技场里磨炼的人，具备的是渴望参与、追求公平、不惧竞争的心理和人格特征。可见，不同的休闲活动和环境导致人们形成不同的社会价值取向和行为规范，而且更重要的是，这种心理和人格的塑造将影响人们一生的发展轨迹。

第四，休闲带给人们以经验、知识和技能。一个人从小到大，除了少部分知识是从正式的课堂教育中学得的，大部分涉及劳动、待人接物的本领，都是在休闲活动的环境中，从上一代人，或是从旁人那里学来的。这种学习的过程就是休闲知识、休闲经验、休闲技能传递的过程。休闲活动的传递，是社会教化具体形式的体现。人们就是在这种休闲活动的传递中，不断走向成熟，走向文明，走向现代化。

与过去相比，人们在正常情况下所接受的教育，已经远远不能满足工作和生活的需要，不能构成人们立足于社会竞争的基础。因此，利用休闲活动的传递机制，帮助人们获得更多的经验、知识和技能，已成为当代社会发展的一种趋势。如今，常见的现象是，人们下班后并不是急匆匆回家，而是咬着面包，喝着矿泉水，赶往各个课堂，学习家庭理财、家庭装潢、家庭保健等，人们将这种休闲时间的学习活动形象地叫作"充电"。虽然，人们从事"充电"的方式各异，但反映出一个基本的事实是，现在的人们已开始从理性的角度去认识休闲在人的成长发展中的独特作用。此外，科学的发展使人们越来越有可能在各种休闲活动中，利用最简单的设备，作为获得经验、知识和技能的技术平台。例如，在30年前，对普通人来讲，拿一个专业照相机拍照可不是一件容易的事情，要转动光圈，要注意速度，还要调节焦距，可能到最后拍出来的相片效果也常常难以令人满意。而如今，在各个场合，举着手机闪拍的人随处可见，下载一个修饰软件，还能够美化照片，使其具有一定的专业水准。显而易见，同以往相比，现代社会中的休闲活动传递机制，已突破了传统说教性的传递模式，技术性传递正在社会生活中起着愈加重要的作用。当然，不管传递机制发生何种变化，休闲活动传递作用的基本宗旨都是帮助人们成为一个独立的人，一个聪慧的人，一个与社会发展保持同步的人。

（二）群体休闲与社会群体组织的作用

第一，群体休闲是一种基本的社会现象。在我国，高度的劳动分工和快速的城市化过程，使人们比以往任何时候都感到与外部世界交往的社会关系被大大地压缩。虽然是人口集聚的高楼大厦，但是常常擦肩而过的人们却产生了从未有过的孤独感和陌生感，过去习以为常的集体活动方式渐渐地消失，以至于被人淡忘。这种过去只有在西方发达国家才存在的社会现象，如今也在国内城市里浮现出来。随着住房条件的改善，人们离开了陈旧的胡同和老式的石窟门，搬进了独门独户的新式公寓住房，城市里的人们开始慢慢感受到了那种曾经不为我们所重视的生活方式的可贵。孩提时代，每逢夏天，拿一把扇子，带一个木凳，围坐在弄堂口乘凉的日子已经不复存在；上了年纪的老年人，聚集在小茶馆里聊天的雅兴，也已随着城市的改建而成为久远的回忆；泡澡堂时伙伴们在拥挤的池水里戏水玩耍和相互帮着搓背的乐趣，对现在的青少年来讲，也是一件十分陌生的旧事；而当人们普遍拥有全自动家庭洗衣机时，与隔壁邻居一起在弄堂里一边搓洗衣服，一边东家长、西家短，无拘无束聊天时的快乐情景也不再出现。于是，当人们改善了物质生活条件以后，伴随而来的精神生活的孤独、邻里之间的隔阂、生活空间的封闭等新的社会现象，却是人们原先所没有预料到的。随着社会化过程的加快，曾经深深扎根于中国人内心深处数百年乃至上千年"远亲不如近邻"的观念，在今天竟然遭遇到了前所未有的挑战。

从人们实现休闲活动的方式看，大多数参加休闲活动的人，期望获得的并不只是休闲行为得以实施本身，还想感受一种与工作状态和生活常态所完全不同的社会气氛，一种摆脱被分隔和被孤立的无奈，一种融入与社会群体交往的精神渴望。无论人们是去打牌、下棋和跳舞，或是到茶馆、酒吧与咖啡馆，所有的这些活动都揭示出人们寻找的是一份快乐和轻松的感觉，一份与亲人朋友共享美好时光的境界，一种实现自我、体现个人潜能的人生价值观。更重要的是，通过种种休闲娱乐活动，表现出当今时代的人们敢于战胜孤独，渴望突破城市封闭生活环境的强烈的活动需求和心理倾向。在这样的社会变迁的背景下，群体休闲在现代社会也就必然成为一项十分重要的社会功能。

第二，社会群体组织在休闲活动中的作用。首先，社会群体组织及功能。从休闲社会学的角度看，所谓的社会群体成员与偶然间仅仅是聚集在一起的人群不同，社会群体之间彼此相互联系，并具有共同的休闲活动倾向。因此，社会群体可以被认为是"具有一种同样的身份和某种一致感情的两个或更多的人——他们还共同具有某种目标和对各自行为的期待"。[①] 人们之所以渴望参加某种形式的社会群体是与该群体能够提供一定的休闲活动服务项目有关。与休闲活动有关的社会群体，在人们休闲活动过程中具有两种功能。一是起到工具性作用，它使人们能够从事单个人无法进行或难以完成的休闲活动。例如，打麻将需要由4个人组成一个群体才能进行。二是起到表意性作用，人们在休闲活动中除了满足参与感外，还要能满足群体成员感情沟通上的需要，通常也是为了实现群体成员之间互相支持和自我表现的完全认同。这种表意性主要表现

---

① 〔美〕戴维·波普诺.社会学［M］.刘云德，等，译.沈阳：辽宁人民出版社，1988：285.

为群体成员在休闲活动中所形成的友谊和产生的友情。当人们加入到一些群体中时，往往同时包含工具性和表意性两个目的。在西方发达国家，人们更多的是通过参与各种协会或团体来强化自身的休闲社会化过程。当然，人们加入一个协会，并不仅仅是为了方便参加一些特殊形式的休闲活动，也是为了拓展与社会交往的新渠道，与别人建立新的友谊。其次，社会群体组织的作用。在休闲活动中，各种协会、俱乐部是群体最主要的表现形式。俱乐部和协会这类的社会群体在当今社会的休闲娱乐活动中起着非常重要的作用。其一社会群体是人们扩大社会交往的纽带。人们一旦加入某个社会群体组织，就开启了一扇与他人交往的窗户，而与社会接触的本身也是现代社会一种休闲活动的体现。诚然人们在这样的群体中，可以帮助自身或他人消除孤独感，满足"被爱"以及"施爱于他人"的需要，也可以满足自我表现的需要，或是满足人们"归属"、"安全"的需要。事实上，参加各类协会和俱乐部的人，他们的许多心理需要并不能在企业或家庭中实现，而需要在群体的活动中得到满足。而我们也已经知道，这类心理需要能否得到最终的满足，对人们的工作情绪甚至家庭生活的和睦，进而对人们生活态度等都有着非常重要的影响。其二社会群体有利于休闲活动形式的推广。对那些在休闲活动中可能存在各种不便的困难者，或是活动技能不熟练者，或者对投入某些娱乐活动犹豫不决者，群体中的其他成员都会给予自觉地指导和帮助。通过群体成员的善意帮助，可以促使那些遇到困难的人们尽快地提高参与休闲活动的技术水平，群体的帮助或培训作用就是在这种过程中得到完美的体现。休闲性社会群体具有的这种帮助及培训作用，对于推动各种休闲娱乐活动的发展不可小觑。近年来，发展神速的广场舞极其典型地体现出社会群体的这种功能。其三社会群体培育具有责任感的合作精神。各种协会或俱乐部都是在某种社会环境中存在的。就像对环境的评价会影响个人的行为一样，社会的认可或拒绝也会左右各种社会群体的发展。各种休闲活动群体为了自身的利益，也为了在社会中树立良好的形象，往往会自觉地承担维护社会正常活动秩序的责任。虽然有时会出现群体中的成员犯了错误互相掩饰的现象，但是为了不使整个群体在社会公众中留下不受欢迎的印象，协会或俱乐部对那些严重违反组织纪律的人，通常会根据群体的规范予以惩罚直至除名。从另一个角度看，社会群体也会要求加入一个协会的个体，不能只是被动地参加一些特殊的娱乐活动。人们在参与各种休闲活动的过程中，也要培育一种自律精神和自觉意识，还要对所在的群体承担相应的责任。以国内诸多足球球迷协会的发展趋势看，它们正在从无序走向有序，从叛逆走向合作，从单纯的宣泄走向理智的呐喊，这从一个侧面反映了我国休闲性社会群体发展的一个基本态势。

二、象征性功能

任何形式的社会活动都有其象征意义，休闲活动也不例外。自古以来，休闲活动的象征性就成为人们划分社会阶层的一个符号。休闲在相当长的时间内被用来作为证明人地位和声望的一种手段，休闲如同商品一样也能够成为财富的有效证明。虽然今天的人们对休闲活动日趋重视，不过，关注的目的并非完全是通过休闲活动来寻找乐趣，而是因为个人或社会群体有意无意地都聚焦于休闲活动的象征性功能。

（一）消费象征性

虽然休闲活动并不为物质性商品所涵盖，但是无论中外，在休闲活动中物质象征性特点自觉或不自觉地受到了社会和人们的格外推崇，这种物质象征性主要由以下两方面构成。

第一，享受型消费。喜欢享受、追求享受是人类的天性。只要有一定的休闲时间保证，只要拥有宽余的可自由支配的收入，人们就会进行某种形式的享受型消费活动。诞生在20世纪60—70年代的美国青年一代，被认为是当今美国社会最会享受的一代人。他们与父辈们不同，从不为明天发愁，他们最大的心愿是让今天得到满足，而他们狂热的消费冲动令其父辈都觉得震惊。如果将视线放大至全球范围，无论是发达国家，抑或是发展中国家，这一代人都具有类似的特点，即追求享受型消费。在日本，"青年学生们用'勤工俭学'、起大早干活赚来的钱，心安理得地用来购买服装杂志，然后粗览一下就扔进了废物箱"。[①] 他们只要有一点点的收入富余就倾向于进行享乐型的吃、穿、娱乐等活动。在刚刚走向小康社会阶段的中国，诞生在20世纪70—80年代的青年一代，在专家学者眼里，他们也是最会享受的一代人，他们不仅会享受，而且也不再耻于谈论赚钱，"吃得好，穿得好，能够享乐……这就是他们生活的最优先顺序"。[②] 事实上，在中国东部沿海地区的大中型城市中，由于人们的生活正由小康型向中等发达国家的富裕型转变，在这一时期，人们的消费方式也正处在向享受型消费阶段过渡的时期。而处在过渡期的人们，其消费心理最具波动性特征，这就是为什么在我国青年一代身上，消费的享受型特点会过分张扬的原因所在。这些年在我国休闲消费市场消费偏好的演变中，可以清晰察觉出日益富裕起来的中国人，家庭休闲生活方式的变革正在驱使人们越来越多地融入到享受型消费的洪流中去。

第二，品牌型消费。品牌消费是现代人的一种生活象征，也是休闲时代激励人们进行高消费的市场驱动因素。近年来，在我国少数富人中最受追捧的十大品牌商品依次是宝马、路易威登、奔驰、劳力士、乔治·阿玛尼、法拉利、劳斯莱斯、宾利、卡地亚、江诗丹顿。其中，宝马、奔驰、法拉利、劳斯莱斯和宾利是名车，约占50%。显然，驰名世界的奔驰和宝马汽车在现代中国人眼中早已不是简单的交通工具，而是演化为一种奢侈物质生活的代名词，具有给人以满足，但又不言而喻的物质象征性。前些年曾经在年轻的汽车一族中广为流行的"开宝马，坐奔驰"之语，折射出当代中国人偏爱和钟情品牌商品物质象征性的社会价值取向。这种带有"钻石性"特征的物质偏爱性消费现象，随着经济的发展正在成为一种趋势，并逐步影响我国休闲消费市场的发展走势。伴随着家庭经济生活水平的不断提升，品牌消费的时代已经悄然而至，因此，对品牌消费的认同和追求，也已成为人们休闲消费的一个重要特征，并形成如下两大特点。

一是青年群体成为热衷于品牌消费的主力。有关研究表明，中国奢侈品消费者的年龄大约在20岁到40岁，而欧美国家奢侈品消费者的年龄大多在40岁至70岁。尽管有49%的受访者称他们无力购买奢侈品，但是将来打算购买。显然，中国的青年白领在

---

① 刘红.日本的余暇文化［M］.上海：上海文化出版社,1996：37.
② 郗杰英.新状态——当代城市青年报告［M］.北京：中国青年出版社,1999：219.

消费名牌产品方面更具市场潜力性和行为冲动性。在众人眼中,白领一族甚至形成了一种被品牌商品堆积起来的生活模式。然而,对白领群体而言,他们的消费方式所要达到的目的,就是试图向社会大众解释现代社会品牌消费的真正魅力。二是形成了奢侈性消费的时代特征。名牌不是大众消费品,名牌是奢侈品的代名词。一方面,经过改革开放三十多年的发展,中国已经出现了一批具有相当消费能力的富人阶层,他们追求品位和个性化消费,成为支撑奢侈品旺销的主力;另一方面,奢侈品消费还有一种示范效应,也让广大的中等收入群体竞相追逐,演变成为另一股消费高潮。此外,随着越来越多的独生子女踏入社会,他们的消费观念完全不同于上一代,很多家庭也有实力支撑他们的高消费,以至于在多方因素的共同推进下中国奢侈品消费正步入黄金期。据新加坡联合早报报道,"2015年中国消费者全球奢侈品消费达1 168亿美元,全年中国人买走了全球46%的奢侈品"。① 针对中国休闲消费市场的发展现状,有观点认为,"未来十年内,中国将有330座城市超过今天上海的生活水平,3年之内中国将成为全球最大的奢侈品消费市场"。②

在休闲消费中,形成人们青睐品牌商品的原因可以从以下几方面进行理解。一是认知价值的变化。许多具有购买能力的高收入人士或白领人士,虽然进行休闲消费需求的欲望不断增加,但他们向社会展示的不再是过去那种出手阔绰和一味大肆购物的外在形象,而开始追求体现个人更为精致的个性魅力和典雅的文化品位特征。因此炫耀自身形象舞台的核心内容就成为展示自身高贵的气质,通过品牌服饰和其他产品的包装,确立自己事业成功者的形象,又体现自己懂得如何更好地把握生活的现代人风范。二是现代市场营销手段的影响。现代商业广告制造出品牌商品的强大冲击力和感染力,更容易刺激人们进行高档休闲消费的欲望。虽然从横向比较看,目前我国消费者对品牌的敏感度还远低于发达国家的人们,但是我国刚刚富裕起来的人们在内心充满着对品牌象征性的渴望,这无疑起到了一种加速认知品牌商品消费诱惑的作用。三是转型时期消费结构的重建。在小康阶段或处于由小康向中等发达阶段转变的时期,人们有更多的时间和金钱可以关注自身和家庭物质生活的质量,品牌商品的消费往往能够满足相当多的人的心理需要,如引人注目、自我满足等,从而刺激人们的消费欲望。四是品牌产品令人信服的使用价值。由于品牌通常意味着质量和实用,也就在市场的默认中成为一定社会阶层的物质生活的象征。

(二)活动象征性

第一,贵族性特征。休闲作为一种社会经济消费现象,除了占有休闲时间以外,还以一定数量的可自由支配的收入为前提。近代工业革命尽管极大地解放了生产力,提高了人们的生活水平,但是就社会整体而言,能够参与休闲活动的人毕竟是少数,这是因为休闲活动需要闲时和闲钱作为支撑,所以对那个时代众多的普通人们来讲,还是难以承受,这就决定了当时的休闲娱乐活动必然是社会上流人士和新兴资产阶级的特

① 薛之白.2015年中国游客买走全球46%奢侈品[EB/OL]. http://oversea.huanqiu.com/article/ 2016-02/8536884.html.
② 腾讯财经.中国奢侈品消费高达400亿欧元[EB/OL]. http://finance.qq.com/a/20110208/000223. htm?pgv_ref=aio.

权。在19世纪中叶的英国，"当时光顾海滨旅游的，仅限于那些有钱阶级"。① 无论是打高尔夫球、赛马、看歌剧、跳华尔兹，或是外出滑雪、度假，所有这些休闲娱乐活动都具有十分明显的社会倾向，那就是休闲活动所具有的贵族性特征。罗贝尔·朗加尔（Robert Lanquar）曾尖锐指出，"在1936年以前的漫漫岁月里，以休闲消遣、丰富阅历或疗养为目的而去旅游的可能性，总是由特权阶层所享有"。② 改革开放以后，变得富裕的中国人也在不断感受这种活动象征性带来的冲击。20世纪90年代初，卡拉OK开始登陆中国市场，1991年7月，广州冒出了第一家夜总会"金嗓子"，几十元一首歌的点歌费吓退了诸多跃跃欲试的普通人，那时能够伴着卡拉OK潇洒地高歌一曲的人绝对是拥有大款的象征。接着保龄球的流行也体现出这一点，每一局50元乃至100元的价格，不是一般工薪消费者所能承受得起的。在一段时期内，卡拉OK厅和保龄球馆就演变成为有钱人进行贵族化享受的休闲场所。而后时兴桑拿浴，每一次浴资高达数百元，约占当时（指90年代中晚期）一般职工收入的二分之一，甚至更高。不止于此，2001年名列世界三大男高音之首，号称国际高音C之王的帕瓦罗蒂来上海举办独唱音乐会，对国内歌剧爱好者来说自然是难得的幸事，能够在音乐会现场亲自听到世界级顶尖男高音大师的演唱，也许此生就这么一次机会，但一张音乐会的门票要6 000元，让寻常之辈，包括许多歌剧爱好者不得不为之却步。值得注意的是帕瓦罗蒂在国外举行类似的音乐会票价仅需100美元，因此有人评论说"这场音乐会在一定程度上离开了本来的意义，变成了追逐时髦、体现身份的社交聚会"。③ 而今，贵族化现象愈发弥漫，已经从一种休闲生活方式转而成为引导城市发展的贵族化倾向，大楼越来越高，设施越来越好，服务越来越讲究VIP，而普通百姓却愈发感到生活不便，生存空间愈加狭小。④ 显而易见，在现实的社会里，只要收入差距的存在，贵族化消费方式就一定会存在，这是不以人的意志为转移的客观现象。

第二，奢侈性特征。这里的奢侈指的是挥霍浪费钱财，过分追求豪华场面和奢侈消费派头。早在19世纪中晚期的欧洲就已弥漫着一种畸形的社会风气，那个时期的"豪华旅馆就是专门为寻欢作乐和讲究排场的少数富有家庭提供餐饮"。⑤ 那时，乘坐豪华列车和豪华游船进行旅游活动非常盛行。其中最吸引人的豪华专列"东方快车"，成为那个年代欧洲富裕阶层外出旅游度假的交通标志。在大西洋彼岸的美国，热衷于进行豪华旅游的奢侈程度决不逊色于欧洲，"美国铁路行业为游客提供了奢华的享受，这种奢侈程度可以与拿破仑三世或是维多利亚女皇的专车相比"。⑥ 凡勃伦曾经指责当时的社会过分重视休闲的奢侈性特性，他认为19世纪的有产者采用各种手段试图在休闲活动中，寻求自身的社会知名度，如奢侈的花费、无谓的摆阔，各种过度的张扬，其实质无非是为了在社会公众中突出有产者社会地位的奢侈性象征。

① （美）罗伯特·麦金托什，夏希肯特·格波特.旅游学——要素·实践·基本原理[M].蒲红，等，译.上海：上海文化出版社，1985：6.
② （法）罗贝尔·朗加尔.国际旅游[M].陈淑仁，等，译.北京：商务印书馆，1995：8.
③ 杨展业.老帕的歌声[N].新民晚报，2001-12-13（2）.
④ 刘鹏.城市"贵族化"原因何在[N].新民晚报，2011-02-21（A4）.
⑤ （英）A.J.伯尔特，S.梅里克.西方旅游业[M].张践，等，译.上海：同济大学出版社，1990：18.
⑥ （英）A.J.伯尔特，S.梅里克.西方旅游业[M].张践，等，译.上海：同济大学出版社，1990：18.

第三,精神性特征。首先,休闲活动的精神象征性表现为人们通过相应的休闲活动而获得精神上的最大满足,它是当代社会的重要特征。在今天,劳动不再具有唯一重要的意义,人们同样高度关注精神生活的满足,并常常通过休闲活动来获得自我肯定和精神需求的满足。旅游业是当今全球最大的产业之一,也是人们进行精神性消费的主要产业。人们花费成千上万元外出进行旅游活动,最终获得一定的精神满足,一种情感体验的享受,一段经历的回忆。在20世纪中叶以后,与人们精神生活相关的休闲娱乐、旅游度假、文化演出等产业获得迅猛发展,就与人们日益高涨的精神需求有关。这种显性的精神消费特征在21世纪初的中国已经得到完全意义上的体现。

其次,休闲活动的精神象征性还表现为通过偶像崇拜获取精神满足感。休闲活动的精神性特征还催生了一个庞大的追星族群体,或称之为"粉丝"。以前人们崇拜的是在生产领域取得成功的人,如实业家、发明家等;而现在的追星族更崇拜歌星、球星、影视明星等,他们已成为追星族的"休闲偶像"。

粉丝作为一群特殊的休闲文化消费者,他们专注且深度投入于他们所倾慕或崇拜的明星、名流、电影、电视节目、流行乐团中,他们对于这些倾慕对象喜欢到了痴迷的程度,即使是其细枝末节的信息(比如明星的日常生活用品),他们都能了如指掌,说得头头是道,而对于自己喜欢的对白、歌词、片段,更是随口就来、引用无误。"简言之,粉丝就是过度的接受者,'过度性'是成为一个粉丝的最基本要素。"[1]粉丝的过度性不仅体现在精神情感方面,也落实在过度消费方面,由此形成了"粉丝经济"。粉丝群体的主体是青年群体,尤其包括众多的青少年学生。他们为自己的偶像而发狂,而消费,也会为其而哀伤。因此,对于休闲活动的精神象征性,需要进行理性的认知,既要承认它对人们心理平稳、情绪感受、精神状态等产生重要影响,也要看到其所包含的消极影响和潜在杀伤力,可能对社会、对家庭,以及个体带来的巨大伤害和危害。

第四节　康复与健身功能

一、"亚健康"与休闲引导

(一)工业化与"亚健康"

现代社会在全力遵循高速、高效、高质的发展原则,以创造更丰富的物质财富供人享用,在生产效率大幅提升的同时,人们工作节奏也不断加快。进入工业化社会以后,人类在创造机器的同时,也无意间把自己变成了机器的"附属物";人们在生产和享用丰富的物质产品的同时,也在不知不觉中把自己异化成物品的奴隶。在社会历史昂然奋进的过程中,人们猛然发现自身已陷于一个历史怪圈之中,当我们的占有欲无限膨胀之时,当我们的满足感不断高涨之际,我们的个性、自主性、人与人交往的真诚性却在不断地萎缩,乃至丧失。现代工业社会愈加细致的分工、工作的快节奏、巨大的压力、生存空间的日趋狭小和封闭、居住环境日益严重的污染、人口向城市的过分集中、生活方式的单调和乏味,所有这一切堆积起来,慢慢演变成巨大的生活十字架,压得现代人喘不

---

① 吴小攀.粉丝是用来消费的[N].羊城晚报,2011-11-27(B1).

过气来。这些汇集在一起形成了正在到处蔓延的五大"社会综合症"：工作无力感、生活孤独感、生存危机感、疲劳过度感、精神忧郁感。五大症状的混合与发酵，催生了工业化时代的一种现代病，称作"亚健康"。

所谓"亚健康"是指人体无器质性病变，但有一些功能性改变的状态，即人的身体处于健康与非健康（生病）状态之间的灰色状态，又称第三状态。又因人们在看病时主诉症状多种多样，且又不固定，现代医学就将这种现象称为"不定陈诉综合症"或者叫作"慢性疲劳综合症"。相关研究成果表明，亚健康的产生主要是由于人长期紧张地工作、生活，精神压力过大，从而导致人的交感神经过度兴奋，造成内分泌紊乱，引起肌体内各器官功能失常。相对而言，白领阶层的工作和生活方式比起普通大众来说，更容易成为滋生亚健康的温床。因此，亚健康也被认为是一种生活方式病。而心理亚健康则是亚健康的一个重要方面，主要表现为抑郁和焦虑两大症状，前者体现的是丧失感，后者突出的是缺乏安全感，伴随着恐惧、冷漠、孤独、偏执、急躁和冲动等不良的心理现象，会导致人们处于生活质量低和生命质量差的亚健康状态之中。

（二）休闲治疗策略

由于亚健康处于病与非病的临界点，如果处置不当，极易转化为真正的身体与心理疾病，因此，应学会从心理和生理等多个方面入手，以正确的休闲方法消除亚健康带来的威胁。

第一，要正确认识自己，保持自信的精神状态。首先要全面认识自己，善于发现自己的长处和潜力，学会在工作中扬长补短。其次是看重自己的价值，学会肯定自己。不少人就是因为自我评价过低从而情绪低落，生活态度消极。重视自己的价值有助于确立自信心，增强内在的活力。

第二，要学会面对现实，认识到现实是可以改变的。有时候自我和现实都不那么完美，但不要因此而沮丧，更不能逃避，因为沮丧容易使自己失去奋进的动力，而逃避则可能陷入弱健康的心理状态。面对就是尊重现实，就是一种直面生活的勇气，现实如同时间那样，都在不断变化之中。可以确认的是，过去是不能改变的，就让它过去吧，不要被过去缠住；现实还不坏，我们可以使它变得更好一些，不要放弃努力。

第三，要善于转化压力，学会适度放松。无论是工作造成的生理疲劳，还是现实形成的心理紧张，都是压力的具体表现，而压力是导致焦虑的重要原因。消除压力最简易的方法就是多休息，通过休息转化压力，放松自我。在一切生活方式中，休息是解除疲劳感最直接和最有效的方法，也是恢复身心健康的重要手段。现代医学研究证实，充足的睡眠是预防和消除亚健康最有效的手段。保证充足的睡眠时间，人体的免疫力会获得极大提高，许多亚健康的症状就会自然而然地消失。要学会适度放松，回归人类自身的自然生活规律，不因工作而牺牲休息时间，不因娱乐而透支休息时间，不因不健康的生活方式而占用休息时间。值得关注的是在西班牙马德里进行的"午睡比赛"，大力倡导的就是传统的休息方式。① 它传递了一个明确的信息就是人们在痛定思痛以后，终于回到了一个新的认识起点，人们需要足够的休息时间，才能有健康的体魄和健全的心

---

① 新华社.午睡比赛推广传统休息方式［N］.新民晚报，2010-10-15（18）.

理,工作和生活精力才会更加充沛。

第四,努力培养兴趣,加强与外界接触,建立良好的人际关系。一方面,兴趣爱好可以提升精神活力和生活情趣,使精神更加饱满,生活更加充实;另一方面,通过多与外界的接触,构筑良好的人际交往关系,既能够使人保持开放的心态,又可以对个人生活的变故或情绪的波动起到调节作用。所谓多接触,就是指在休闲时间里尽可能多地与人、事和物进行接触,在这一过程中,就能发现工作以外的广阔天地所蕴含的深邃生存哲理,从而驱使人们更加积极地去寻求人类精神生活的无穷乐趣。多接触,可以理解为对社会的依赖、对社团的需要、对朋友的信任,而这是人类历经成千上万年的遗传进化而未被遗落的文化基因。难以想象,倘若一个人没有了朋友,没有了与社团的交往,远离社会,那他必然失去了一个与社会交往的平台,会变成一个孤独、凄惨、匆匆而过的历史过客,丰富多彩的社会生活对他来讲也没有什么意义。用现代健康标准来衡量,这样的人至少不是一个心理健全的人,是一个落伍于时代的人。

第五,多活动,保持健康体魄。活动,可以使人们保持健康的心态;活动,可以使人们拥有硬朗的身体;活动,可以使人们笑颜常开;活动,也可以使人们的病体得到康复。当然,这里所说的活动,主要是指各种具有动态感的休闲活动,譬如娱乐活动、健身活动,也包括出游活动等。在紧张的工作学习间隙,适当参加一些娱乐活动,如看看影视,听听音乐,跳跳舞蹈,对放松长时间处于紧张状态里的大脑皮层,松弛神经,消除精神疲劳,提高工作学习效率是极有益处的。活动也对不少疾病患者具有康复意义。现代医学研究和临床实践表明,以康复理论为指导,采用体育运动项目和文艺娱乐项目为治疗手段对一些特殊的患者进行治疗,对提高患者的身体功能,帮助改善心理状态和重返社会起着重要的作用。[①]

当然,多活动不仅是参与一些娱乐活动,还可以参与社会志愿者服务活动,而这也是导致许多人深感精神快慰、情绪舒畅和健康长寿的要诀。"公益活动能充分体现人的自我价值。因为人的生命价值在于自我奉献。道德的利他精神之最高层次就是奉献精神。"[②]有关研究发现,经常参加志愿服务活动能够大幅度提高个人寿命,这是因为"人们从做好事中所感觉到的温暖很可能来自内啡肽,即人脑分泌的天然鸦片,它不但能促进长跑者达到'高潮',很显然还能促使志愿者产生心理'高峰体验'"。[③]显然,乐于帮助他人的人比其他人快乐,热衷于做好事的人比其他人健康。因此做一个志愿者得以成为涌动全球的潮流。在香港地区,每7人中有一个志愿者。[④]在美国,要成为一个好的美国人有三条标准,做志愿者是其中之一。[⑤]近年来,志愿者在我国发展尤为迅猛。2008年北京奥运会,有34.1%的受访者选择了做志愿者。2010年上海世博会举办期间,参与服务的志愿者多达200万人,形成了"小白菜"和"小蓝莓"两大著名的亮点。据统计,到2015年底,上海已经形成了包括基地、项目、队伍、活动四位一体的志愿

① 梁彦山.体育娱乐疗法[EB/OL]. http://kangfu.tjutcm.edu.cn/html/17/0/255/1.htm.
② 王琪延,张卫红,龚江辉.城市居民的生活时间分配[M].北京:经济科学出版社,1999:127.
③ (美)杰弗瑞·戈比.21世纪的休闲与休闲服务[M].张春波,等,译.昆明:云南人民出版社,2000:134.
④ 新华社电.香港7人中有1名义工[N].大众日报,2011-8-22(4).
⑤ (美)马克·佩恩,等.小趋势:决定未来变革的潜藏力量[M].刘庸安,等,译.北京:中央编译出版社,2008.

服务体系。实名注册志愿者超过 180 万人。[①] 透过这一社会新现象,实际上反映的是人们借助于这种志愿服务的形式,获得一种与人交往和接触的机会。这也是为什么志愿者服务活动成为当今中国社会生活中热点主题的真正原因。

二、从医疗健康走向休闲健康

(一)健康理念的转型

在现代生活中,愈来愈多的人已经形成一种共识,积极休闲就是投资健康。现代意义上,身心健康模式的核心是休闲,而传统医疗健康模式的核心是治疗。休闲是获得身心健康的主要手段,而医疗则是让人们保持身心健康的辅助手段;休闲是帮助人们完成由传统的医疗健康走向现代的身心健康的推进器。今天的人们休闲时间越来越长,休闲活动内容也愈加丰富,然而更为关键的是人们如何确立理性和正确的休闲精神,从而使休闲时空与活动内涵能够得到完美统一,使个人与家庭、与群体、与社会等方面,能够进行有效和和谐沟通,最终形成现代社会健康向上的休闲精神。

对健康与长寿的追求是人类社会自古至今的永恒课题。进入新世纪,人们对健康的认识已抛弃了原来的旧观念,并赋予其新内涵。具体地说,人的健康状况的好坏主要取决于医疗范围之外的各种因素,其中80%以上与生活和工作的环境、人际关系、教育程度、个人参与社会活动的程度以及在社会组织中所处的地位、自我意识和行为偏好等密切相关。在日常生活中,抽烟和酗酒是极为普通的行为,抽烟导致高比例的肺癌发生,酗酒不仅导致各类事故频频发生,而且会造成肝癌、胃癌等多种恶性疾病的产生。现代医学科学研究一再证明,癌症的发生与人们的生活习惯有关,在与人们生活习惯有关的恶性疾病中,抽烟和酗酒名列前茅。医学研究成果表明当今世界上各种癌症患者倘若都能够得到治愈,人类的平均寿命至多也只能延长两年。可是,"如果人们保持良好的营养,坚持锻炼并养成健康的习惯,那么人类的平均寿命便可延长7年"。[②] 这无疑为当代的人们指出了一条通过休闲获得通往健康长寿之路的途径。

什么样的生活方式是健康的? 1992 年维多利亚宣言中提出的标准为:"合理膳食,适量运动,戒烟戒酒,心理平衡。"[③] 而联合国世界卫生组织(WHO)对人类身体健康下的定义是:"健康,不仅是指没有疾病或虚弱,而且包括身体、心理和社会适应在内的健康状态。"[④] 从一定意义上讲,人的心理健康和生理健康一样重要。健康对人来说是如此的重要,这导致"健商"概念受到了人们格外的追捧。所谓"健商",指的是一个人运用自己的智力保持健康的能力。这种能力包括以下5个要素:自我照顾、健康知识、生活方式、健康心理和生活技能。[⑤] 健商概念的提出说明能不能正确对待自己的健康已成

---

① 姜鸣,杨雄,等.上海志愿服务发展报告(2015)[R/OL].上海:上海市精神文明建设委员会办公室等,2015-11:8-10. http://district.ce.cn/zg/201511/28/t20151128_7186583.shtml.

② (美)杰弗瑞·戈比.21世纪的休闲与休闲服务[M].张春波,等,译.昆明:云南人民出版社,2000:133.

③ 王寿臣."动则不僵",远离"过劳死"[N/OL].经济参考报,2004-04-09//http://www.southcn.com/news/community/shzt/health/overload/200404200913.htm.

④ 舒风.你怎样消费时间[M].北京:中国青年出版社,2000:226.

⑤ 赵健雄.健商新概念[N].中华读书报,2001-01-01(18).

为一个亟待解决的社会问题。从表象上看,人们对健商的重视,可能意味着改变一个人的生活习性,包括每天增加若干时间散步,调整自己的饮食习惯,找到一种对付生活压力的办法,从事一项新的休闲娱乐活动等。而实际上,认识了健商,也就表明人们从此将做出明智的健康决策,积极参加休闲健身活动,努力追求健康长寿的生活目标,有效提高自身的生活质量。

(二)休闲健康的原则与途径

休闲健康主要是指人们利用休闲时间从事各种户内外的强身健体的体育休闲活动。在从事休闲健身活动中,需要遵守和坚持以下五项基本原则。

一是快乐性原则。在选择休闲健身活动项目时,自己必须喜欢这项活动,能从中得到无穷的乐趣,这样才容易坚持下去,健身和健心效果也会很显著;反之,尽管健身效果良好,但是自己不喜欢,需要咬牙坚持,恐怕也坚持不了多久。有了兴趣和爱好,才能做到自觉和主动地从事休闲健康活动,并在休闲活动中提高健康水平。

二是目的性原则。参加休闲健身活动的主要目的在于增进自身健康,提高自我活力。只有明确目的,才可以根据自身健康状况、工作和生活条件等因素,选择合适的锻炼方式、内容和标准,自由地去学习和掌握休闲锻炼的知识、技能和技术,真正达到增进健康、提高活力、优化自身生命系统功能的宗旨。

三是合理性原则。在休闲健身中合理和适量地安排身体所能承受的活动负荷,使身体通过健身活动既有一定程度的疲劳,又在合理承受的范围内。这里的活动负荷,一般包括健身活动量和健身活动强度。强度大,量则要相应减少;强度小,量可以相应增加。

四是经常性原则。人体对外界刺激的适应是逐步的,在进行休闲健身锻炼时,不能一时高兴,进行过量的运动,导致运动损伤,这样不仅达不到健身效果,还适得其反。过量运动后的深度疲劳可能会使人中断健身练习,而且容易使人产生畏惧心理。要想达到健身目的,必须避免一次性地过量运动,而是经常参加体育锻炼,一般每周3—5次,每次30分钟至一小时。切忌"三天打鱼,两天晒网"般的活动方式和态度。

五是全面性原则。休闲健身运动要从人的整体性出发,全面锻炼和发展身体的各个部位和各种功能。最简单的方法就是凡是自己能参加的各种休闲运动,都积极参加,认真体验,从而促进身体健康的全面发展。①

三、健康城市丰富全民健身内涵
(一)健康城市建设提升居民健康生活质量

在当代,健康已不是个人的问题,而是引起社会广泛关注的热点问题,是有关一个国家、民族国际形象的原则问题。世界卫生组织认为,全球每年死亡的人中有3/4与生存环境有关。中国每年因空气污染导致35—50万人过早死亡。为了全面推进各国提高居民的健康素质,世界卫生组织于1994年提出了"健康城市"的新概念。所谓"健康

---

① 李丽娜.休闲健身的四个基本原则[EB/OL]. http://gb.cri.cn/41/2004/01/06/381@38287.htm;欧耀斌.运动健身应遵循的基本原则[EB/OL].http://www.zxty.net/show.aspx?id=732&cid=12的相关内容.

城市",是指"一个不断开发、发展自然和社会环境并扩大社会资源,使人们能够在享受生命和充分发挥潜能方面互相帮助的城市"。[1]健康城市的指标一般涉及人群健康、城市基础设施、环境质量、家居与生活环境、社区作用及行动、生活方式及预防行为、保健福利以及环境卫生服务、教育、就业及产业、收入及家庭生活支出、地方经济、人口学统计等方面内容。到2009年,就欧洲地区而言,已经有30个国家的90个城市通过了世界卫生组织有关健康城市的认证。我国健康城市的建设是在国家卫生城市建设的基础上于1994年开展的,并在北京市东城区、上海市嘉定区启动健康城市项目试点工作。这标志着中国正式加入到世界性的健康城市规划运动中。目前,我国已经启动在全国范围内进行健康城市的建设工作,为每一个城市居民提供健康舒适的居住环境,产生一种居住在城市的幸福感。然而随着城镇化的快速推进,部分城市过度扩张或超载扩张,资源紧缺、环境污染、供给不足、交通拥堵等"城市病"依然普遍存在,"亚健康"城市约占九成以上。[2]因此对我国而言,健康城市建设任重而道远。

第一,健康城市是为人类健康而提出的一种新的生存战略。开展健康城市建设最重要的特征是使政府、群众、志愿者们通力合作,关注城市健康,并用更多更好的方法处理健康问题。建设健康城市的目的是通过提高人们认识,动员居民与地方政府和社会机构合作,形成有效的环境支持和健康服务,改善环境和健康状况。

第二,建设健康城市是优化城市休闲功能的内在要求。长期以来,城市关注生产效益,忽视生存环境质量,导致城市功能失衡,现代病滋生,城市发展面临困境。于是城市转型发展势在必行,健康城市成为人类发展的共同诉求。在此基础上,追求城市产业形态与自然生态相协调、城市宜业环境与宜居环境相一致、城市居民休闲与外来游客观光相兼容的发展目标,构成推动健康城市发展的重要动力。

第三,建设健康城市是当前我国城市发展的客观要求和落实科学发展观的具体体现。我国是一个发展中国家,城市化发展水平落后于发达国家,但是发达国家在城市发展中曾经存在的诸多问题近年来在我国频频出现。紧紧抓住我国经济转型的有利时机,依托城市化的后发优势,努力提升城市居民的健康生活水平,已成为建设健康城市的必然选择。当然,应该根据具体国情,实事求是地探索建设具有中国特色的健康城市发展之路,为彻底摆脱人类的生存危机提供经验。

第四,健康城市是提升居民健康生活质量的有效途径。从上海健康城市的发展战略看,确定了以下8个发展项目:营造健康环境、提供健康食品、追求健康生活、倡导健康婚育、普及健康锻炼、建设健康校园、发展健康社区、创建精神文明。从上海建设健康城市的实践看,健康城市是一个复杂的社会系统工程,应建立以人的健康为中心的多层次的建设体系。建设健康城市需要政府主导,需要社会和全民的参与。建设健康城市绝不是一蹴而就的突击性的工程,要从实际出发,调查研究,全面规划,分步实施。事实上,作为中国第一个开展建设健康城市的特大型城市,上海为中国其他特大型和大型城

①　高峰.健康城市.北京:中国计划出版社,2005 - 6[M/OL].http://baike.baidu.com/view/11014.htm.

②　陈郁.我国亚健康城市占九成以上,城市发展存在十大问题[EB/OL].(2015-09-29)http://finance.ifeng.com/a/20150929/14000117_0.shtml.

市的建设提供了理论指导和实践借鉴。

（二）全民健身计划完善大众休闲健身功能

从国际上看，发达国家比较早就开始推行各具特点的全民健身活动。美国早在20世纪50年代就制订了《最佳健康计划》，并于1998年在学校推行《最佳健康手册》。日本也从20世纪50年代起推行相应计划，由国家拨专款在全国范围内修建体育健身设施，同时配备了5万余名体育健身指导员。德国从20世纪60年代起出台了旨在推动民众健身活动的"黄金计划"，投资预算总额高达63亿马克。计划规定，居民应有人均4平方米的体育健身活动场所；每个中学应建立一个体操馆；每500个居民应建立一个冬季游泳馆等。除了在物质条件上进行大规模投资外，一些国家还设立了各种鼓励全民健身的活动奖项，如美国的"体育总统奖"、德国的"家庭体育奖"、新加坡的"全国体能测验挑战赛"等，所有这些措施对于推广各国的全民健身活动都起到了积极的推进作用。"我运动，我快乐"，是目前倡导休闲健身活动的一句流行语。健康是现代人的第一需要，拥有健康的最佳途径就是休闲健身。时至今日，健身活动已成为风靡全球的公共性休闲活动，成为人们改善生活质量、提高幸福指数和改善身体素质的重要内容。根据盖洛普的研究报告，美国幸福指数最高的地方主要得益于三个核心指标，分别是寿命预期、心理健康和身体健康。[1]显然，健康已经成为幸福生活最核心的内容。

在我国，近年来青少年肥胖症的增长率呈现加速态势，许多大城市里超重的比例已高达20%—30%；在企业经营管理人员中间，"将军肚"也已成为常见的一种现象。民众身体素质状况的恶化，已引起有关方面的高度重视，为此，国家自90年代末期起在全国范围内推出了"全民健身运动"计划，以便大幅度提升我国居民的身体健康指标，积极夯实改善人们生活质量的生理基础。仍以上海为例，2004年，上海市人民政府正式颁布《上海市全民健身发展纲要》，确定建设"136工程"，即创建一个科学、文明、健康的体育生活环境，构筑日常、双休日、节（长）假日三个丰富、多维、时尚的体育生活圈，[2]形成六大亲民、便民、利民的体育生活服务网络的目标。需要指出的是，全民健身计划的实施，对于上海城市居民生活方式的优化和生活质量的提升效果显著。据2010年中国城市健康状况调查报告揭示，在我国一线城市百万健康人群中，"上海人心情最好"。[3]另据英国知名医学杂志《柳叶刀》不久前公布的一项研究成果表明，2013年上海的人均寿命预期为83岁，位居全国之首，达到发达国家或地区的平均水平。[4]但是也应看到，从上海近年来推行全民健身计划的实际情况看，既有成效，也存隐忧，一方面是由于

① 高兴.美幸福指数夏威夷最高［N］.新民晚报,2011-03-08(A15).
② 日常体育生活圈以日常体育服务为主,建设和开放包括广场、绿地、健身苑点、校园体育活动场地、社区文化体育中心、社区公共运动场、体育会所等居民身边体育设施,满足居民健身需求;双休日体育生活圈以体育休闲服务为主,包括公共体育设施、商业体育设施、社会体育设施等多元化市民健身娱乐体育服务;节（长）假日体育生活圈以特色体育服务为主,建设包括自然体育、体育旅游、水上运动、极限运动等特色体育服务基地。在郊区建设以体育文化为主题的体育休度假基地,丰富市民节（长）假日文化体育生活。
③ 李萍.广东人心情没有上海人好［N］.深圳商报,2011-02-24(A9).
④ 五月花.上海人均预期寿命超82岁原因是啥［EB/OL］.(2016-01-08)http://www.shobserver.com/news/detail?id=8528.

居民面临较大的工作学习压力和不良生活方式的干扰；另一方面是政府公共服务水平还不能满足市民的健身需求。在总结以往经验和教训的基础上，上海颁布了新的全民健身计划，将以体育生活化、健身科学化、服务便民化为统领，实施"全民健身365"计划，具体有两方面含义：既寓意市民天天参与体育健身活动，又是泛指"3个目标"、"6项指标"、"5大工程"。具体而言，"3个目标"，是指提高市民体质健康水平、提高市民健身参与程度、提高体育公共服务能力。"6项指标"，是指基层体育组织覆盖率达到90%、社区体育健身设施覆盖率达到95%、市民体质监测达标率达到95%、全民健身品牌活动覆盖率达到80%、学校体育场地开放率达到85%、社会体育指导员占常住人口的比例达到1.5‰。"5大工程"，是指全民健身设施工程、示范工程、信息工程、配送工程和培训工程。[①]

　　政府在推进全民健身计划时，不仅关注全民健身的常年化，而且更加着力于政府部门为全民健身服务的常态化、便捷化和主动化。首先，政策主体亲民化。政府管理部门更加注重亲民、便民、利民的政策价值取向。围绕全民健身计划，政府从建立体育健身设施、举办体育健身活动、推出人人运动计划到构建体育生活圈，积极引导居民建立积极健康的生活方式，整个过程体现出政府的价值取向和亲民政策。亲民化政策不仅是市场经济条件下形成市民社会的现实需要，而且是坚持以人为本的历史潮流和现实需要。其次，政策内容休闲化。随着经济发展，人民生活水平提高，居民对体育的期望和渴求发生深刻变化，更多地关心生活质量的提高，看重自己的身心健康，重视社会生活中的精神文化内涵，运动休闲、健康生活成为日常生活中不可缺少的重要组成部分。在居民需求转变的导向下，体育政策内容趋向休闲娱乐化。再次，政策范围社区化。经济快速增长，导致以家庭为单位的居民收入差距增大，居民在购买力、生活方式方面的差异使居住区域有了差异性选择，形成特定区域位置的集聚。居住在不同社区类型的居民对体育生活方式的需求有所不同。为了更好地满足居民对体育生活方式的期待，应该努力构筑社区体育休闲的发展平台，通过社区体育休闲设施建设，普及和贯彻社区体育休闲法规，促进社区体育俱乐部发展等方式推动全民健身活动的持续发展。最后，政策目标民生化。依据全面建设小康社会的大局方针，一方面，政府从城市用地、体育休闲设施配套等方面统筹规划，为居民体育休闲发展提供服务保障；另一方面，政府管理部门不断加强对体育休闲服务的直接提供，最大限度地满足日益富裕的居民对各种体育休闲设施的使用和服务需求，为全面提升居民健康生活质量夯实基础。

第五节　驱动与协调功能

　　如果不能正确认识并理解休闲活动在社会经济运转中所起的重要作用，那就无法真正理解休闲，也难以对现代休闲活动发展所产生的巨大影响力作出客观和公正的评价。有一个十分明确的趋势是，休闲活动正在逐步渗透到各个领域，而其产生的巨大的

① 上海市人民政府.上海市全民健身实施计划（2011—2015）[R/OL]. http://www.shanghai.gov.cn/shanghai/node2314/node2319/node12344/u26ai24696.html.

经济回报率,已使休闲业成为发达国家重要的经济增长空间,不仅在西方发达国家的经济增长过程中起着越来越重要的作用,而且在广大的发展中国家发挥出令人振奋的经济驱动作用。可以预计,在新世纪,休闲活动所产生的经济联动性,将越来越受到世人的广泛关注。

一、休闲经济功能的解读

由于历史的原因,以及至今对休闲仍然怀有的某些偏见,人们往往倾向于通过将休闲活动与生产活动进行简单比较,然后把休闲活动排除在生产和消费循环体系之外,列入另类社会活动的行列。

自17世纪中叶以来相当长的时期内,休闲在古典经济学家的眼里,一直被认为有损于社会生产力的发展。在英国古典经济学创始人威廉·配第看来,为了加速英国资本主义的发展,资本积累应放在首要地位,以保证财富的增值,同时应节制不必要的消费。以是否有利于生产作为唯一的评价尺度,配第提出五种最不利于生产的现象,依次是用于包括大吃大喝在内的休闲娱乐消费、购买衣料和家具、建筑房屋、改良土地、开矿、捕鱼的支出,最有利于生产的则是经营从国外运回金银的事业的支出。[①] 配第还认为,消费品丰裕会使人消费过多,而消费过多则会使人变得懒惰。[②] 亚当·斯密将当时所谓的奢侈性消费分为两类,一类是用来购买耐用性物品的消费支出,另一类是用来广设宴席,款待宾客,雇佣奴婢的消费支出。虽然,他并不主张从道德角度对具有休闲娱乐特点的奢侈性消费进行全面的否定,但是从经济学的意义上出发,亚当·斯密认为,奢侈性消费是非生产性的,不利于国民财富的增加,所以应该采取节制的态度。而李嘉图在研究了奢侈品和必需品的课税及其效应以后指出,奢侈品与必需品的一个重要区别在于:奢侈品的消费是一种非生产性支出,而必需品的消费则是维持劳动力再生产的必要支出。如果政府对消费者征税的话,对奢侈品的征税不会不利于生产,因为这对于生产资本来说,并没有什么特别的影响,而对必需品的征税则会使工资水平上升,从而不利于生产,因为这将是生产资本的一种损失。显而易见,从配第、亚当·斯密,到李嘉图,古典经济学家对当时的消费经济,特别是奢侈性的休闲娱乐消费行为的阐述,有一个比较明确的倾向就是节制消费,尤其是压缩奢侈性消费品的支出,保证资本的快速积累,以促进资本主义生产的扩大和国民财富的增加。在这一时代背景的影响下,人们对休闲消费的看法也形成了两个方面的误解。

首先,将休闲活动消费与劳动生产相对立。在许多人眼里,休闲被顽固地认定为只是无止境的消耗,而没有产出。在这部分人的认识里,人的作息时间是固定不变的,而休闲时间总是取自劳动生产时间,休闲时间的增多,必定以相应地减少劳动时间为前提,那么就会将生产劳动过程中一部分生产力转移到不直接促进生产经济活动发展的休闲活动中去。其次,认为休闲活动消费与社会的道德价值尺度相冲突。在工业革命形成巨大的社会政治和经济变革的19世纪,经济学家的主流观点就是倡导对生产资料

① 配弟.政治算术[M].马妍,译.北京:中国社会科学出版社,2010:35-36.
② 配弟.赋税论[M].陈冬野,译.北京:商务印书馆,1987:85.

进行必要的节约,以加强资本的积累过程,反对生活的过度奢侈和浪费,在当时,合理地参加劳动被认为是人的一种宗教责任。倘若人们不节制地参与休闲消费,将被看作是一种不道德的行为。因为"当财富成为我们无所事事和享受不道德生活的诱因时,它在道德上是有害的;当财富的目的仅仅是为了过着无忧无虑的生活时,它的获得也是不道德的。但是当财富作为一种被履行的职责时,它就不仅在道德上是被许可的,而且确实是令人愉快的"。① 在这种社会传统观念和宗教理念的约束下,人们在进行辛勤工作的同时,对个人休闲消费行为进行禁止。这也许的确能够积累起相当数量的财富,也能为自己的子孙后代过上殷实而无忧的生活创造条件。不过,在社会经济发展的同时,不管人们承认不承认,越来越多的人将自觉不自觉地突破各种传统文化和宗教禁令的桎梏,他们既认真地投入到社会劳动中去,又积极追求世俗性的休闲娱乐活动,甚至理直气壮地进行大手大脚或被认为是奢侈的休闲娱乐消费,而且并不为此感到愧疚或遗憾。由于休闲活动的不断发展极大地刺激了各类消费,因而休闲娱乐活动被认定是造成当时社会生活放纵和浪费的主要根源。"娱乐作为一种不受拘束的本能表达方式,它是令人怀疑的;当娱乐成为一种纯粹的享受方式,或是激起人的得意忘形、原始本能和非理性的冒险时,它理所当然地应受到谴责。"② 在18—19世纪,虽然工业革命引起了生产力的巨大解放,但是相对来讲,生产率还很低,加强资本积累用以扩大再生产是社会经济活动的主要倾向,因此从这个角度出发,休闲被认为是洪水猛兽,因为它很快消费掉了刚刚生产的商品,阻碍了生产过程的扩大和资本积累过程的扩大,也就是在这个意义上,休闲消费功能被认定是反经济的。与为维持人的生命所必需进行的劳动力的再生产消费不同,休闲消费在那个时代,往往同放荡、浪费和奢侈的消费联系在一起,从而被认为无益于当时工业社会的发展。凡勃伦也认为,休闲通常不会带来物质产品,所以在有闲阶级中,这些物质产品的确证明存在着非生产性和非物质性的时间消费。他认为休闲是时间的非生产性消费,时间被非生产性地消费:一是建立在生产性劳动无意义这种感觉之上;二是具有支配金钱能力与享受安逸生活的显摆。即使到了今天,社会生产率的发展已非昔日可比,但是这种观点并未完全绝迹。在西方社会,人们从传统的道德和宗教的角度,甚至从环境保护和资源使用的角度,也还总是有一些声音不断地对各种休闲消费行为进行指责和批判,尤其是休闲消费具有的鲜明的娱乐性和游戏性特征,使休闲活动至今在某种程度上仍被看作是虚度时间和浪费金钱的象征。

在中国,休闲消费的名声一度也好不了多少,吃喝玩乐作为典型的休闲活动方式,也还是不能登上大雅之堂,被很多人所鄙视。近年来,即使是随着我国生产力水平迅速提高,广大居民收入水准大幅度提升,人们用于休闲消费支出的数额节节上升之际,依然有人在媒体上大声疾呼:"且莫休闲。"原因无非是我们作为一个发展中国家,现代化建设的任务还很重。从这个认识逻辑出发,休闲至少在两个方面受到了某种程度的排斥:一是作为消耗时间的活动,二是作为不必要的消费形式。在今天,强调节约、

---

① (美)托马斯·古德尔,杰弗瑞·戈比.人类思想史中的休闲[M].成素梅,等,译.昆明:云南人民出版社,2000:110.
② (美)托马斯·古德尔,杰弗瑞·戈比.人类思想史中的休闲[M].成素梅,等,译.昆明:云南人民出版社,2000:110.

勤俭和储蓄的行为原本是无可非议的，然而，当我们试图用带有浓厚的禁欲主义色彩的伦理道德或空洞苍白的政治说教反对休闲消费时，不禁使人感受到，即使在今日，休闲活动的经济性特征已成为经济发展重要驱动力的时候，对休闲的深深误解仍然没有完全消除。

二、休闲经济功能的特征

伴随着经济发展和社会进步，休闲的经济内涵已经越来越被人们所认识，休闲的经济特性也更加明晰地显示出来。经济学家也开始逐渐关注休闲在人们生活中的作用，以及休闲消费对社会经济发展的影响。

（一）休闲是推动经济发展的重要动力

19世纪末期、20世纪初，阿·马歇尔研究了社会经济现状和消费的发展趋势后指出未来社会消费发展的几种趋势。第一，进入市场的商品种类的变动趋势。随着经济的进步，无论是生活必需品，还是非生活必需品的市场交易量，都将逐步得到加强。第二，社会消费水平随技术水平提高而提高。生产力的发展，技术水平的提高，为社会提供了比较充裕和廉价的消费品，从而在整体上提高了社会消费水平。阿·马歇尔着重指明，借助于石油供给的廉价灯光，为晚间的消遣娱乐提供了方便。而各种工业和生产技术的进步，为人们的外出旅行活动创造了便利的条件。这些显然有益于广大的消费者。第三，休闲越来越受到人们的广泛重视。在资本主义工业发展初期，人们宁愿减少休息日，增加工作时间，放弃在工作范围以外去寻找乐趣的打算。但生产的进一步发展，使人们对于休息比以前更加重视，而对于工作紧张引起的疲劳也越来越不能忍受。这种对休闲的重视，表明消费者愈加具有现实感，而不像过去那样愿意放弃休闲的享受。第四，货币和信用的发展将创造新的消费形式。人的消费欲望是随着自身财富和知识的增长而扩大的。随着社会生产力的提高，人类总会产生新的消费欲望，同时又不断产生满足这些欲望的办法。没有理由认为人们如今已经达到了不再产生新欲望的静止状态。而赊账、抵押借款等方式的出现，也将鼓励人们产生获得新消费品的欲望。马歇尔对休闲经济功能的研究反映出，在资本主义工业文明发展到一定阶段时，人们会更加重视利用休闲时间并积极参与休闲活动，从而将对社会的消费格局产生影响。阿·马歇尔之所以令后人敬佩，不仅在于他的不少观点后来被社会经济的发展和人们休闲消费支出的发展所证实，而且还在于他具有面对现实的勇气和坦诚。

20世纪以来，世界各国劳动生产力水平得到显著提高的同时，劳动生产时间被不断压缩，而劳动者的休闲时间则明显增长。从生产的角度看，劳动者在空闲的时间里，除了休息和娱乐外，还可进行各种形式的学习活动，包括职业和技能培训，使劳动者更适宜于不断专业化和现代化的生产要求。对生产性的企业来讲，休闲的推广不只是让劳动者疲惫的体力得到简单的恢复，而是通过劳动者职业素养的提高，让企业可以获得持续高效的劳动力再生资源和劳动生产效率。因此，从国际发展看，自20世纪初开始，不少国家的政府就纷纷出台了一系列的法律、法规，以及各种配套的行政管理条例，不仅在法律上充分保护了劳动者的休闲权利，实际上也用法律的形式肯定了休闲对于社会经济发展所起到的强有力的驱动作用。可以这样说，回顾20世纪以来社会历史的发展历程，人们对休闲的合理性一直都没有表示怀疑，与其说是因为休闲时间能够给广大的劳动者带来实际的利益，倒不如说是因为休闲的使用对资本主义社会经济的发展具有重要的推动作用。

一方面，劳动时间的降低，并不表明生产的相应减少，由于劳动者通过适当的休闲得以驱除疲劳，恢复良好的精神状态，导致企业减少了旷工现象，出现了较低的生产人员的更换率；另一方面，劳动者则表现出较高的工作积极性，导致生产能力和生产效率同步提高，从而弥补了因劳动时间减少所引起的生产不足的缺陷。这样，伴随着世界各国社会经济在20世纪的发展，必然会驱使千千万万的劳动者，从仅仅满足于必要的生活必需品的消费，向着不断增长的非生活必需品的消费转换，从而在历史上，使休闲由单一的休闲时间的合理性使用，过渡到休闲消费的合理性增长。可以这样认为，休闲就是消费时间并花费金钱。在任何一个城市里，如果没有夜生活和周末休闲时间，毫无疑问，休闲娱乐业将会崩溃；如果没有各类假期，旅游业定将衰落。因而，可以得出如下结论，"实际上，是休闲而不是劳动使得工业资本主义走向成熟"。[①] 从这一意义上进行解析和认知，休闲对社会发展的经济功能就合理和完整地体现出来了。

（二）休闲是市场扩容的助推器

休闲意味着消费市场的不断扩容。现代的休闲活动早已拓宽了生活中消费的内涵，而且因其孕育着巨大的市场商机而受到经济界的广泛瞩目。通常讲，只要休闲活动发生，不管采用何种形式，都会在直接和间接的意义上进行着某种程度的消费支出，都是一种经济活动。梁能认为休闲的经济功能并不只是在周末、节假日才体现出来，在工作之余的休闲范围内也会有各种各样的休闲消费需求，其范围也不仅仅局限于吃喝玩乐，更多地还要包括精神文化消费。[②] 加里·贝克尔认为，所有休闲都含有某种消费，所有消费活动又都含有某种休闲。[③] 随着社会的发展，人们的休闲时间大幅度增加，参与娱乐活动的概率越来越大，消费的频率也越来越高，休闲活动的消费支出更是出现水涨船高的景象。我国改革开放的发展轨迹也证明了这样一个历史事实，电视机、录像机、VCD、摄像机、家庭影院设备等家电用品，就是随着家庭休闲娱乐活动需求的增长而大规模进入我国普通民众的家庭。据上海统计局公布的统计数字，2000年上海市民人均每年娱乐消费已经达到146.92元，比90年代初增长了将近4倍。在日本，人们每年花费在高尔夫球娱乐项目上的支出就达1兆2千亿日元左右。在法国，个人每年购买娱乐电器设备的支出增长率超过12%，每年购买户外娱乐器材的消费增长为13%。从某种意义上说，休闲娱乐活动作为一项消费活动，已完全纳入到当代的经济体系中。正是借助于休闲消费，有时还会拉动其他相关产业的发展，或促使其进行相应的技术革命。反过来，那些产业部门的发展，产品的更新，又会刺激休闲消费的进一步加强。比如人们购

① （美）托马斯·古德尔,杰弗瑞·戈比.人类思想史中的休闲［M］.成素梅,等,译.昆明:云南人民出版社,2000: 119.

② 陆蓓.闲暇时光蕴含商机［N］.新民晚报,2000-08-28.

③ （美）加里·S·贝克尔.人类行为的经济分析［M］.王业宇,等,译.上海:上海三联书店,上海人民出版社,1995: 7.

买汽车,不只是为了上下班方便,还有从事休闲娱乐活动方面的考虑;而另一方面,汽车进入家庭,确实又成为人们周末、假期出游欲望高涨的重要因素,这是因为驾车出游的方便所致。因此,每逢黄金旅游周,各大城市一批酷爱驾车,但尚未购车的白领人士,往往是提前就向一些汽车租赁公司预约订车,假期一到便携带着家属或亲戚朋友驾车外出旅游了,而这批人必将是国内未来汽车市场快速发展的潜在消费者。可以预料,随着人们家庭收入水平的持续提高,休闲消费已经成为人们日常生活消费的重要组成部分,而且在21世纪,休闲消费正孕育着更大的发展趋势,其巨大的市场消费容量是任何人所不能忽视的,这已被众多的经济学家所认可。

(三)休闲是稳定社会就业的调解阀

休闲经济意义的重要性还在于其能够增加就业机会。对休闲究竟能够产生多少就业机会,最简单的办法,就是将人们的社会休闲消费转变成为社会的就业机会。"假若4万美元的休闲消费能创造一个就业机会,那么,1万亿美元的休闲消费将创造2 500万个工作岗位,这相当于1990年美国全部就业机会的1/4。假若仍不满足的话,设想美国休闲产业的岗位将产生另一个支出产业的工作,这仅仅涉及了接近一半的与休闲有关的就业机会。"[①]从中我们可以比较清晰地看到休闲经济功能的一个侧面,即对于创造就业机会的现实影响力和巨大的市场潜在力。见表5-1。

年　份	酒店和其他旅游住宿设施	餐厅、咖啡厅等	酒吧和夜总会	旅行社和包价经营商	图书馆、博物馆和其他文化活动场所
1992	311 000	303 000	414 200	69 200	74 800
1996	399 100	487 900	506 400	104 000	73 900
2000	406 200	555 200	576 100	131 400	88 900
2002	418 000	545 400	535 900	133 600	81 400

表 5-1

英国休闲相关产业的就业情况
单位:人

资料来源:(英)约翰·特莱伯编著.休闲经济与案例分析[M].李文峰,译.辽宁科学技术出版社,2007:232.

表5-1表明了英国休闲相关产业的就业趋势,该表说明就业人数在每一个休闲相关的产业中都有所上升,而对全国就业的总体贡献达到210万人,占总劳动人口的10%,这表明1992—2002年间就业上升率达到了27%。在英国的某些地区,休闲产业是其重要的产业,是解决当地就业问题的重要渠道。在美国,来源于就业及薪资普查的数字显示:艺术、娱乐的就业总人数占所有就业人数的1.4%,住宿和餐饮服务就业占了总就业量的8%,据估计休闲和接待产业年平均就业人数在1993年为9 732 000人,而到2002年又上升到了11 969 000人,[②]休闲产业对就业的贡献率不断上升。

---

① 〔美〕杰弗瑞·戈比.21世纪的休闲与休闲服务[M].张春波,等,译.昆明:云南人民出版社,2000:168.
② 〔英〕约翰·特莱伯.休闲经济与案例分析[M].李文峰,译.辽宁科学技术出版社,2007:232.

（四）休闲是规避经济危机的润滑剂

在2001年，发生的一件震惊全球的大事，再次让我们从更深的层次上认识到了休闲的经济功能在社会经济发展过程中所起的不可忽视的作用。在全人类进入新千年的第一年，正值美国经济面临增长严重趋缓，之后不幸又遭遇了"9·11"这一前所未有的恐怖袭击活动，不仅造成美国巨大的人员和财产损失，而且也使当时美国尚不明朗的经济走向陷入雪上加霜的困境之中。而今，当纽约世贸中心废墟上的浓烟渐渐散去，一方面，投资者的心态颇让人琢磨不透，"道指"和"纳指"的波动现象已明白无误地告诉人们，美国股市将要经历一个更长久的动荡，如今的动荡还只是刚刚开始。另一方面，美国国内消费者的信心也已成为美国经济发展的焦点。2002年初，从美国联邦政府到地方政府，从总统到市长，都在不同的场合强调一个核心问题，那就是竭尽全力鼓励人们像往常一样逛商店、看电影、下餐馆，呼吁人们加大力度进行各种形式的休闲消费。在这种特殊的大背景下，美国居民的休闲消费已成为具有爱国主义内涵的经济行为。这不禁会让人回想起1997年那场起源于东南亚的金融危机，波及韩国时，韩国政府为了克服国家经济面临的严峻困难，号召人民在国难当头之际，减少消费，尤其是压缩高档的非生活必需品支出。为响应政府的倡议，众多韩国家庭将象征财富的金银首饰无偿捐献给国家，此情此景在当时曾令多少人感动万分，直至今日也久久不能忘怀。而今，当美国笼罩在严重的经济衰退的阴影中时，美国政府所要做的事情恰恰与当年韩国政府的要求相反，并不是要求美国人民压缩消费开支，而是尽可能地增加消费开支，特别是增加属于非生活必需品的休闲活动开支。东西方两个国家在解决国家面临的严重经济危机时所选择的不同做法，不能简单地用文化差异来进行解释，其实还应有更深层次的经济结构和社会观念结构方面的差异。美国是一个以消费经济为主的国家，民众停止了消费，无疑是停止了刺激国民经济持续发展的发动机。美国著名的经济学家克鲁曼在"9·11"事件后曾撰文大声疾呼人们要进行积极的消费，他警告说，如果美国人都像1997年东南亚经济危机时韩国人那样，将积蓄多年的金银珠宝都拿出来捐给国家，而放弃购买奢侈品，反而会使国家经济更加糟糕，[①] 而这正是美国政府和经济学家最为担忧的事情。倡导民众进行奢侈性的休闲消费，并将它提升到一种爱国主义行为的高度，也是出于无奈，虽说这在过去是根本无法想象到的事情，而今在美国却成为挽救美国经济的重要手段。事实证明，在现代社会，适度提高人们进行奢侈消费的程度，同样有助于恢复和促进社会经济的发展。

（五）休闲是促进市场热点转换的原动力

从人们对休闲生活方式的追求中，总可以清楚地看到市场热点转换的轨迹，在某种程度上可以把休闲看成是引导市场热点切换的风向标。在当今社会，各个阶层人们的物质生活或精神生活的模式或多或少会受到时尚的影响，并在个人的休闲消费生活中打上烙印。时尚是休闲生活中的一种社会现象，是人们在多变的社会中追求生活方式和体验消费乐趣的真实记录。在当代，人们的休闲生活日益丰富，生活热点日趋多样化，所以消费时尚的变化和更替的速度进一步加快，从而使休闲消费既体现出勃勃生机

---

① 丁刚.美国号召人们多花钱[N].环球时报,2001-09-28(18).

的一面,又表现出光怪陆离的特性。这里所指的消费时尚的含义比较宽泛,它的范围包括室内装饰、日用品、汽车、饮食生活的倾向等等,包括了消费者在市场上购买全部商品的生活方式。休闲消费的时尚化,在今天既可以被看作是现代社会休闲生活本身的重要特征,也是促进市场消费热点转变的重要动力。

思考与练习

1. 休闲对人的发展具有哪些作用。

2. 如何理解休闲活动的象征性功能。

3. 可以采用哪些科学的休闲方法应对"亚健康"的挑战。

4. 在当前的社会发展中休闲经济功能应发挥怎样的作用。

内容提要

　　本章主要针对休闲时代与城市休闲化的发展特点及发展规律进行叙述,并对休闲发展的五大趋势进行阐述。本章共分为三节,第一节主要探讨了休闲时代及其发展阶段的特点。第二节围绕城市休闲化这一议题进行了分析,并结合我国城市休闲化发展实际讨论了城市休闲化的评价问题。第三节分析了休闲发展的五大趋势。

专业词汇

休闲时代(leisure time)

城市休闲化(urban recreationalization)

休闲化质量(leisure quality)

休闲发展趋势(leisure development trend)

活动虚拟化(activity virtualization)

城市休闲化是实现和谐宜居的重要途径[①]

　　华东师范大学工商管理学院休闲研究中心于2015年11月27日发布的《中国城市休闲化指数2015》中,构建了由经济与产业发展、交通设施与安全、休闲服务与接待、休闲空间与环境、休闲生活与消费5个一级指标、44个二级指标构成的城市休闲化评价指标体系,并通过此评价指标体系来衡量全国36个城市,即27个省会(自治区)城市、4个直辖市和5个计划单列市的城市休闲发展水平。评价结果显示,现阶段中国城市休闲化水平呈现如下特征:

　　1. 城市休闲化水平排名,北上广深分列前四。对36个城市休闲化水平测度表明,北京以72.973 7位居排行榜第一名,是排名最后的西宁的6倍多(11.271 5)。排名前十的城市分别是:北京、上海、广州、深圳、重庆、成都、杭州、南京、武汉、天津。排名后十的城市分别是:长春、南昌、乌鲁木齐、南宁、呼和浩特、太原、银川、拉萨、兰州、西宁。

　　2. 城市休闲化水平由东向西逐渐递减,与区域经济发展水平的分布现状吻合。就空间角度看,我国东部地区城市休闲化水平相对较高,中西部地区城市休闲化水平普遍较低。这一空间格局与我国城市区域经济发展水平的分布现状吻合,也与我国城市化水平空间分布差异相似。因此,区域经济水平与城市休闲化水平存在一定的关联性。

　　3. 城市休闲化水平整体偏低,多数城市在全国均值以下。2015年中国城市休闲化指数均值为24.604 2,多数城市指数在23以下。在36个城市中,有25个城市低于全国城市休闲化指数均值,占比高达69.44%,只有少部分城市休闲化指数超过了23,表明多数城市休闲化水平处于中下。

　　4. 休闲相关产业是推动城市休闲化水平的主要因素。休闲相关产业涵盖了城市的餐饮、零售企业个数、从业人员数、城市文化设施规模、休闲旅游接待能力、城市旅游吸引力等内容,对36个城市休闲化指数的诊断分析发现,在经济与产业发展、交通设施与安全、休闲服务与接待、休闲空间与环境、休闲生活与消费五个指标发展水平中,大多数城市的休闲相关产业水平相对较高,这间接说明一座城市的休闲相关产业发展水平相对较好,则其在聚集人才、增强城市吸引力、推动城市更新与发展方面发挥的作用越大。

　　5. 绿化、空气、交通设施与安全已然成为城市休闲化的制约因素。城市绿化环境主要是指城市的人均公共绿地面积,空气质量是指城市空气质量达到二级及优于二级的天数,交通设施与安全是指城市内部交通与外部交通设施的承载力以及安全系数。通过对36个城市休闲化指数的诊断分析发现,在经济与产业发展、交通设施与安全、休闲服务与接待、休闲空间与环境、休闲生活与消费五个指标发展水平中,大多数城市的休闲空间与环境、交通设施与安全指数水平相对较低,表明良好的生态环境、安全畅通的交通环境俨然已经成为居民开展户外休闲游憩活动的关键考量因素。值得注意的是,尽管北京的城市休闲化水平位居第一,但其休闲空间与环境水平却位居第五,主要制约的因素是空

[①] 楼嘉军,李丽梅. 城市休闲化是实现和谐宜居的重要途径[N].中国旅游报,2016-02-01(C2).

气质量不佳。

6. 休闲生活与消费将成为考量城市休闲化水平的"最具潜力指标"。城市休闲化是以优化居民生活功能为核心的一个过程，其各要素之间内在机理的协调性和推进效率，最终都体现在城市居民生活方式的转型、生活质量不断提高的过程中，而一座城市居民休闲生活质量最直观的反映就是居民的休闲消费水平。36个城市在经济与产业发展、交通设施与安全、休闲服务与接待、休闲空间与环境、休闲生活与消费五个指标发展水平中，有12个城市的休闲生活与消费水平要相对高于其他四项指标，并且其中9个城市位于中西部地区，这表明城市居民的休闲消费需求是旺盛的，如何将休闲需要转化为休闲消费，需要城市有关部门确保城市的休闲消费设施和环境，最终使休闲生活与消费成为促进本地经济发展、产业升级、城市更新的资本。

7. 城市休闲化水平较高的城市，居民的休闲生活质量一般也相对较高。北京、上海、广州、深圳的城市休闲化水平较高，从其具体指标看，这些城市的经济与产业发展水平、交通设施与安全水平、休闲服务与接待水平、休闲空间与环境水平以及休闲生活与消费水平也都远高于36个城市的均值水平。从另一个角度看，居民的休闲生活质量实际上是这五类指标的综合反映，我们由此可以得出一个基本判断，城市休闲化水平较高的城市，往往居民的休闲生活质量也相对较高。

8. 36个城市休闲化水平整体空间格局趋于稳定。从连续五年的城市休闲化指数排名可以发现，除港澳台地区以外，中国城市休闲化水平较高的城市集中在东部沿海城市和西部的成都、重庆，西部区域相对落后，表明我国城市休闲化水平的空间格局已经稳固下来。经济发展水平高、休闲服务与接待能力强等因素成为城市休闲化指数排名靠前的城市的两大优势。

9. 中西部是未来中国城市休闲化水平稳步提升的"蓝海"。按照我国三大区域划分，东中西部连续五年的城市休闲化指数始终保持东部领先，中西部不相上下，并且三大区域城市休闲化水平均保持上升趋势，但是中西部城市休闲化指数与东部相比仍有不小差距。因此，未来我国城市休闲化整体水平的提升，需要中西部城市加强城市休闲功能建设，尤其要抓住当前"一带一路"的发展机遇，推进交通设施建设，盘活城市休闲旅游资源，大力打造休闲产业体系，不断提升城市休闲化水平。

10. 城市休闲化是我国全面建成小康社会目标的重要内容。城市休闲化的核心理念在于以满足本地居民的休闲娱乐需求为主，丰富当地居民的精神生活。通过优化基础设施、提升城市绿色环境、调整产业结构、提供休闲设施等稳步推进理念转化为现实。可以看出，城市休闲化建设关乎城市的产业结构、绿色发展、人民福祉，这与全面建成小康社会的目标要求一脉相承。在当下党的十八届五中全会提出"创新、协调、绿色、开放、共享"五大发展理念的背景下，城市要建设成为让人在生活上感到舒适的城市，就要不遗余力地在城市的生活环境、消费服务、休闲设施方面大力投入，以实现"美丽中国"的梦想和愿景。

11. 城市休闲化是实现和谐宜居美好的现代城市的重要途径。中央城市工作会议指出，要让人民群众在城市生活得更方便、更舒心、更美好，这折射出城市基本价值诉求的变化,即从以生产功能为主转向以生活功能为主。从发达国家发展的实践经验看,城市休闲化是后工业化时期城市发展的产物,是一个动态的发展过程。其中一个重要现象是揭示了城市基本价值诉求的变化特征,即由工业化时期突出以生产(制造)功能为核心,向后工业化时期凸显以优化居民生活(生存)功能为核心的转变。从一定意义上讲,城市休闲化的内涵与中央城市工作会议的精神比较吻合,推进城市休闲化进程有助于提升我国城市发展的持续性宜居性,促进居民生活方式由满足型向享受型与发展型转变,从而全面开创我国城市发展的新局面。

随着我国全面建成小康社会宏伟蓝图的绘就,中央城市工作会议提倡的城市和谐宜居美好精神的贯彻,城市绿色发展战略路径的实施,我国的城市休闲化进程必将迈向新的台阶和境界,预计到2020年,将呈现出以下特征:一是我国东部地区的城市休闲化水平将在整体上进入中等以上发展阶段;二是随着中部崛起、西部开发战略的实施以及"一带一路"国家发展战略的推进,中西部地区城市休闲化水平将步入较快的发展时期;三是未来五年中,36个城市中约有1/4左右的城市休闲化水平将跨入中高发展阶段;四是北京、上海、广州、深圳等城市在继续引领我国城市休闲化进程的同时,有可能率先迈入休闲经济时代。

第一节　休闲时代

一、休闲时代概念

进入21世纪,从世界范围来看,不同国家和地区在不同层面所形成的休闲化进程已汇聚成为全球新的发展趋势。休闲不仅可能,而且正在成为"我们这个时代的主旋律"和"下一个经济大潮"。[1]无论从哪个角度讲,休闲改变着我们的生活方式。休闲时代业已悄然成为人们关注的焦点。

(一)发展背景

首先,由于置身于全球经济一体化的进程中,国家或地区之间互利互惠、互为影响已成为国际社会的一个基本特征。当中国经济增长对全球经济发展影响程度不断提高,经济贡献率已经超过25%之时,[2]中国自然也分享了全球经济一体化发展带来的红利,使我们得以在进行全面小康社会建设的过程中,从物质层面的休闲设施,到精神层面的休闲理念,乃至于休闲活动方式,无不深受席卷全球的休闲化浪潮的广泛影响,从而不断刺激中国居民产生更高涨的休闲诉求,进一步加快中国社会的休闲化过程。其次,党的十六大提出的全面建设小康社会的战略目标,在加速我国社会经济发展和提升人民生活质量的同时,也必将有力地推进休闲化进程向前发展。从一定意义上讲,以现

[1] 郭鲁芳.休闲经济学——休闲消费的经济分析[M].杭州:浙江大学出版社,2005:10.
[2] 李晓喻,庞无忌.据国家统计局公布的有关资料表明,2015年中国对世界经济增长贡献率超25%[EB/OL].http://money.163.com/16/0119/13/BDMRDTF100254TI5.html.

代休闲生活方式为核心内容的休闲时代的形成是全面实现小康社会发展目标的重要成果之一。最后，进入新世纪以来，我国经济持续健康发展，居民收入水平不断提高，休闲欲望不断高涨，而休假制度的不完善，尤其是带薪休假制度的缺失，已成为制约居民休闲方式转型的瓶颈因素。而2008年开始实施的新休假制度，不仅使居民全年各种休假时间之和约占全年时间的三分之一，而且形成了具有现阶段中国特色的"1+2+5+43"的休假时间模式。因此，新休假制度为居民休闲方式的多元化和自主化，提供了重要的制度保障，并将成为推动我国休闲时代发展的重要动力。

（二）休闲时代界定

关于休闲时代，近年来有较多文献进行论述，但是因研究对象比较分散，并没有形成比较完整的定义。何谓"时代"，《辞海》认为是指依据某种特征划分的社会各个发展阶段。借鉴《辞海》这一定义，并结合国际社会发展的实际经验，本文认为所谓休闲时代，是指一个国家或地区人均GDP进入3 000—5 000美元阶段以后，而在居民生活方式、城市功能和产业结构等方面相继形成休闲化特点的一个发展时期。从这一界定出发，可以从两个层面上进行把握。一是条件的必要性。进入休闲时代必须具备相应的门槛条件。二是特点的显著性和动态性。在这一阶段必然形成若干体现休闲内涵的时代特点，同时又蕴含着某些发展趋势。

（三）休闲时代发展的基本条件

休闲时代建立在诸多发展条件的基础之上，但其中有几个基本条件需要引起足够重视：一是经济条件作为基础，二是休假制度作为保障。

第一，经济条件是基础。从经济发展条件看，应该符合世界银行提出的关于中高等收入国家的基本标准。[①] 结合国际经验和我国发展实际，休闲时代的起步大致与人均GDP在3 000—5 000美元的发展时期同步。单从休闲角度讲，即使在生产力比较低下的农耕时代，人们也会利用各种条件开展相应的休闲活动，并产生一定的休闲消费行为。但是受制于生产力发展水平，决定着人们的休闲消费能力较弱，导致休闲对社会经济发展的影响力也很低。而在工业化或后工业化时代，休闲能够作为一种全新的和独立的生活方式出现，经济条件无疑是其中一个重要的因素。只有达到了一定的经济发展水平，才能为居民生活方式的调整，尤其是休闲目的的实现奠定扎实的基础。唯有如此，人们进行多元化休闲活动和享受型休闲消费才得以成为可能。这是因为人们关于休闲的"有效需求不仅仅是指欲望，而是以金钱为基础的欲望"。[②] 也正是从这个意义上讲，经济上达到中高等收入国家的标准是迈向休闲时代的一个基本条件。

第二，休假制度是保障。从休闲时间的构成条件看，必须形成比较完整的休假制度。休假权是劳动者的基本权利之一，早在1948年联合国通过的《世界人权宣言》第24条就作了明确规定："人人有休息及休闲之权，包括工作时间受合理限制及定期给休

---

① 根据世界银行2011年的国家分类标准，低收入经济体指平均收入在1 005美元以下，中低收入经济体的平均收入为1 006至3 975美元；中高收入经济体的平均收入为3 976至12 275美元，高收入经济体的平均收入为12 276美元以上。

② 〔英〕约翰·特莱伯.休闲经济与案例分析［M］.李文峰，译.沈阳：辽宁科学技术出版社，2007：13.

假之权。"①1976年国际休闲大会在发表的《休闲宪章》中又指出,无论在城市和乡村,休闲都是重要的。它为人们提供了基本才能变化的发展条件:意向、知识、责任感和创造力的自由发展。这些文件的原则和精神,数十年来成为推动各国休闲发展的重要因素。从各国休闲发展的具体情况分析,法律化和制度化是保证休闲得以正常进行的重要手段。在现实的社会里,人们经济收入的增加与休闲时间的获得存在差距,在很大程度上就会限制人们休闲活动的开展。因此,各国的政府部门通过各种立法手段,保护人们的休闲权利的扩大和不被损害,以适应20世纪中叶以后国际社会休闲蓬勃发展的趋势。当然,由于各国社会与经济发展现状有较大的差异性,因此在具体的法律制定过程中存在不少差别,时间上取得进展的节奏也有快慢。但是,从总体上看,反映了一个共同的社会价值目标,即通过立法的形式,提升本国人民社会生活的质量。

经过多年发展,欧美发达国家在20世纪六七十年代,逐渐形成了以公共休假制度、法定假日制度和带薪休假制度为主要内容的多层次的休假制度。一是在时间长度上,居民拥有占全年总时间三分之一左右的休假时间。二是在时间层次上,由周末休息、国定假日、带薪休假三部分内容构成,为居民从事各种形式的休闲娱乐活动提供了必要的时间保障。三是在时间使用上,进一步凸显了居民自主安排、自由活动和自我发展的休闲权利。从国外休闲时代发展的实际效果看,多层次休闲制度的形成,是保证居民休闲目的和休闲消费行为得以实现的重要条件。否则,不完善的休假制度必将成为制约人们休闲生活质量提升的桎梏,即使人们拥有更高的收入水平也无济于事,20世纪80年代的日本就是一个例证。据相关统计资料表明,在20世纪80年代中期,日本经济正处于高速发展时期,人均GDP已经达到10 000美元阶段,但是日本国民的休闲时间却是发达国家中间最短的,仍然有55%的企业(30%的工人)还没有确立每周两天的休息制度。日本学者由此认为,与欧美国家相比,日本的闲暇生活尚停留在不成熟的水平阶段,显得贫乏。②基于当时的状态,日本政府在1986年做出了"关于加强日本经济结构调整纲要"的决策。纲要规定:① 缩短职工法定的劳动时间,延长职工带薪假期的期限;② 国家公务人员及金融机关进一步实行周休二日制;③ 努力改善自由活动时间的环境,力求普遍实行暑假休假1周的规定。从80年代末期开始,日本国民之所以能够大规模地进行国内和国际休闲旅游活动,与政府所采取的这一行政调控手段有着直接的关系。

二、阶段划分

从国际角度看,休闲时代的发展大致可以划分为两个阶段。第一阶段,从20世纪六七十年代至21世纪初。一方面,自上世纪中叶起,欧美发达国家从整体上来讲,陆续步入人均GDP 3 000—5 000美元的发展阶段,居民生活状态明显改善;另一方面,休假制度也日趋完善,包括带薪假期在内的各种休假时间的总数接近全年时间的三分之一。在家庭收入水平递增和休闲时间延长的共同作用下,居民的社会生活方式、消费趋

① 王铁崖.国际法资料选编[M].北京:法律出版社,1982:150.
② 黄德兴,等.现代生活方式面面观[M].上海:上海社会科学院出版社,1987:182.

向、价值观念发生相应变化,并使现代休闲生活方式成为当时最重要的时代特征。对此,西方学者比较一致的看法是"人们是通过休闲,而不是通过工作来体现个性和自我表现"。[1]也正是基于对这一时代特点的判断,法国社会学家杜马兹迪埃在20世纪60年代就迫不及待地宣告休闲社会即将来临。[2]不久,帕克等学者又进一步明确指出:"我们正进入一个具有新的闲暇伦理观和娱乐道德观的闲暇时代。"[3]在此后的发展过程中,美国的休闲时代发展态势在发达国家中尤为引人注目,且在20世纪90年代就已经呈现出如下特征,"有1/3的时间用于休闲娱乐,有2/3的收入用于休闲娱乐,有1/3的土地面积用于休闲娱乐"。[4]需要指出的是,借助于20世纪晚期知识经济的兴起和全球一体化进程的加速,极大地推动了休闲化在全球范围内的发展和渗透。第二阶段,将从21世纪头十年起步。从上世纪60年代至今,经过将近半个世纪的发展,欧美发达国家人均GDP已经普遍达到3至4万美元的发展水平,居民可支配的休闲时间所占的份额也上升至全年41%左右,而居民用于休闲或与休闲相关的消费也在同步增长,对社会经济的影响力与日俱增,约占GDP50%以上。[5]基于这样的社会发展背景,在即将迈入21世纪的前夕,莫里托(Molitor,1999)作出了如下的判断,他认为在未来1 000年里,将形成推动人类经济增长的5大动力(引擎),即休闲、生命科学、超级材料、新原子时代与新太空时代,其中,在整个21世纪,休闲将是位居第一的重要推动力,并明确提出欧美发达国家或许将于"2015年进入休闲时代"的发展时间表。[6]

　　显然,从杜马兹迪埃、帕克到莫里托,在半个多世纪的历史变迁中,休闲时代始终是西方学者关注的一个焦点议题。需要指出的是,上述学者有关休闲时代的论述存在一定的差异性,这可以从以下两方面进行理解。一是由于着眼点的不同而形成的差异。前者主要是从社会学的角度,围绕休闲引起生活方式和价值观念变化等内容进行阐述,突出了休闲时代的社会性特征;[7]而后者则是从经济学的视野,针对休闲推进社会经济发展的重要性展开论述,强调了休闲时代的经济性作用。二是由于处在不同社会发展阶段而形成的差异。倘若放眼20世纪60年代至21世纪初将近50年的发展历程,欧美发达国家的人均GDP增加了将近10倍左右,不仅人们的休闲方式和休闲观念已经发生显著变化,而且休闲对社会、经济和文化的影响力也不可同日而语。因此,我们所面对的欧美学者对休闲时代论述的差异,实际上揭示的是自20世纪60年代以来,发达国家休闲时代的发展经历了从较低阶段向较高阶段演进和跨越的过程。认知这一发展过程,不仅对于理解和把握休闲时代的发展轨迹和内涵具有重要的指导意义,而且对于促

① 黄德兴,等.现代生活方式面面观[M].上海:上海社会科学院出版社,1987:148.
② (英)约翰·特莱伯.休闲经济与案例分析[M].李文峰,译,沈阳:辽宁科学技术出版社,2007:61.
③ 黄德兴,等.现代生活方式面面观[M].上海:上海社会科学院出版社,1987:148.
④ 徐海春.数字娱乐:各国竞折腰[N/OL].国际金融报,2001-10-09(7).
⑤ Molitor, Graham. T.T. Next 1,000 Year: The Big Five' Engines of Economic Growth Futurist[J]. Dec99, Vol.33 Issue 10, p14, 6p, 1 chart, 1c.
⑥ Molitor, Graham. T.T. Next 1,000 Year: The Big Five' Engines of Economic Growth Futurist[J]. Dec99, Vol.33 Issue 10, p13, 6p, 1 chart, 1c.
⑦ 学者们关于休闲社会的概念所包含的意思不仅仅是指休闲时间总量的变化,还包括价值观念的变化,以及对待工作和闲暇态度的变化。黄德兴,等.现代生活方式面面观[M].上海:上海社会科学院出版社,1987:148.

进我国休闲时代的发展也具有现实的借鉴意义。

第二节　城市休闲化

一、概念与意义

（一）城市休闲化水平与质量

第一，城市休闲化。城市休闲化是休闲时代城市发展的一个缩影，也是后工业化时期城市发展的一种形态。城市休闲化是一个动态的发展过程，涉及众多方面，根据国际经验，主要是指一个城市进入休闲时代以后，在基础环境、消费方式、产业结构、服务功能等方面相继形成休闲化特点的发展时期，可以通过相应的评价指标对发展水平与发展质量进行测度。

第二，城市休闲化水平。城市休闲化水平反映了城市从传统工业时代向后工业化时代的转型与变迁过程中，城市休闲功能和城市生活水平的综合体现，是衡量城市休闲化发展程度高低的数量指标。

第三，城市休闲化质量。城市休闲化质量，是指在城市休闲化进程中反映城市休闲建设成果优劣程度的一个综合概念，主要指公共基础、消费能力、产业能力和特色资源等休闲要素的发展质量，以及各要素之间内在机理的协调性和推进效率，最终体现在城市居民生活方式的转型和生活质量不断提高的过程中。

第四，城市休闲化发展目标。城市休闲化发展目标主要体现在一个根本点与一个基本面及其相互关系上。一个根本点是指城市休闲化最终体现在城市居民生活方式的转型和生活质量不断提高的过程中；城市休闲化首要的服务对象是本地居民，其次才兼顾外来游客。一个基本面是指城市休闲化表现为不断促进休闲环境改善、休闲产业配套、休闲资源利用和休闲服务保障等要素的优化过程，持续提高城市休闲化水平与休闲化质量。点与面的关系表现为：立足根本点，完善基本面，两者之间形成良性互动，在推进生产城市向生活城市发展的同时，促进城市居民休闲方式由满足型向享受型与发展型转变。

从城市休闲化的发展进程看，一方面，城市休闲化过程揭示了城市发展基本价值诉求的变化特征，即由工业化时期突出以生产（制造）功能为核心的发展特征，向后工业化时期凸显以优化居民生活（生存）功能为核心的特征转变，这一核心功能的转变既反映了自工业革命以来，城市在自身发展中，其基本功能在不同发展阶段体现不同作用的基本规律，又顺应了当今社会"城市，让生活更美好"的世界发展潮流；另一方面，城市休闲化的根本目标是优化当地居民生存环境和提升生活质量，促进居民生活方式由满足型向享受型和发展型转变，与建设全面小康社会的战略目标相一致。

我国有关城市休闲化的研究可以说是伴随着杭州和成都等城市提出有关"休闲之都"的建设目标而逐渐成为研究的热点。城市休闲化是建设全面小康社会目标的重要内容，也是和谐城市建设的重要体现，更是直接关系到居民生活满意度和幸福度的重要保障。无论从理论还是实践看，我国休闲城市建设的基本内涵与建设全面小康社会的基本精神相一致，也与和谐城市建设的基本要求相吻合。休闲城市建设在我国现阶段已经成为城市建设的方向，成为衡量城市社会文明进步的重要指标，而城市休闲化质量则是我国休闲城市建设的重要体现。

（二）推进城市休闲化发展的意义

第一，战略高度：推进全面小康社会发展目标的实现。随着我国现代化进程的加快，全面小康社会的内涵也开始发生变化，即人民生活在温饱的基础上，生活质量进一步提高，同时消费结构趋于合理，居住条件明显改善，文化生活进一步丰富，健康水平继续提高，社会服务设施不断完善。显然，全面小康社会的内涵与城市休闲化的根本目标一脉相承，即优化当地居民生存环境和提升生活质量，促进居民生活方式由满足型向享受型和发展型转变。因此，我们要从战略高度认识到城市休闲化对建设全面小康社会产生的重要影响。到2020年，我国将全面实现小康社会的发展目标，意味着届时我国或将从整体上进入城市休闲化的发展阶段。为此，在当前我国社会经济结构调整的有利时机以及党的十八届三中全会《决定》的指导下，加快城市休闲化建设，有利于消费产品结构的调整，市场消费容量的拓展，以及发挥休闲经济对我国社会经济发展的提升作用，最终推进全面小康社会发展目标的实现。

第二，文明深度：促进社会主义精神文明建设的深化。提高人的素质和构建核心价值体系，是社会主义精神文明建设的根本任务，也是城市休闲化建设的核心内容，两者在社会价值总体目标上基本一致。实际上，通过城市休闲化建设，一方面能够大力开发健康的休闲文化消费品，如文学、图书、戏剧、音乐等，繁荣休闲文化消费市场，从而形成良好的休闲文化，而休闲文化又促使人们选择正确的休闲内容和方式，更新人的休闲理念，净化人的心灵和社会环境；另一方面能够促使人们正确认识人与人、社会及自然的关系，正确对待各种矛盾，从而解决现代工业文明带来的负面问题，净化人类所处的环境，同时还能够促进人们积极思索人生的意义，追求真善美，树立起科学的世界观与人生观，促使整个人类社会的和谐与可持续发展。显而易见，城市休闲化进程是推进社会主义精神文明建设的重要力量，是提升国家整体文明素质的关键。

第三，发展宽度：加快我国新型城镇化战略的实施。《国家新型城镇化规划（2014—2020年）》指出，要加快转变城市发展方式，优化城市空间结构，增强城市经济、基础设施、公共服务和资源环境对人口的承载能力，建设和谐宜居、富有特色、充满活力的现代城市。城市休闲化的基本内容有四个方面，一是反映城市绿地率、空气环境质量优良率、交通承运能力等公共休闲基础服务要素。二是表现为城市居民家庭恩格尔系数、可自由支配收入、出游率、休闲娱乐消费支出水平等居民消费能力要素。三是体现出一个城市休闲娱乐设施的数量、餐饮娱乐服务业收入、饭店及旅行社的规模、接待国内外游客规模等休闲产业要素。四是一个城市拥有的具有代表性意义的休闲旅游资源的类型与数量等资源要素。可见，城市休闲化的内容与新型城镇化建设要素基本一致，通过城市休闲化建设，可以优化公共基础设施建设、提升城市环境，塑造城市休闲资源，调整产业结构，提高居民收入等，从而有效推动我国新型城镇化道路的实施。

第四，和谐角度：加强城市公共休闲服务体系的完善。《国民旅游休闲纲要》提出要完善国民旅游休闲公共服务，一是加强旅游休闲服务信息披露和旅游休闲目的地的安全风险信息提示；二是加强旅游咨询公共网站建设；三是完善旅游服务热线功能，逐步形成方便实用的旅游信息服务体系；四是完善道路标识系统，提升旅游交通服务保障水平；五是加强旅游休闲的安全、卫生等保障工作；六是加强突发事件应急处置能力建设，健全旅游安全救援体系；七是提高景区等场所工作人员、服务人员和志愿者无障碍服务技能；八是创新人才培养模式，提高旅游休闲高等教育、职业教育质量。城市休闲化的基本内容包括城市基础设施与环境、消费结构、产业能力、特色资源等，基本涵盖了《国民旅游休闲纲要》所提出的公共休闲服务体系的基本要素。因此，我们要从和谐社会发展的角度认识到城市休闲化对完善公共休闲服务体系的重要性。一是城市休闲化有利于形成以政府为主导的公共休闲服务体系制度安排；二是城市休闲化有利于休闲服务设施布局结构的合理调整；三是城市休闲化有利于满足不同时段、不同群体休闲消费的需求；四是城市休闲化不仅能最大限度地满足本地居民和外来游客的休闲和旅游需求，还能够保障城市弱势群体和外来务工人员的休闲娱乐需求，从而保证社会的和谐发展。

第五，生活优度：推动大众居民休闲生活质量的提升。科学的休闲观念不是自然而然形成的，需要正确引导，尤其对我们这样一个有着深厚农耕文化传统的国家而言，普及和提倡科学的休闲观念任重而道远。近年来，杭州、成都的实践表明，城市休闲化建设对于改善居民生活方式，提高本地居民生活质量有重要的作用。具体来讲，通过城市休闲化建设，一是可以加强科学休闲观念的宣传和引导，促使人们解除禁锢，认同现代休闲生活的准则；二是可以建立完善的休闲活动教育培训体系，提高人们从事休闲活动的知识、技能和能力；三是可以加强对休闲时间价值的利用效率，防止随意浪费休闲时间的现象泛滥。现阶段，随着居民经济条件的改善以及闲暇时间的增加，大众居民生活如何由"有闲"向"优闲"转变，成为提升居民休闲生活质量的重点。而城市休闲化恰好反映了从传统工业化时代的生产城市向后工业化时代的生活城市转型与变迁过程中，对城市休闲功能、居民休闲生活水平及休闲质量进行综合衡量的体现，其根本点最终体现在城市居民生活方式的转型和生活质量不断提高的过程中。因此，推进城市休闲化进程，提升大众居民生活质量是当今城市发展的应有之义。

第六，研究广度：引导城市休闲化研究范式的形成。城市休闲化进程的推进离不开一定创新性的城市休闲化评价体系。当前，我国整体城市休闲化水平稳步发展，但也出现了分化、差异化的迹象，因此，我国的城市休闲化研究不仅要着眼于整体宏观层面，还要深入到中观、微观层面的发展差异上去。近年来，我国城市休闲化的研究取得了一定的成果，主要体现在以下几个方面：关于城市休闲的内涵及影响因素的研究、关于城市休闲的构成系统及特征的研究、关于城市休闲质量评价与测度的研究等等。然而，由于对城市休闲化内涵的理解有差异，导致有关城市休闲化水平的评价体系参差不齐，有失科学性。为此，本研究报告希冀通过深化对城市休闲化的理解，制定科学合理的城市休闲化水平评价体系，并借助评价后的结果，提炼总结国内不同城市休闲化的阶段与特征，挖掘不同城市或地域间的差异及各自发展的规律，以此协调中国城市休闲化的整体发展格局。

二、城市休闲化评价框架
（一）评价指标内容
城市休闲化反映了从传统工业化时代的生产城市向后工业化时代的生活城市转型与变迁过程中，对城市社会经济发展水平、环境质量、交通条件与安全、休闲功能、居民休闲生活水平及休闲资源质量进行综合衡量与测评的体现,主要可以涵盖以下五个方面内容。

1. 经济与产业发展

经济与产业发展指标主要包括城市居民进行休闲消费的宏观环境(地区生产总值、人均生产总值)、产业结构(第三产业比重)以及住宿和餐饮业零售总额、从业人数等状况,是城市休闲发展的内在驱动力。自20世纪中叶以来,休闲服务产业在世界各国产业结构的调整中占据着越来越重要的地位,对推动各国经济持续增长作出了应有的贡献,休闲服务产业也已成为推动城市产业结构调整和城市功能转型的重要力量。[1]

2. 交通设施与安全

交通设施与安全指标主要包括城市的交通环境,具体为城市内部交通、公路、铁路、航空客运量以及交通安全状况。交通设施的承载力和安全是城市居民开展休闲活动的前提,良好的交通环境可以提升城市居民和外来游客的休闲旅游舒适度。

3. 休闲服务与接待

休闲服务与接待指标主要包括城市提供的文化设施(文化馆、图书馆、剧场/影剧院、文物保护单位)、休闲旅游接待设施(旅行社、饭店、景区、公园)以及游客接待规模(国内和入境旅游人数),是反映一座城市休闲功能水平的重要指标,是表征一座城市休闲吸引力的主要因素。

4. 休闲空间与环境

休闲空间与环境指标主要包括城市人均居住面积、城市绿化环境和城市获得的荣誉(如历史文化名城、卫生城市等),这些指标反映了城市的室内休闲环境和户外休闲环境的舒适度,尤其是良好的户外休闲环境是保证人们可以接触到更多休闲机会的基础性条件。良好的城市基础环境对提高居民的休闲生活质量有积极作用。[2]

5. 休闲生活与消费

休闲生活与消费指标主要包括城市居民的消费结构(家庭设备用品及服务消费支出、医疗保健消费支出、交通通信消费支出、教育文化娱乐消费支出)、拥有的家庭休闲设施(彩色电视机、电脑)、入境过夜旅游者人均花费。其中休闲消费水平与居民生活幸福感程度密切相关,[3]是居民生活质量提升的展现。这类指标是反映城市休闲化水平的关键指标,只有当人们的休闲需要转换为生产力,才能促进城市的更新与发展,而一座城市居民的休闲生活质量水平则是落实在具体休闲消费过程中。

(二)城市休闲化评价体系

总体来说,本评价指标体系由经济与产业发展、交通设施与安全、休闲服务与接待、休闲空间与环境、休闲生活与消费5个一级指标、44个二级指标共同构成,以此来综合反映我国城市休闲化水平与质量。见表6-1。

---

[1] Roberto San Salvador del Valle, Ortega C, Cuenca M. Leisure, Making Innovation a Tradition-the Role of Leisure in a City's Transformation: the Case of Bilbao[J]. World Leisure Journal, 2014, 56(1): 6-26.

[2] Valerie Vandermeulen, Ann Verspecht, Bert Vermeire, Guido Van Huylenbroeck and Xavier Gellynck. The Use of Economic Valuation to Creation Public Support for Green Infrastructure Investments in Urban Areas[J]. Landscape and Urban Planning, 2011, 103(2): 198-206.

[3] Thomas DeLeire Ariel Kalil. Does Consumption Buy Happiness? Evidence from the Untied States [J]. Review of Economics, 2010, 57(2): 163-176.

一级指标	二 级 指 标	单 位	变量	权重
公共基础	城市化率	%	X1	a1
	城市(建成区)绿化覆盖率	%	X2	a2
	城市绿地面积	公顷	X3	a3
	城市人均公共绿地面积	平方米	X4	a4
	空气水平达到及好于二级的天数	天	X5	a5
	主要城市区域环境噪声	等效声级	X6	a6
	市区人均居住面积	平方米	X7	a7
	公共汽车、电车客运量	万人次	X8	a8
	轨道交通客运量	万人次	X9	a9
	公路运输客运量	万人次	X10	a10
	铁路运输客运量	万人次	X11	a11
	民用航空旅客发送量	万人次	X12	a12
	交通事故发生数	起	X13	a13
消费能力	地区生产总值	亿元	X14	b1
	人均生产总值	元	X15	b2
	城镇居民家庭恩格尔系数	%	X16	b3
	城市居民消费价格指数	%	X17	b4
	城市居民人均可支配收入	元	X18	b5
	城市居民家庭人均消费性支出	元	X19	b6
	城市居民人均家庭设备用品及服务消费支出	元	X20	b7
	城市居民人均医疗保健消费支出	元	X21	b8
	城市居民人均交通通信消费支出	元	X22	b9
	城市居民人均教育文化娱乐服务消费支出	元	X23	b10
	每百户城市居民家庭年末彩色电视机拥有量	台	X24	b11
	每百户城市居民家庭年末家用电脑拥有量	台	X25	b12
产业能力	第三产业占GDP比重	%	X26	c1
	第三产业就业人数占全部就业人数的比重	%	X27	c2
	社会消费品零售总额	亿元	X28	c3
	批发、零售、住宿和餐饮业从业人数	人	X29	c4
	限额以上批发零售业销售总额	亿元	X30	c5
	限额以上批发、零售、住宿和餐饮业企业个数	个	X31	c6
	住宿和餐饮业零售总额	亿元	X32	c7
	文化馆数量(省、地市级+县级)	个	X33	c8
	博物馆数量	个	X34	c9
	公共图书馆数量	个	X35	c10
	剧场、影剧院数量	个	X36	c11
	旅行社数量	个	X37	c12
	星级饭店数量	个	X38	c13
	星级饭店营业收入	亿元	X39	c14
	国内旅游人数	万人次	X40	c15
	入境旅游人数	万人次	X41	c16
	入境过夜旅游者停留天数	天/人	X42	c17
	入境过夜旅游者人均花费	美元/人/天	X43	c18

表6-1

城市休闲化
水平评价指
标体系

（续表）

一级指标	二 级 指 标	单 位	变量	权重
特色资源	国家荣誉称号数 国家重点文物保护单位数量 国家风景名胜区数量 国家4A级以上景区数量 公园个数 国家地质公园数量 国家森林公园数量	个 个 个 个 个 个 个	X44 X45 X46 X47 X48 X49 X50	d1 d2 d3 d4 d5 d6 d7

（三）城市休闲化发展类型分析

评价对象涉及我国27个省会城市、4个直辖市以及5个计划单列市，共计36个城市。具体见表6-2。

表6-2

中国城市休闲化评价对象

类 别	数量	城 市
直辖市	4	北京、天津、上海、重庆
省会城市	27	石家庄、太原、呼和浩特、沈阳、长春、哈尔滨、南京、杭州、合肥、福州、南昌、济南、郑州、武汉、长沙、广州、南宁、海口、成都、贵阳、昆明、拉萨、西安、兰州、西宁、银川、乌鲁木齐
计划单列市	5	大连、青岛、宁波、厦门、深圳

在实际状况中，每座城市休闲化的发展结构与特点，通常会因城市的产业能力、交通条件、特色资源、消费能力和公共基础这5个一级指标对城市休闲化的贡献程度的高低呈现出一定的差异性。通过聚类分析，可以将36个城市的休闲化结构类型划分为以下6类。

第一类是休闲产业主导型，除东部地区的北京、上海、广州、深圳、杭州、南京、天津7个城市外，还有中部地区的武汉，以及西部地区的成都和西安。这类城市有一个显著的特点，就是休闲产业发展水平大都高于其他指标水平。

第二类是资源与产业主导型，代表性城市是重庆，其休闲特色资源和休闲产业指数比较接近，要高于其他指数，表现为休闲资源与休闲产业均衡化发展的态势。

第三类是基础环境和设施主导型，代表性城市是贵阳和海口，这两座城市的公共基础环境和设施水平高于其他指标，且呈现一定的差异性。

第四类是产业与消费主导型，包括7座城市，分别是东部地区的福州、宁波、大连、沈阳、青岛、厦门和中部地区的长沙。这类城市的特征就是休闲产业和居民休闲消费指数相对高于其他指标，体现出产业与消费互动发展的潜力。

第五类是产业与资源主导型，代表性城市有中部地区的石家庄、郑州，东部地区的哈尔滨和西部地区的昆明。这类城市的休闲产业水平、休闲特色资源丰富程度较好，未来如何进一步加大资源的利用与转化，来带动基础环境与设施发展、提升居民休闲消费水平非常重要。

　　第六类城市有12个，包括东部城市济南，中部城市合肥、长春、南昌、太原，西部城市南宁、呼和浩特、乌鲁木齐、兰州、西宁、银川和拉萨，主要集中在中西部。这类城市的共同特点是休闲特色资源发展水平相对较低，对各自城市的休闲化发展产生相应的制约作用。因此，在不断完善城市基础环境，促进居民休闲消费能力和推进休闲产业发展的基础上，如何进一步发掘城市休闲资源特色，提升休闲资源优势能力，成为这类城市推进休闲化进程的重要内容。见图6-1。

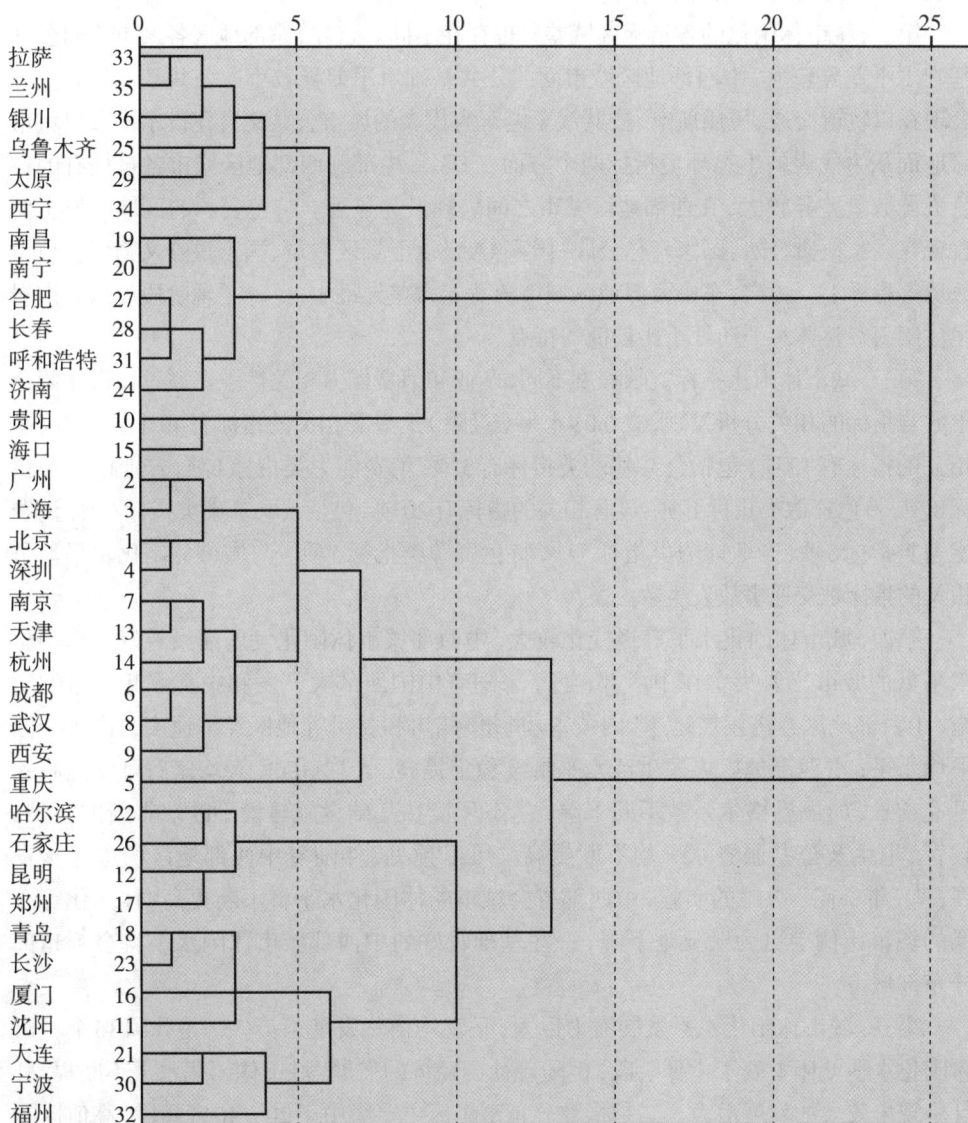

图 6-1

中国36个城市休闲化结构聚类图

三、城市休闲化发展特点

(一) 发展特点

第一,城市休闲化水平空间差异性显著,东部地区休闲化优势突出。从综合指数排名看,排名前十位的城市分别是:北京、上海、广州、重庆、深圳、杭州、南京、成都、天津、西安。其中,北京、上海、广州、重庆、深圳、杭州、南京连续四年蝉联排行榜前七。排名第一的北京得分是排名最后的拉萨的近8倍。从东中西三个区域看,东部地区的城市休闲化指数要高于中部和西部地区,这说明东部地区城市的休闲化水平要明显优于中部和西部地区,反映了城市休闲化水平受社会经济发展程度的影响。从指标相关分析看,城市休闲化水平与产业能力高度相关,与消费能力显著相关。这一结果解释了北京、上海、广州等大城市以及较为发达的东部地区休闲化水平较高的主要原因,这些城市及地区经济发展快速,为休闲产业的发展提供了良好的条件,同时居民的休闲消费需求能够较好地转化为现实生产力。

第二,城市休闲化的各指标区域差异也存在不同。首先,东部地区各城市之间公共基础水平差异较大,中西部地区城市间的公共基础水平差异较小。公共基础差异主要表现在以轨道交通、民用航空、公共汽车电车为代表的城市公共交通建设水平和以城市绿地面积为代表的生态环境指标两个方面。其次,中部和西部地区城市各自拥有的特色资源数量差异较大,在西部地区城市之间表现最为显著。特色资源的区域差异主要表现在国家地质公园、国家森林公园、国家4A级以上景区数量、国家重点文物保护单位数量等指标上。再次,东中西部地区城市消费能力差异最小,反映了现阶段我国城市居民休闲消费整体水平还处于比较低的特点。

第三,城市休闲化指标贡献程度不同,产业和消费能力相关性强。通过城市休闲化指数与指标的相关分析发现,在0.01水平(双侧)上显著相关的指标有40个,其中高度相关的指标有13项,包括公共基础类指标有3项,消费能力类指标1项,产业能力类指标8项,特色资源类指标1项;显著相关的指标有20项,包括公共基础类指标4项,消费能力类指标6项,产业能力类指标5项,特色资源类指标5项。与城市休闲化水平呈负相关的指标是交通事故发生数。

第四,城市休闲化水平等级变化较大,中西部城市休闲化发展前景看好。休闲化水平低的城市主要集中在中西部,近年来随着中国西部大开发和中部崛起战略的实施,中西部地区经济发展迅速,内蒙古、贵州、四川和甘肃等地区经济速度远高于全国平均水平;中西部地区人民生活水平持续稳定提高,人均GDP、人均家庭可支配收入迅速增长,居民恩格尔系数不断下降;生态环境和基础设施建设不断取得新的突破,教育、卫生及公共服务水平均不断提高。可以预见,伴随着中西部地区的进一步发展,"一带一路"战略的实施,中西部省会城市的休闲化水平将不断提高,休闲化等级低的城市比例会更为明显地下降,一些基础较好的中西部城市休闲水平将会赶超部分东部城市。

第五,城市休闲化水平发展潜力巨大,呈现均衡化发展态势。一是我国36个城市休闲化水平整体上处于中低阶段,但随着社会经济的发展,城市休闲化水平不断提高,且呈现出较大的发展潜力。二是指数分布密集区主要集中于20—40区间段,高值区间段分布密度较低，主峰与其他小的波峰所对应的休闲化指数间差距有扩大趋势。三是2011—2014年分布曲线波峰峰值逐渐降低，波峰宽度由窄变宽，36个城市休闲化水平呈现向均衡化方向发展的态势。

第六，城市休闲化区域差异缓慢缩小，整体统筹发展水平有望提升。首先，我国城市休闲化区域差异一直在波动中缓慢缩小，从区域差异分解结果看，区域内部差异是导致总体差异的主要原因。在区域内差异中，东部地区城市休闲化在波动中保持较大的差异，中部地区城市休闲化差异较小且越来越小，西部地区城市休闲化差异在波动中扩大且差异逐步大于东部。其次，分项指标的区域差异各有特点，各区域的消费能力水平接近，差异不大；公共基础和产业能力区域差异最大，公共基础的区域差异主要表现在城市公共交通建设水平和生态环境两个方面，休闲产业能力的区域差异性主要表现在批发、零售、住宿、餐饮业的企业规模和营业收入。

（二）对策建议

第一，从总体上看，探索均衡发展的城市休闲化机制。从我国整体层面上讲，要积极探索公共基础、休闲消费、休闲产业、特色资源四位一体、均衡发展的城市休闲化机制，解决我国城市休闲化水平发展不平衡的问题。东部地区城市的区位条件优越，对外开放程度较高，区域综合经济实力雄厚，城市休闲化建设起步较早，政府在城市公共基础能力、休闲产业能力方面的投资力度和持续性较强，因而城市休闲化水平普遍较高。但是东部地区的一些城市，休闲化建设也出现了一些问题：一是休闲业内部结构不合理，旅游业、商业、娱乐业迅速发展，而动漫产业、会展产业、创意产业、图书馆业、休闲体育业、休闲教育业等发展则相对缓慢；二是城市经济发展以城市生态环境为代价，如生态问题成为北京城市休闲化升级的最大短板，尽管其公共基础、休闲产业、特色资源得分都很高，但是雾霾给居民和游客的休闲活动蒙上了一层阴影。因此，东部城市应以合理调整产业结构、努力提升生态环境为目标，利用其雄厚的经济实力，完善城市休闲功能配置，重点拓展休闲文化产业，实现城市休闲化的优化升级。中部地区城市拥有较好的区位优势和发达的制造业，正处于社会经济快速发展的阶段，一些基础较好的城市如重庆、成都等的休闲化水平具备了赶超东部地区城市的实力。但是中部地区的大部分城市的休闲化起步较晚，地方政府对于城市休闲建设的重要性和紧迫感的认识不强。因此，中部城市应把握中部崛起、国家重大项目落户中部的历史机遇，推行新型工业化和新型城镇化，提升公共服务水平，重点发展一批特色商贸、区域旅游等现代服务业项目，优先发展大、中城市的休闲化水平，增强其辐射带动作用，促进中部地区城市休闲化的整体进步。西部地区城市总体的城市化程度较低、城市经济比较不发达，部分城市自然条件严峻、生态脆弱，城市休闲化建设滞后。因此，西部地区应把握西部大开发以及丝绸之路经济带建设的历史机遇，在公共基础设施建设、生态环境保护方面不断取得新的突破，并充分利用西部的资源和特色优势，建设城市特色休闲旅游度假区，提升城市休闲吸引力。

第二，从公共基础角度看，完善城市基础设施与环境建设。首先，功能完善的城市基础设施是一个城市发展休闲产业的强大动力，能够使城市居民和外来游客获得高质量、多样化的休闲体验。因此，结合城市自身发展特点，完善城市交通体系，最大限度地发挥公路、铁路、地铁/轻轨等交通工具的作用,为居民出行提供便利,减少耗费在旅途上的时间。其次,营造一个适宜的人居环境,能够使居民身心获益,并且更愿意到户外进行休闲活动和休闲消费,从而提高一个城市的休闲发展水平。为此,城市要积极改善城市自然环境,加强对自然环境的保护和绿化,具体包括提高城市绿地覆盖率,增加绿化面积,拓展绿化空间,治理大气污染,加强噪声监测和治理。最后是逐步提升城市化进程,让更多的民众享受休闲权利。

第三,从休闲消费角度看,生产供应符合居民需求的休闲产品。从政策导向、经济发展方面着手提高居民的休闲消费水平,并需要相关部门的相互配合与积极引导。一是提升城市社会经济发展水平,城市的经济实力与经济规模是居民能够进行休闲消费的客观条件,城市应结合自身特点,优势互补,着力发展经济,形成规模效应。二是积极引导居民休闲消费,结合居民休闲需要,生产和供应相应的休闲产品。休闲产品开发还应该综合考虑社会经济文化环境和个体特征,立足于本地传统的文化资源,居民消费的现实条件等,供应符合市场规律和消费者需求的休闲消费品,不断提高居民休闲消费能力。三是构建城市休闲系统,包括城市休闲供给系统、城市休闲需求系统,城市休闲管理系统和休闲支持系统,保证城市休闲活动的多样性和城市休闲系统要素的广泛性,完善休闲娱乐体系,创造休闲消费引爆点。

第四,从休闲产业角度看,制定休闲产业发展的规划和标准。继续加强零售餐饮业的发展,稳定旅游业的发展,改善和提升文化娱乐演艺业的发展。城市休闲产业在加快城市化、拉动消费、缩小城市居民收入差距等方面具有推动功能,是城市休闲化发展的直接动力。加快休闲产业发展要做好以下几个方面:一是界定休闲产业范围,梳理产业发展脉络,分重点、有阶段地推进与休闲产业紧密相关的产业体系建设。二是制定城市休闲产业发展战略,这要在政府政策的引导下,对休闲产业大类中的每一个产业类别出台相应的标准和指导性意见,形成一个完整的休闲产业发展规划和标准。三是组织管理机构来规范休闲产业的发展,休闲产业涵盖范围广,涉及的管理机构和部门较多,为统一化管理和发展休闲产业,相关职能部门之间应统筹协作、合理安排一个基础部门,来引导和管理休闲产业的规范性发展。

第五,从特色资源角度看,科学布局城市休闲娱乐空间。每座城市的休闲特色与氛围必须具有独特的气质才能增强本地居民休闲活动的认同感与归属感,进而凸显出城市休闲化发展的竞争力。一是依托城市优势资源,扩大城市公共休闲空间,提供人性化休闲设施,打造满足不同群体需求的城市休闲功能区和聚集区,形成三个不同层次的城市休闲娱乐区。具体讲,第一层次是中央娱乐区,空间上形成能够与中央商务区和中央商业区相对应的城市休闲娱乐核心区;第二层次是次级休闲娱乐区,重点打造集休闲、购物、旅游、观光、餐饮、娱乐为一体的特色商业街区;第三层次是社区娱乐区,主要满足周边地区居民日常的休闲娱乐活动。三个不同层次的休闲娱乐区,在功能上互补,在休闲市场上互靠,在产业结构上互动,共同推动城市休闲化发展。二是提升资源品位,生产高质量、多样化的休闲产品,提高休闲服务水平,以满足不同群体的休闲需要。譬如,通过整合城市文化资源,提高休闲娱乐区品位;通过维修历史文化遗产,提升休闲景区吸引力等。每个城市资源丰歉程度不同,关键是能够在有限的资源基础上凝炼精品、锻造品质。

第六，从发展路径角度看，合理制定具有区域特色的发展策略。城市休闲化区域差异存在一个适度的问题，这个问题可以从以下两方面来把握：第一，区域城市休闲化水平应与城市社会经济发展水平相匹配。在处理我国城市休闲化水平区域差异问题时，我们既要防止超前城市休闲化又要警惕滞后城市休闲化。第二，区域城市休闲化水平应不影响城市可持续性发展。对于城市休闲化水平较高的区域，要控制城市休闲设施的集约化和综合化，避免居民休闲范围的有限性和休闲活动的狭隘性；对于城市休闲化水平较低的区域，认识"适度"差异的重要性，不要盲目求快、盲目建设，制定适合本区域的城市休闲化发展道路，这都有利于城市休闲化的可持续性发展。基于此，要因地制宜地发展具有区域特色的城市休闲化。可以考虑以下三类差异化的城市休闲化发展路径：一是产业推动型发展模式，这种类型适合城市经济比较发达，而自然资源和历史文化资源较匮乏的城市，以上海和深圳为典型代表。较强的经济发展优势能够转化为居民强大的消费能力和旺盛的休闲需求，从而有效推动城市休闲产业全方面发展。二是资源推动型发展模式，适合休闲特色资源独特且丰富的城市，以西安为典型代表。独特且丰富的城市自然或文化资源适合开展各类有特色的休闲活动，增强休闲产品与服务的特色性、审美性及体验性，吸引大量休闲度假人群，使资源优势转化为资本优势，为城市休闲化发展提供资源基础。三是生态推动型发展模式，适合生态环境非常好的城市，以三亚为典型代表。良好的生态环境为本地居民和外来游客提供优良的人居和休闲环境，并且有利于完善休闲服务功能。

第三节　休闲发展的五大趋势

从国际经验看，由于休闲时代的发展通常是在城市中率先实现的，因此在我国进入休闲时代发展阶段以后，在城市生活中将先后形成以下几个基本特点。

一、生活常态化

从生活方式角度看，休闲已成为居民生活的一种常态。这里的常态，是指居民从事休闲娱乐活动已经成为与工作、睡觉和从事家务等必要的社会活动同等重要的生活状态。从时间层面讲，居民已获得比较充沛的日常休闲时间。在通常情况下，我国城市居民每天可自由使用的休闲时间总量能够达到3—5小时左右。至于在周末和节假日期间，休闲时间则更为可观。从行为层面讲，居民休闲行为方式已从传统的休息形式向现代的休闲方式转变，凸显出常态化、多元化和自主化的特点，体现在旅游方式上，逐渐由走马观光型向休闲度假型转变。[①]从观念层面讲，居民休闲观念的初步确立，突破了单纯的娱乐满足的束缚，表现为对休闲的自我发展作用和价值诉求作用形成了越来越广泛的社会共识。

---

① 从国际上看，大致在80年代前后完成了这一转变。一是在旅游客源构成上，散客旅游者超过了团队旅游者；二是在旅游产品结构上，非观光旅游产品超过了观光旅游产品。

二、消费脱物化

这里所说的消费脱物化，主要是指随着人均收入的提高，食品消费在人的全部消费中的比重会下降。这种消费结构的变化带来的一个重要特征是人们对传统的以物质产品为主导的消费需求开始下降，而对以精神产品为主导的非物质产品的消费需求迅速攀升。[①] 西方学者将这一现象概括为休闲消费的精神化和软件化趋势，日本学者则将其称为休闲消费的"脱物化现象"，也就是说这时期人们的休闲消费行为开始脱离具体的物品依附。从国外休闲时代发展的实际情况看，休闲消费的脱物化或精神化是休闲时代的一个重要特征。一般认为，在一个国家或地区，人均GDP处于3 000—5 000美元是发生这种转变的临界点。当美国人均国内生产总值开始突破3 000美元，出现的一个重要的现象就是，服务性消费支出在家庭生活消费总支出中的比重迅速提高。日本在20世纪70年代中期也达到了同样的经济发展阶段，并开始出现类似的脱物化消费倾向。据日本总务厅统计局公布的调查数据，1970年日本家庭生活消费支出，物品类消费为73%，服务类消费为27%；到了1987年，物品类消费下降为64%，服务类消费则上升至36%，提高了9个百分点。而进入了90年代，日本家庭生活服务性消费的步伐进一步加快。

我国虽然从总体上来讲还是一个发展中国家，但是从2008年人均GDP突破3 000美元的发展关口后，居民的消费方式和消费偏好就已经开始出现了变化的征兆，其中尤以关注带薪假期政策的落地为标志性事件。2008年国务院发布了《关于修改〈全国年节及纪念日放假办法〉的决定（草案）》和《职工带薪年休假条例（草案）》的报告。有关实施带薪假期方案一经提出，即刻引起了人们广泛地讨论。因为带薪假期事关人们的精神消费活动，其中的核心就是旅游活动。人们之所以如此关心，是因为随着家庭收入水平的提升，提高了人们从事精神消费活动的能力。直至今日，带薪假期的最终落地实施，仍旧是人们关注的社会热点之一。如今，我国人均GDP已经接近7 000美元，近年来的发展已经表明，我国正进入到大众休闲消费的新时代，休闲消费成为这个时代最为突出的特点。据我国商务部最新披露的数据显示，2015年我国社会消费品零售总额预计达到30万亿元，稳居世界第二，全年社会消费对经济增长的贡献率近60%，已成为中国经济增长的首要动力。而其中，居民服务型消费占全部消费比重的40%以上。从中国银联电子支付的消费数据看，以宠物行业（包括宠物商店和兽医服务）为例，2015年1—11月，"剁手党"们为"汪星人""喵星人"用卡花费56.8亿元，同比增长260.2%，增速较2014年同期提高224.7个百分点。[②] 曾经的网络流行语，"世界那么大，我想去看看"，触动了无数中国普通百姓的心。2015年国庆"黄金周"，中国有超过7.5亿人次出行，规模首次超过"春运"。"这是一个标志性信号，春节代表的回归家乡、合家团聚的大迁徙，第一次被休闲旅游的出行需求超越，表明中国居民的消费形式正在发生升级转型。"[③] 世界那么大，"黄金周"快不够用了！这在一定程度上揭示了一个多年来人们为

---

① 李向民.精神经济［M］.北京：新华出版社，1999：16.
② 2015社消零售总额或达30万亿，剁手党到底买了什么［N/OL］.21世纪经济报道，2016-01-02，http://m.21jingji.com/article/20160102/herald/0b10fec0bdac94d6f1ce690693ca2c0b.html.
③ 姚玉洁，贾远琨.从迁徙到旅行：出行之变折射中国旅游消费升级［EB/OLN］.北京：新华社，2015-10-18，http://news.xinhuanet.com/2015－10/18/c_1116857698.htm.

何执着地期盼着带薪假期快点落地的真实原因。

　　与过去的消费结构相比,居民消费结构正在由生存型消费向发展型消费升级、由物质型消费向服务型消费升级、由传统消费向休闲消费升级,精神性消费主题不断凸显,并且这一转型的趋势越来越明显,速度越来越快。为此,世界著名的咨询公司麦肯锡也针对中国消费市场的演变趋势发布了研究报告,指出了中国消费者具备的五大消费潜力。一是中国消费者甚至比美国消费者更自信。他们愿意消费是因为对未来5年的收入增长有信心。二是中国消费者不"宅"。中国人愿意消遣和外出就餐,新奇刺激的活动令他们神往。随着对服务业的支出日益增多,水疗、按摩和旅游正成为他们的主要消费方式。三是外国品牌"出局",中国品牌"登台"。中国消费者痴迷外国品牌的日子一去不返。中国品牌正赢得消费者的信任和拥护。四是中国人乐意为最佳产品多花钱。半数受访者表示他们希望购买最昂贵产品,乐意为最佳产品或服务掏钱。五是中国人对健康的狂热。与美国人一样,中国人的健康意识也在与日俱增,半数消费者摒弃他们认为没营养的食品。[①]这一分析中国消费者潜力的报告揭示了一个主题,就是未来一段时间内精神消费趋势贯穿中国消费市场变化的始终。与此同时,国外的生产厂家和国外消费市场,也将从中国消费者所蕴含着的巨大的精神消费需求中受益。近年来,中国出境旅游人数持续增长,不仅成为全球最大的客源地国家,而且在人均购物消费方面,中国游客也成为全球国际旅游者中的出手最阔绰者。这一现象成为全球旅游业发展,甚至是不少国家经济发展的重要推动因素。

　　我国休闲消费结构升级的时代特征,既符合经济发展的一般规律,也反映了居民休闲消费转型升级的演变趋势。把握休闲消费结构升级的时代特征,成为我国加快经济转型升级的一个重要的出发点,并且也是供给改革的重要立足点。

三、功能休闲化

　　从西方发达国家的发展实践看,进入大众休闲时代,城市功能必然会发生相应的变化。城市休闲功能是城市功能的重要组成部分。1933年问世的《雅典宪章》指出,城市具有居住、休闲(或称作游憩)、工作和交通四大功能。本文所指的城市休闲功能,可以理解为一个城市为满足本地居民的日常休闲娱乐需求和外来游客的观光与度假需求所提供服务和发挥作用的总和。当然,城市功能需要依托一定的硬件设施和软件设施才能发挥作用。首先,经济功能休闲化。一方面,城市经济功能出现转型,由传统的制造业经济结构向服务型经济结构转变,从而使经济中的休闲因素呈现不断扩大化的趋势;另一方面,以文化、旅游、体育、娱乐和教育等为主要内容的休闲服务产业的蓬勃发展,在物质生产和精神生产两个层面逐步形成了比较完整的休闲产业体系。因此,城市生产功能的转型和休闲产业的发展,既为城市休闲经济打开了广阔的发展空间,也使休闲经济成为促进城市经济发展的重要动力。其次,公共服务功能凸显休闲内涵。一是从接待服务功能看,随着本地居民休闲消费能力的提高和休闲消费欲望的增强,原来单一性的旅游接待服务逐渐被综合性休闲接待服务功能取代,满足本地居民休闲需求逐

---

① (美)劳里·伯基特.证明中国消费潜力的5个事实[N].环球时报,2016-03-19(6).

渐上升至主导地位。二是从城市休闲活动区空间布局看,传统旅游区逐渐向城市商业中心转移,使得居民娱乐活动和游客观光活动在城市区域空间上出现重叠的发展态势,进而形成了旅游区与休闲区一体化的空间分布特点。三是从休闲设施构成看,各种城市公共休闲服务设施在规模上面临新一轮兴建、改建或扩建的发展阶段,表现为休闲设施在功能上由单体性走向综合性,在设施等级上向高档次和现代性递进,以满足城市居民和外来游客不断高涨的休闲娱乐需求。需要提及的是,20世纪六七十年代以后,以美国林肯艺术中心、澳大利亚悉尼歌剧院为代表的大型休闲文化设施纷纷建成,标志着西方国家城市休闲化建设逐步兴起。见表6-3。

表6-3	名　　称	城市	年代	建造资金	设　　施	接待游客
世界著名的城市文化艺术中心	林肯表演艺术中心	纽约	1968	1.68亿美元	4座剧院,2个音乐厅	500万
	肯尼迪表演艺术中心	华盛顿	1971	0.78亿美元	6个剧院、音乐厅	200万
	澳大利亚悉尼歌剧院	悉尼	1973	1 200万澳元	8个剧院、音乐厅	200万
	英国皇家歌剧院	伦敦	1976	——	3个大剧院	70万
	香港艺术中心	香港	1977		5个歌剧院和展厅	

资料来源:根据方世忠.新视界:国际演艺业文化运营研究报告[M].上海:上海文化出版社,2005:1-79有关内容整理制作。

从我国休闲时代发展的状况看,也出现了与欧美发达国家比较相似的情况。以上海为例,在1997年,上海人均GDP达到3 000美元发展阶段前后,城市休闲文化娱乐设施的建设也面临一轮新高潮,东方明珠(1994)、上海图书馆(1996)、上海博物馆(1996)、上海8万人体育场(1997)、上海大剧院(1998)和上海马戏城(1999)等一大批具有国际水准的休闲文化娱乐场所纷纷建成并对外开放,直至今日,仍然是上海休闲娱乐发展的地标性建筑。如果关注我国长三角地区杭州、南京、苏州和宁波等其他大型城市现代休闲文化娱乐设施的发展过程,会发现这些城市基本也呈现出相似的发展特点。

最后,城市休闲环境追求人与自然和谐相处的可持续发展意境。根据《雅典宪章》的规定,森林、河道等自然资源是构成城市休闲功能的基本内容之一。[①]跨入大众休闲时代,城市环境的休闲化已经成为一个不可逆转的发展趋势,不仅要进一步强化自然资源固有的休闲功能,而且要完成自然休闲资源从单纯地使用到可持续利用的转变,更加注重城市休闲环境的人本主义内涵以及人与自然和谐共处的理念,并将其渗透到城市生态休闲环境建设之中。人与自然和谐相处使城市休闲环境建设在更高层面上展现了人类追求自我和谐发展的崇高境界。

———————

① 雅典宪章,原名都市计划大纲[EB/OL]. http://www.ytgh.gov.cn/html/zhishi/ydxz.htm.

四、方式娱乐化

生活泛娱乐化将是休闲时代发展的一个重要特征,也是自20世纪晚期以来引人注目的发展潮流。休闲方式泛娱乐化主要体现在以下几个方面。一是指社会生活中的"政治、宗教、新闻、体育、教育和商业都心甘情愿地成为娱乐的附庸",[①]由此在一定程度上进入了"娱乐至死"的年代。以最近十分走红的"papi酱"为例,她针对电影烂片、购物、男女关系等大众热议的话题,通过独特的见解和到位的表演制作了一系列视频,给人们带来了轻松感。然而"papi酱"最大争议之处是一些人认为它"挺庸俗的",尤其是短视频中的女主人公经常爆粗口。有人统计,该系列视频一共爆粗口67次,直接粗口54次,字幕显示粗口10次,对口型(消音)3次。尽管这个统计是非正式的,但"papi酱"常动粗口是人们的普遍印象。"papi酱"系列视频被国家新闻出版广电总局要求下线整改,解决"卧槽""CAO""小婊子"等粗口问题。二是指娱乐因素越来越多地渗透到诸如购物、餐饮及其他各种日常活动中去,购物和餐饮活动已成为休闲的一部分。在当代,最初诞生在国外的shopping mall,已经成为国内大城市中最受人们喜爱的综合性生活广场,其中尤以万达广场为代表。需要指出的是,这种聚集了现代服务业等多种业态于一身的综合性生活广场,已经成为生活泛娱乐化的最新载体,形成了一种发展趋势。一方面,对城市居民来讲,前往综合性生活广场就餐或购物不仅已经突破了满足基本生存需求的观念制约和行为约束,而且正在演变成为一种休闲娱乐活动常态;另一方面,集商业、娱乐和文化各要素于一体的综合性生活广场替代了以往功能相对简单的商业街区,传统的商业广场的经营理念正在被"没有娱乐就不成其为商业"的休闲消费经营理念取代。[②]三是指休闲和工作向着融合的方向发展。"工作越来越像娱乐,而娱乐则越来越像工作。"[③]四是指随着现代交通条件的改善,城市群内部同城化现象日益凸显,对城市居民而言城市之间的短途旅游和休闲的界限愈加模糊。特别需要引起关注的是,在新技术、新条件、新理念的背景下生成的当代生活娱乐化样式,不仅迅速改变着青年人的日常娱乐生活方式,而且也在颠覆全体社会成员传统的生活和娱乐活动方式。

五、活动虚拟化和极限化

首先,休闲方式虚拟化是指休闲娱乐方式由传统的具象化转向网络的虚拟化。当今时代,借助于电脑网络构筑了一个无穷大的休闲娱乐活动空间,在这个完全以高科技手段构成的虚拟休闲空间里,人们获得了比现实社会更大和更多的快感,使人类世界沿袭了数千年的休闲娱乐活动理念和活动方式发生了革命性的变化。休闲娱乐虚拟化不仅是一种时尚,而且呈现出极为宽广的发展前景。其次,休闲活动极限化是指人们在休闲活动中越来越倾向于在生理和心理上尝试体验极限活动带来的惊险刺激的感受。无论是空中延迟跳伞、悬崖自由跳水、野外生存,还是攀岩、深海探险,无不让人在惊心动

---

① （美）尼尔·波茨曼.娱乐至死［M］.章艳,等,译.桂林: 广西师范大学出版社,2004: 5.
② （美）米切尔·J·沃尔夫.娱乐经济——传媒力量优化生活［M］.黄光伟,译,上海: 光明日报出版社,2001: 64.
③ 黄德兴,等.现代生活方式面面观［M］.上海: 上海社会科学院出版社,1987: 150.

魄之余,体会到来自后工业化时代崇尚极限休闲活动新观念的强烈撞击,从而体现了现代人对"玩"所做的一种理性的探索和对自然世界回归的趋势。

....

思考与练习

1. 为什么说经济收入与休假制度是进入休闲时代的两个基本条件。

2. 如何划分休闲时代不同的发展阶段。

3. 探讨城市休闲化有什么意义。

4. 现阶段我国城市休闲化发展的特点是什么。

5. 简述休闲发展的五大趋势。

参考文献

1. 马惠娣.认识休闲学［N］.光明日报,2000-12-21（C01）.

2. 宋瑞.国内外休闲研究扫描——兼谈建立我国休闲学科体系的设想［J］.旅游学刊,
2004（3）.

3. （澳）A·J·维尔.休闲与旅游研究方法［M］.聂小荣,等,译.北京:中国人民大学出版
社,2008.

4. （英）C·米歇尔·霍尔,斯蒂芬·J·佩奇.旅游休闲地理学——环境·地点·空间
［M］.周昌军,等,译.北京:旅游教育出版社,2007.

5. （韩）孙海值,安永晃,曹明焕,等.休闲学［M］.朴松爱,等,译.大连:东北财经大学出
版社,2005.

6. （美）托斯丹·本德·凡勃伦.有闲阶级论［M］.蔡受百,译.北京:商务印书馆,1981.

7. （德）约瑟夫·皮珀.闲暇:文化的基础［M］.刘森尧,译.北京:新星出版社,2005.

8. （法）罗歇·苏.休闲［M］.姜依群,译.北京:商务印书馆,1996.

9. （美）约翰·凯利.走向自由——休闲社会学新论［M］.赵冉,译.昆明:云南人民出版
社,2000.

10. 于光远,马惠娣.于光远马惠娣十年对话——关于休闲学研究的基本问题［M］.重庆:
重庆大学出版社,2008.

11. （美）杰弗瑞·戈比.你生命中的休闲［M］.康筝,等,译.昆明:云南人民出版社,2000.

12. 王雅林,刘耳,徐利亚.城市休闲——上海、天津、哈尔滨城市居民时间分配的考察［M］.
北京:社会科学文献出版社,2003.

13. （美）杰弗瑞·戈比.21世纪的休闲与休闲服务［M］.张春波,等,译.昆明:云南人民出
版社,2000.

14. （法）罗贝尔·朗卡尔.旅游和旅行社会学［M］.蔡若明,译.北京:商务印书馆,1997.

15. 古诗韵,保继刚.广州城市游憩商业区（RBD）对城市发展的影响［J］.地理科学,
2002（4）.

16. 黄震方,侯国林.大城市商业游憩区形成机制研究［J］.地理学与国土研究,2001（4）.

17. 柳英华,白光润.城市娱乐休闲设施的空间结构特征——以上海市为例［J］.人文地理,
2006（5）.

18. （美）克里斯多弗·R·埃廷顿,德波若·乔顿,多纳德·G·道格拉夫,等.休闲与生活
满意度［M］.杜永明,译.北京:中国经济出版社,2009.

19. （加）埃德加·杰克逊.休闲的制约［M］.凌平,等,译.杭州:浙江大学出版社,2009.

20. 郭鲁芳.休闲经济学——休闲消费的经济分析［M］.杭州:浙江大学出版社,2005.

21. （美）托马斯·古德尔,杰弗瑞·戈比.人类思想史中的休闲［M］.成素梅,等,译.昆
明:云南人民出版社,2000.

22. （英）约翰·特莱伯.休闲经济与案例分析［M］.李文峰,译.沈阳:辽宁科学技术出版
社,2007.

23. （美）保罗·福塞尔.格调:社会等级与生活品味［M］.梁丽真,等,译.北京:中国社会
科学出版社,1998.

24. 刘红.日本的余暇文化[M].上海:上海文化出版社,1996.

25. 刘鹏.城市"贵族化"原因何在[N].新民晚报,2011-02-21(A4).

26. 吴小攀.粉丝是用来消费的[N].羊城晚报,2011-11-27(B1).

27. Molitor, Graham. T.T. Next 1,000 Year: The Big Five' Engines of Economic Growth Futurist[J]. Dec99, Vol.33 Issue 10, p14, 6p, 1 chart, 1c.

28. 李向民.精神经济[M].北京:新华出版社,1999.

29. (美)尼尔·波茨曼.娱乐至死[M].章艳,等,译.桂林:广西师范大学出版社,2004.

30. (美)劳里·伯基特.证明中国消费潜力的5个事实[N].环球时报,2016-03-19(6).